这是一本拿来用，而非读的书！

培训师成长手册
课程开发实用技巧与工具

苏 平 著

（第4版）

剖析培训师职业发展轨迹
分享独创"问题树课程开发模型"

西安交通大学出版社
XI'AN JIAOTONG UNIVERSITY PRESS

图书在版编目(CIP)数据

培训师成长手册：课程开发实用技巧与工具 / 苏平著. — 4 版. — 西安：西安交通大学出版社，2023.4

ISBN 978-7-5693-2796-0

Ⅰ.①培… Ⅱ.①苏… Ⅲ.①企业管理-职工培训 Ⅳ.①F272.921

中国版本图书馆 CIP 数据核字(2022)第 181002 号

书　　名	培训师成长手册——课程开发实用技巧与工具(第 4 版) PEIXUNSHI CHENGZHANG SHOUCE——KECHENG KAIFA SHIYONG JIQIAO YU GONGJU(DI 4 BAN)
著　　者	苏　平
责任编辑	史菲菲
责任校对	赵怀瀛
封面设计	任加盟
出版发行	西安交通大学出版社 (西安市兴庆南路 1 号　邮政编码 710048)
网　　址	http://www.xjtupress.com
电　　话	(029)82668357　82667874(市场营销中心) (029)82668315(总编办)
传　　真	(029)82668280
印　　刷	陕西日报印务有限公司
开　　本	720mm×1000mm　1/16　印张 18.75　彩页 6 页　字数 300 千字
版次印次	2010 年 5 月第 1 版　2023 年 4 月第 4 版 2023 年 4 月第 1 次印刷(累计第 12 次印刷)
书　　号	ISBN 978-7-5693-2796-0
定　　价	72.00 元

如发现印装质量问题，请与本社市场营销中心联系。
订购热线：(029)82665248　(029)82667874
投稿热线：(029)82665379
读者信箱：511945393@qq.com

版权所有　侵权必究

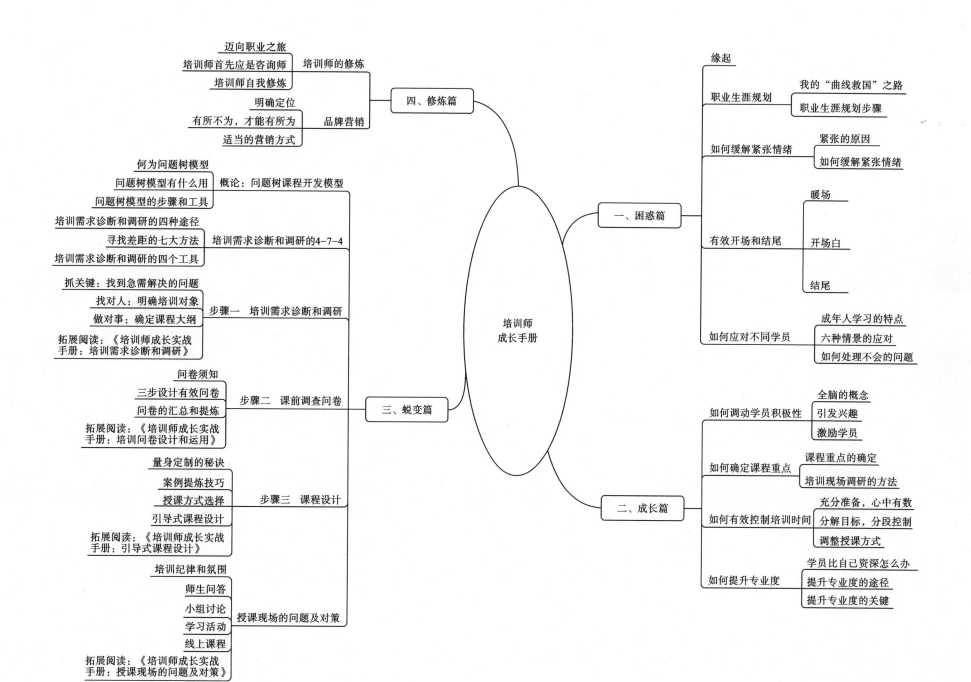

再版前言
Foreword
培训师成长手册

本书2010年5月出版,分别于2011年、2013年两次改版,现在是第三次改版。

为什么时隔10年之后要改版呢?原因如下。

一、本次改版原因

这本培训类的小众书,没有昙花一现,而是成为销售十几年的长销书,说明其中的内容对培训人的确很有帮助,这一点也从众多读者的反馈中得以证实。同时,这些年,无论这本书的相关内容还是外部环境,都发生了变化。所以,我希望能够通过改版,让这本书的内容与时俱进,从而让读者有更多收获。

下面从本书内容和外部环境变化等方面来说明这次改版的原因。

(一)四本实操手册的出版

在2013年本书的再版前言中,我预告了新书计划:《培训师成长手册》三本实操指南。截止到2022年,我超额完成了任务,因为我完成了四本实操指南,即"培训师成长实战手册"系列,如图1所示。

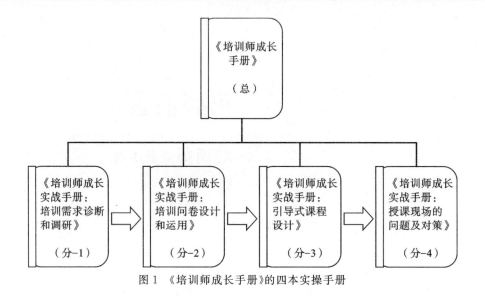

图 1 《培训师成长手册》的四本实操手册

图 1 中的前三本是按照本书的核心内容"问题树课程开发模型"(以下简称问题树模型)的三个步骤的顺序来写的:抽样调研—问卷普查—课程设计,这是一环扣一环的过程,涵盖了从需求调研到授课前的所有准备工作。图 1 中的最后一本《培训师成长实战手册:授课现场的问题及对策》,是关于培训现场的,也是对授课前准备的检验和反思。因为这本书中选择了培训现场 50 个典型的问题情境进行分析,并提供现场马上可以采取的行动和事先预防措施,既可以作为授课前的预防和可能问题点检的参考,又可以作为授课后复盘的参考。

至此,《培训师成长手册》和四本《培训师成长实战手册》为培训人提供了从小白到专业的系统、全面的成长路径。

所以,本次改版,我将这四本书的内容整合到了本书的相应章节,方便大家阅读、运用和拓展阅读。

(二)培训界的变化

培训界最近十年来有两个最大的变化:越来越注重量身定制课程,培训从讲授转变为引导。

1.量身定制课程

量身定制课程的前提是精准的培训需求调研。从 2008 年开始,培训界就流行"咨询式培训"的说法,大多数人并不知道具体怎么做,但我已经有十几年量身定制的实践经验和系统的问题树模型。本书第1版就为大家提供了量身定制课程的思路、流程、工具和方法,但在跟读者们交流的过程中,我发现虽然十几年过去了,如何进行培训需求诊断和调研依然是培训人的难点。所以,这次的改版,我将重点放在了"蜕变篇",将图1中前三本《培训师成长实战手册》的精华内容整合进来,并将之前侧重讲解某个工具是什么转变为如何运用。

2. 引导式培训

量身定制课程的需求受整个社会的个性化定制趋势影响,而这些追求个性化的学员们已经越来越厌烦讲授式的培训,从网上搜寻的培训游戏或活动也无法引发他们的兴趣,这给培训人提出了新的挑战。我从十几年前发现这个问题后,就开始探寻新的培训方法,最终选择了引导技术。当我通过2011年中国培训师沙龙的五周年庆将引导技术引入中国培训师界后,引导(也有叫促动、建导)技术风靡起来。但很多读者反馈:自己出去参加了引导工具的培训后觉得挺好,但回来却不知道如何运用在培训中,或在运用时都是一个模子,最终不但浪费了时间,而且效果不佳。我自己也去参加了很多引导技术的培训,也有同样的困惑,所幸的是引导的理念和问题树模型的理念"以终为始、以学员为中心"一致,这使得我很快将引导的工具和方法整合到问题树模型中。在近8年的引导式课程实践之后,我将自己的经验汇集成《培训师成长实战手册:引导式课程设计》一书,不但提供了工具、方法,还提供了引导式培训中各种问题的解决方案。例如,很多人会去囤游戏或学习活动,但如何有效利用时间呢?书中提供了实用的备课工具"五线谱",从时间线、内容线、工具线、结果线和资源线五个方面来精准设计学习活动,有效分配和利用时间。因此,这本书成了培训人的福音,让大家可以少走很多弯路。

3. 线上线下的融合

随着科技的发展和这几年疫情的反复,越来越多的培训从线下转为线上。线上培训的培训环境、技术、学员状态、培训师控场等方面都与线下课堂有很大不同,对培训师也提出了更高的要求。为此,我特别在《培训师成长实战手册:授课现场的问题及对策》一书中增加了线上培训常见问题的原因分析和对策(见图2),并提供了这本书的运用指南,作为读者的拓展阅读。

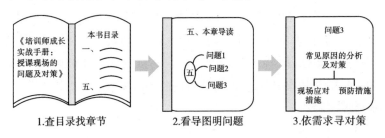

图2 《培训师成长实战手册:授课现场的问题及对策》的运用

(三)问题分析和改善能力的要求

现在的社会大环境越来越充满了不确定性,我们每个人在工作、生活中,都需要面对各种不确定,需要解决各种问题,但以往的经验难以提供有效的参考,这就需要我们提升自己的问题分析和解决能力。恰好问题树模型不仅仅可以用于课程开发,它本身就是一整套问题分析和改善的思路、流程、工具和方法。所以,这次改版,我在"蜕变篇"中特别增加了"问题树模型有什么用"的内容,提供了问题树模型在解决培训诸多困境、量身定制课程、呈现培训价值、理清工作思路、进行时间管理、改善亲子沟通、进行问题分析和制定行动地图等八个方面的运用案例,为大家提供了问题树模型全方位运用的方向参考。

二、改版内容

1.培训现场调研的方法

有读者反馈:"如果能按照问题树模型的流程进行需求调研的确最好,但有时也会遇到突发状况,来不及事先做调研,但又清楚地知道不做调研等于'作死',该怎么办呢?"这的确是个很现实的问题,为此,我特意在"成长篇"中增加了"培训现场调研的方法",提供了从培训前一天到授课现场做需求调研的六种方法,大家可以根据自己的情况选择运用。

2.四本《培训师成长实战手册》的运用指南

为了方便读者了解和运用四本《培训师成长实战手册》,我在这次改版时,在本书对应的章节后面,提供了相应的拓展阅读书目和运用指南。例如,在"成长篇"的第四节中,增加了"复盘和总结",并提供了专业工具书《培训师成长实战手册:授课现场的问题及对策》的运用方法:课前查询预防问题,课后复盘总结提升。

从小白到专业的5本工具书的作用如图3所示。

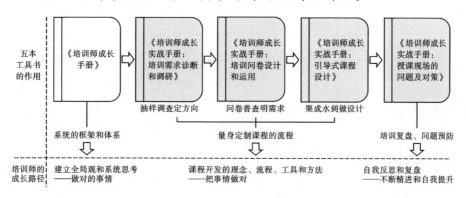

图3　从小白到专业的5本工具书

3.汇总了三本《培训师成长实战手册》的精华

这次改版调整最大的是"蜕变篇"。其中的第三、四、五节对应了问题树模型的三个步骤,也对应了三本《培训师成长实战手册》。

这次改版,我将这三本书的精华内容进行了汇总,按照相同的结构添加到本书中。这样,一方面读者可以结合目前的需求,参考本书的内容来选择相应的《培训师成长实战手册》作为拓展阅读;另一方面,二者的一致性可以帮助读者在进行拓展阅读时,快速衔接和理解内容,确保延续性。

4.扫码读案例

本书第3版虽然使用了轻型纸,但很多读者反映太厚不便于随身携带。这次改版,我将原来第3版中"蜕变篇"的第六节"从知到行——问题树案例分享"和"修炼篇"的第四节"永远在路上——学习力就是竞争力"的内容转成了扫码阅读。这样调整后,虽然控制了本身的篇幅,但依然确保了内容的系统性和完整性,使读者的收获不减反增,价值更大。

改版后,本书和四本《培训师成长实战手册》共同搭建出了系统的成长体系,并为培训人提供了从小白到专业的路径、工具、方法和案例,希望能帮助大家少走弯路,获得更快的成长。

苏 平

2023 年 1 月

目 录

困惑篇　新手上路/1

刚入门时,我们几乎没有课程开发的能力,此时最困惑的问题通常是:上台紧张怎么办,如何能有效开场和结尾,遇到"刺头"学员如何处理,怎样应对不同的问题,课程时间控制不好如何改善……培训内容大多是从各种途径收集相关主题的教材拼凑而成的。

第一节　缘起——从现实到网络 /3
第二节　两点之间,曲线最短——职业生涯规划 /6
第三节　高空走钢丝——如何缓解紧张情绪 /22
第四节　龙头加凤尾——有效开场和结尾 /33
第五节　斗智又斗勇——如何应对不同学员 /53

成长篇　企业内训师的成长/63

跨越过困惑期后,大多数内训师认识到自己专业的不足,除了考虑如何提升专业度外,也开始思考:如何调动学员积极性,怎样把握课程重点,为什么自己精心准备的内容学员并不买账……进而开始探讨:课程开发应该以课程和培训师为中心,还是以学员为中心?

第一节　全脑出击——如何调动学员积极性 /65
第二节　知彼知己——如何确定课程重点 /77
第三节　收放自如——如何有效控制培训时间 /82
第四节　班门弄斧——如何提升专业度 /88

蜕变篇　问题树课程开发模型 /105

走了很多弯路,遇到不少挫折后,我们开始认识到:培训是一种特殊的沟通,"投其所好"比"滔滔不绝"更有效,量身定制成为达到学以致用的最有效途径。而问题树课程开发模型,将课程开发核心从培训师和课程转移到了学员,并利用一环扣一环的步骤和方法,帮助我们找对问题,明确对策,以此作为课程开发的基础,确保了真正适合客户的课程设计。

第一节　思维变革——问题树课程开发模型 /107
第二节　抽丝剥茧——培训需求诊断和调研的 4-7-4 /124
第三节　对症下药——确定课程大纲 /144
第四节　近在咫尺——课前调查问卷 /175
第五节　渠成水到——引导式课程设计 /209
第六节　游刃有余——授课现场的问题及对策 /240

修炼篇　职业培训师之旅 /255

很多企业内训师的目标是成为职业培训师。这条路并不平坦,因为离开了自己熟悉的行业和企业,重新出发,不但要有勇气,还需要超强的承受力、学习力和自我营销能力。

第一节　跑着等待——培训师的修炼 /257
第二节　万绿丛中一点红——培训师的品牌营销 /272
第三节　永远在路上——学习力就是竞争力 /284

附　录 /285

附录一　韵母发音位置图 /286
附录二　深圳"问题树课程开发模型"全程图像记录 /287

困惑篇

新手上路

刚入门时,我们几乎没有课程开发的能力,此时最困惑的问题通常是:上台紧张怎么办,如何能有效开场和结尾,遇到「刺头」学员如何处理,怎样应对不同的问题,课程时间控制不好如何改善……培训内容大多是从各种途径收集相关主题的教材拼凑而成的。

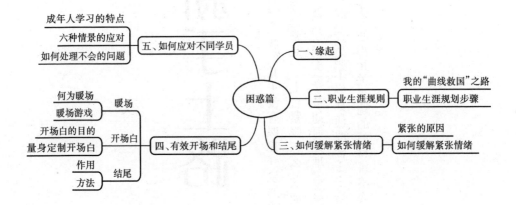

第一节 缘起——从现实到网络

2009年4月的一个早晨,阳光洒满了房间。8时30分,我照例合上书,登录QQ。刚上线,滴滴的声音响起。打开对话框,又是张芸的留言,还是问题树课程开发模型运用时的问题。这让我回想起这个特别的女孩子。

我跟张芸的认识,正是不打不相识。记得2009年1月份我应邀去她们公司做"企业内部培训师"培训……

场景一　初次交锋

在整理课前需求问卷时,我就发现这位叫张芸的学员,在回答关于培训技巧方面的开放性问题时,有一定的理论基础。培训现场,我特别留意了一下。在暖场时,我请每个小组统计工作年限合计和培训年限合计,她看到结果后,马上大声说:"老师,这不公平!我们组的培训年限最低,这样的竞赛本身就不在一个起跑线上!"

图1-1　不公平

我笑着说:"张芸很善于思考!这是培训师最基本的一个素质,非常棒!请大家顺着她的思路,再想想:我们这两天的培训,目标是什么?是赢得竞赛的胜利,还是获得更多的知识、技能?"

在我的引导下,大家一致同意目标是后者。

我再问:"那我们再思考一下:今天这样的场合,对于培训经验少的朋友而言,真的是损失吗?我们的提高,是否只能跟培训师学习呢?"学员们很快就说出了我想要的"人人皆可为师"的理念,也认为经验少的人只要积极参与,会收获更多。

最后,我感谢张芸的提示,让我们有了达成共识的机会!在大家的掌声中,我进入了主题。

场景二　烽烟又起

这次课程是在培训需求的诊断和调研后,综合学员的共同需求基础上量身定制的课程。问卷中,有70%的学员勾选了"上台前非常紧张",我便在课程中设计了这方面的内容。培训进行中,我请大家分组讨论"如何缓解紧张情绪"。

张芸又说话了:"老师,这个问题也太小儿科了吧?"

图1-2　小儿科

我知道她已经担任内部培训师1年了,就说:"哦?看来张芸在这方面很有心得!"

她有点得意,大声说:"那当然了!"

我向她伸出大拇指,接着说:"前面我们说了:分享是最好的学习!那您是否可以将自己这些经验先分享给小组成员,等讨论结束后,您再作为小组发言人,来分享您的经验和集体的智慧?"

她小声说:"好吧。"

讨论结束后,我针对每组的讨论发言进行了鼓励和点评。张芸所在小组是最后一组,我注意到,我点评前面几组时,她很专注。轮到她们组时,她请小组其他成员上台发言。

场景三　惯性作怪

在进行问题树课程开发模型演练时,我在现场巡回指导学员们。给大家的时间是1个小时,才30分钟,张芸就说:"老师,我完成了!"我急忙走过去,一看,原来她跳过了前期的问题分析和大纲设计阶段,直接进入课程开发阶段。我说:"您很高效!这个课程是您平时的主打课程吧?"

她笑着说:"是啊!我讲了1年,早就轻车熟路了。"

我说:"真是熟能生巧!看来不断演练的确很有助于效率提升!同时,也很抱歉,可能是我刚才没有说清楚,请大家按照发给大家的三个步骤顺序进行课程开发。因为问题树课程开发模型,首先需要我们放弃太多的主观臆断,从问题的分析开始,找到主要原因后再确定培训主题和大纲,以免耗费大量人力物力,做无用功。"

她听我这样说后,不太情愿地重新回到第一步。我先到其他学员处看看,之后回来,一步步指导她。开始她很坚持,认为自己对课程很了解,没有必要去分析问题,我又重申了问题树课程开发模型是以"学员为中心",而非以"课程和培训师"为中心。慢慢地,她开始进入正常轨道……

图1-3　步入轨道

场景四　网络续缘

两天的课程很快结束。回来第二天,培训师沙龙QQ群里进来了新朋友。她主动加我QQ说:"苏老师,我是张芸。"

培训师沙龙QQ群,是我2006年创建的。当时有感于其他QQ群中广告、图片太多,没有专业交流氛围,所以,从创建QQ群起,我们就确定了宗旨"打造最纯净的专业交流平台!",还制定了严格的群规,禁止发那些影响沟通和交流的信息和图片。

秉持着"分享是最好的学习"这个理念,大家每天都将自己工作中的问题、困惑和感悟在群里分享。张芸也常将自己培训工作中遇到的问题跟我沟通。

第二节　两点之间，曲线最短——职业生涯规划

一个月后的一天，张芸突然在 QQ 上问我："苏老师，您觉得我应该转行吗？"

我有些意外，于是，有了下面的对话。

苏平："您不是做得挺好的吗？怎么想到要转行呢？"

张芸："我跟您一样，从小的理想就是当老师。大学毕业后，放弃了不少诱人的工作机会，进这家外企做了专职内训师。企业有自己的课程体系、教材，并提供相关的培训，如 TTT（培训师培训）、企业文化、产品知识等。我是销售培训师，还被派到一线去实习了 3 个月。有了内训师的头衔，在让人羡慕的外企工作，最初我很开心。但现在我越来越不明白：我每次都很认真地准备课程，为什么学员不积极？公司这么肯花钱，给他们做培训，为什么他们身在福中不知福，还要我们求着他们来上课？真搞不懂这些人是怎么想的？"

苏平："您是否了解过为什么会这样？"

张芸："问了，他们说我的课程都是理论，他们只想听回去马上就能用的方法。这可是我的弱项。因为我只去门店实习了 3 个月，他们个个销售都比我厉害！所以，我想是否应该转行去做销售？"

苏平："为什么想到要去做销售呢？"

张芸："以前我以为自己是一步到位。现在真的做了内训师，才知道如果没有丰富的实践经验，不但自己没有底气，学员也不服气，培训效果不会好，也不可能成为一位优秀培训师。"

苏平："我非常赞同您的观点！培训师是个需要厚积薄发的职业，也是个需要'曲线救国'的职业，没有捷径可走。"

张芸很惊讶，问："'曲线救国'？"

苏平："是的！因为企业培训师不同于学校的教师。考上师范院校，毕业后可以去做老师。但没有任何院校，能够直接培养出企业培训师。原因就是您刚才说的：企业培训师必须要有丰富的企业实战经验。"

张芸又问："苏老师，您也是'曲线救国'的吗？"

苏平:"没错!我虽然跟您一样,从小的理想就是当老师,但在企业工作积累了近10年,才真正走上了职业培训师的道路。"

张芸顿时来了兴趣,说:"真的?您能跟我讲讲吗?我打电话给您。"

于是,我就跟她讲起了我自己的成长经历。而张芸听得很认真,常忍不住"采访"我。

一、我的"曲线救国"经历

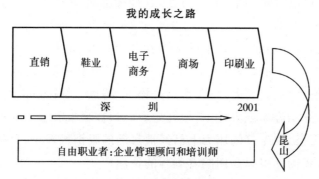

图1-4 我的成长之路

我从小有两个理想:做老师和过"采菊东篱下,悠然见南山"的生活。当老师的梦想跟张芸一样,所不同的是我的"曲线救国"经历。

我大学读的不是师范专业,毕业后南下广东。做过直销,跑过业务,管理过商场,推广过电子商务,也做过HR(人力资源)和管理。近10年的时间,我不断积累,终于在2001年达成了自己的理想。

说起以前的种种际遇,朋友们都说我受了不少磨难。我却觉得那是我人生中丰厚的养分,是我此生最大的财富。为什么这样说呢?看看我的收获吧。

图1-5 南下广东

（一）直销

在广州做直销时，我每天提着十几斤重的书，白天穿梭于写字楼，晚上去家属楼。当时推销的是用250克铜版纸印刷，有着鲜艳彩图的《少儿百科全书》，一本书售价365元。虽然我们宣传时说"每天只花一元钱"，但在20世纪90年代初期的广州，这依然是一笔不小的数目。

晚上回家，一定要先用热水泡脚，一方面穿着高跟鞋走了一天，脚疼得厉害，这样可以缓解一下；另一方面，这样才能将被血粘在脚上的袜子脱下来。

身体上的磨炼还好，心理上的冲击让我难以忘怀：每天在贴着"拒绝推销"的写字楼下徘徊，编着"张经理""王经理"想混过前台，或在马路上拦住陌生人做介绍、索要名片；在家属区楼下"蹲点"，等待有人回家，假装忘记带钥匙，好不容易混入楼中，敲开的房门却被狠狠关上。那种尊严全无的感觉和无奈，在生存的压力下已经被自己的眼泪稀释了，只是在很长一段时间内，我的耳中总是回响着刺耳的关门声。

现在还记得，为了省钱，一次在将热得快（一根带电的铁棍）放在水桶中烧水时，差点酿成火灾。

不包食宿、没有底薪的条件，让我感受到生活的压力；陌生拜访的种种际遇，让我学会了如何面对困难和羞辱，也懂得了与人交流的技巧……

张芸："苏老师，您真不容易。想想我从小都很顺利，还没有离开过家呢。您能详细给我讲讲这段经历吗？"

于是，我继续讲下去。

我人生的转折是从一件小事开始的。

跑了两周，我一本书也没有卖出去。那天，我跟往常一样，晚上9点才回到出租屋。在楼下和饭馆的老板打了招呼，我回来拿钱。上楼却发现家里已经被洗劫一空。顿时，我觉得自己的天轰然倒塌。我呆呆地坐在地上，停止了思考。在这个陌生的城市里，我的无助显得那么微不足道。

不知道过了多久，饭馆老板找上来，说菜已炒好，来看看我为什么还不下去。我手中已无分文，好心的老板给我免了单。

张芸："没钱了怎么办？那您没有回老家吗？"

苏平："是啊！多年后，跟朋友们提起这段经历，不少人都说：'若我是你,早就打道回府了!'我跟他们说:'幸亏你不是我,否则就改变了我人生的轨迹。'"

那天饭后我整理凌乱的房间时,翻出了我的身份证和毕业证书。我立刻抱在胸前,仿佛一个溺水者抓住了一根稻草。

第二天,我拿着借来的钱,继续进行地毯式搜索,寻找我的潜在客户。每天的早出晚归,终于有了收获。在第一个月结束时,我达成了5000元的营业额,拿了1000元的底薪。这是我此生中最难忘的一笔收入!

张芸:"太不容易了!那为什么说这次是您人生的转折点呢?"

苏平:"之所以说这是人生的拐点,是因为这次惨痛的失窃经历后的抉择,让我坚信:困难只是黎明前的黑暗,而坚持带来的却是曙光!我感谢这段经历,让我受益终生。直到现在,我每每遇到困难和挫折,就对自己说:再差也不会比那时的状况更惨,只要努力,墙,推倒了便是桥。"

张芸感慨地说:"苏老师心态真好!我有时遇到困难,就想逃避。听了您的故事,我挺惭愧的。"

苏平:"其实很多事情都是有利有弊的,只要我们多看积极的一面,就会有好的心态了。"

张芸:"那您除了直销,还做了什么工作呢?"

(二)鞋厂

在经历了直销的历练之后,我来到了深圳,进入一家著名的鞋厂。起初的半年是培训,副总是我们的直接上司,让我们在各部门实习。我很珍惜这样的机会,无论走到哪里,都在随身带着的小本子上不停地记,仔细地看别人做,不停地问。最后阶段,我们在公司的样品室实习。我们同一批共8人,他们都很活跃,常聚在一起说笑。他们聊天的时候,我就在样品室里看陈列的各款鞋子。

图1-6 熟悉各款鞋子

张芸:"苏老师好认真哦。我们公司的新人实习时,也常一起聊天,说好几遍也不听。"

苏平："每个人的工作目标不同，就会有不同的工作态度。"

张芸："是啊！那您每天就盯着鞋子看，挺闷的吧？"

那时是夏天，公司推出了5个系列的凉鞋，每个系列都有40～50款。每款都有一个唯一的代号，我每天就拿着小本子，依葫芦画瓢地把每个鞋款描在上面。两个星期后，我已经熟悉了样品室里所有的鞋子。随便拿起一双凉鞋，我都能很快说出对应的代号；只要讲出代号，我就能很快描述出凉鞋的款式特征。

张芸："这样下来要记住200多款哦，真厉害！"

苏平："这也是最基本的工作要求呀！"

之后的两周时间，我就开始看书，从副总那里借了好几本关于专卖店管理方面的书，很认真地做笔记，很快就积累了厚厚的几大本，后来去商场面试时，还用到了不少。

张芸："是啊，书到用时方恨少。实习结束后呢？"

我以优异的成绩完成了实习，开始负责管理公司在华东地区24家专卖店和店中店。起初很恐惧，怕责任太大，自己做不好。但想想一直鼓励自己的那句话："没有比人更高的山，没有比脚更长的路"，还有在广州做直销的经历，我慢慢地加强了对自己的信心。我不断请教老业务员，向他们学习，想各种办法提升自己的业务水平。勤奋和好学使我很快适应了工作，并在客户中形成了很好的口碑。

每季的订货会期间，我的客户们都会如约而至，在我的建议下挑选新款、下订单。几天的相处非常融洽。订货会后我也常主动了解他们货品的销售情况，帮他们联系调换滞销款式，追加畅销款式，尽量减少他们资金的积压。这样，不但为公司增加了订单，也拥有了很多忠实的客户。我的能力得到了公司高层的一致肯定。当公司的生产企划位置产生空缺时，他们考虑再三，认为只有我能在最短的时间接手这项关系到公司成本、需要很强沟通协调能力的工作。

在没有征得我同意的情况下，公司下了调令。我从小不喜欢数学，也不愿从事跟数字打交道太多的工作。于是，我拒绝了。

高层找我谈话时，我发现自己卷入了他们的权力旋涡之中，不想浪费时间，便毅然离开。虽然这样，现在我在全国各地看到这个牌子的广告，还是很亲切;路过专卖店,也一定会进去看看。

张芸:"看来苏老师对这家企业还是挺有感情的。"

苏平:"是啊!毕竟自己也学到了很多。"

张芸:"我听您说自己是中国电子商务的先驱,是吗?"

苏平:"哈哈,对呀!从鞋厂出来,就去做电子商务了。我继续给您讲……"

(三)电子商务

在决定离职后的两周内,我就找到了新的工作:在原国家计委下属的一个公司推广中国商品订货系统。

20世纪90年代初,人们对电子商务的了解几乎为零。习惯了看到实物、一手交钱一手交货的中国人,很难想象如何靠网络这个平台来交易。虽然明知不会马上有效果,我们还是每天挨个联系深圳的所有大中型企业的高层,向他们推介中国商品订货系统。

张芸:"那一定挺难的吧?"

苏平:"是啊,开始我也很怕受到大家的拒绝,毕竟是个新鲜事物。但是,一家家接触下来,却出乎我的意料。"

张芸:"是不是很快就有人加入订货系统了?"

苏平:"不是。那个时候,只是一个新概念的普及,没有人愿意做尝试。但让我至今都难忘并深受启发的是:无论多大的企业,他们的最高层领导都对新生事物抱着了解和学习的态度。这些人就是当时闻名全国的深圳速度的骨干力量,他们让我感受到了深圳特有的开放、学习的氛围,使我受益终生。"

张芸:"哦,怪不得您在群里总是说大家各有专长,互相学习。"

在半年时间内,我们跑遍了深圳的大中型企业,但因为当时的网络技术、社会信用体系不健全等因素,电子商务缺乏生存的土壤,没有很快地火起来。不过想想自己曾经是中国电子商务的先驱,有时也挺自豪的。更重要的是,在做推广的过程中,我从自己接触的企业和人那里,感受到了很多,也学到了很多,最重要的是对"事事留心皆学问"有了更深的了解。我一直保持空杯的心态,奉行"人人皆为我师"的信条,宽容他人,取人之长,补己之短。

张芸:"之前我们都说'三人行,必有我师',苏老师已经上升到了人人皆为我师,真是佩服。"

苏平:"其实,这也不是我独创的,要感谢我做电子商务时遇到的所有人,是他们的行动启发了我。"

张芸:"苏老师总是能从不同的收获中汲取营养。那下一份工作是什么?"

(四)商场

在负责商场管理的日子里,我带领团队冲业绩,处理客户投诉,也遇到了不少难缠的客户。

印象最深的是:一次下着雨,一位顾客穿着一双老人头牌的鞋,说鞋坏了,要求赔一双。我记得一周前,他来买鞋时,外面雨很大。他买好后立刻穿上,并让营业员把旧鞋扔掉。我见他没带伞,还追到商场门口提醒他:"外面下着雨,你这样穿鞋很快会坏的。"他没有理会,直接冲入雨中。

图1-7 换鞋

这次,我先跟他套近乎,认了老乡,又泡茶给他喝,跟他商量帮他把开胶的地方修修,请他把皮鞋换下来。可他说他没有鞋了,我问他:"拖鞋也没有吗?"他说:"没有。"我再问:"难道您洗澡也穿皮鞋进去吗?"他说:"是的。"

我笑了:"难怪!再好的胶水也怕水,买鞋的那天下着大雨,今天也下雨,您都没有打伞,现在您说鞋漏水,我们很难判断水到底是从鞋面还是鞋底进去的。为了找到原因,请您先把鞋换下来……"他不肯,每天坐在我的办公室,要求赔他的鞋,还嚷嚷着反正他是做保险的,有的是时间。

张芸:"不会吧?还有这样的人。"

苏平:"是啊!我之前也没有想到自己会有这样的'运气'。"

我一再解释说我没有权限给他换鞋,他就跑到总部,在门口坐着不走,老板实在受不了了,只好给他换了一双。

张芸:"我平时看您的博客,还在想为什么您总是能够做换位思考,是从这段经历中学到的吧?"

苏平:"是的!亲身经历过了,就容易去行动。"

张芸:"我知道苏老师还做过 HR,也是在深圳吗?"

苏平:"没错!这是我在深圳的最后一份工作,也是我此生最感恩的一段经历。"

张芸:"那快点说吧,我等不及了。"

(五)印刷厂

这家公司给了我 4 年内获得 16 年工作经验的机会,让我可以全面了解企业的运作。我负责人力资源事务,并参与公司的管理和决策,同时担任内部培训师。从不到 30 人的规模开始,建立公司所有制度、体系、招聘人员,建立培训系统,规划和检查各项专案的执行……这些经历,为我之后的企业咨询和培训,奠定了坚实的基础。

图 1-8　4 年＝16 年

张芸:"哇!做了这么多工作!要是换了我们,一定会问凭什么。"

苏平:"哈哈,我当时的想法就是做得多,学得多。"

记得我在年终聚餐时,跟各部门主管说自己要离开深圳时,每个人都很惊讶,异口同声地说:"那以后我们有问题找谁呀?"回想起自己手把手地教每个人如何写 ISO 内审表单,一起讨论培训需求,还有被我发现未依文件操作后扣奖金的种种,心中还是不舍。但内心有一个声音很强烈,不断提醒我从小的理想。于是,我选择了重新出发,一个人来到江南。

张芸:"对呀,重新出发,其实挺难的。我可能就没有这个勇气。"

苏平:"是啊!毕竟在那里生活了近 10 年,还是很有感情的。我也犹豫了很久,很清楚地知道这不是我想要的生活。所以,还是选择了离开。"

回想这近10年的路,其实,每一步都在为理想的实现添砖加瓦,只是刚刚领悟到:播种和收获总不在同一个季节!

同时,也让我明白:人生的每个际遇,不管当时如何艰辛、困苦,只要走过了,都是人生宝贵的财富。

这近10年的历程,给了我成长的机会,也让我收获了安身立命的本领。而这些做人、做事的道理和方法,不但贯穿于我的培训生涯始终,更让我坚定了为企业和学员量身定制课程的决心。

我将这近10年的"曲线救国"经历,浓缩为表1-1。

表1-1 我的"曲线救国"经历

行业/企业	工作	当时的收获	对培训的帮助
直销	销售	学会了如何面对挫折、自我激励,人际沟通技巧,坚忍、不放弃,如何带领团队	增强了心理承受力,能从容面对培训中学员的各种反应
鞋厂	业务	学会了制造业的流程管理,专卖店和店中店的运作,与客户打交道的方法和技巧	人际沟通技巧在培训互动时尽显威力
电子商务	业务	学会了对新生事物的态度,尊重他人,保持学习的心态,以及电话销售技巧	尊重学员,教学相长;抱持"人人皆可为师"的理念
零售行业	商场经理	掌握了团队建设、客诉处理、库存管理、店面管理和运营、服务的知识和技巧	用服务的心态做培训,以客户的需求为出发点
印刷厂	董事长助理、HR、采购、企划	学会了如何快速学习,全局思维、人力资源专业知识和技能,对公司全面运作的理解,5S、ISO9001、ISO14001专案推行,培训技巧,干部核心管理技能的开发和实践,内训师队伍的组建,公司制度、培训体系的建立	换位思考,坚持量身定制课程;基于对企业运作的理解,运用系统思考,为准确诊断客户需求、开发合适的课程奠定了坚实的基础,也为自己的主打课程积累了丰富的实践经验

二、职业生涯规划步骤

听完我的经历,张芸问我:"苏老师,那您说,我要不要转行呢?"

我没有给出答案,只是告诉她职业生涯规划的原则和步骤。

(一)职业生涯规划原则:以终为始

我们身边有太多的人,忙于赶路,而忘记了赶路的初衷。所以,让我们重回根本。

(二)步骤

(1)先找到自己喜欢做又能够做的事情,作为自己的目标——方向比努力重要。

(2)针对目标,进行 SWOT 分析,找到自己的优势、劣势——知己知彼。

(3)制订详细的行动计划,缩小现状与目标的差距——行动地图。

(4)养成习惯,坚持行动——成功是一种习惯。

图 1-9 职业生涯规划步骤

假如你的目标是职业培训师,那就需要知己知彼,试试以下步骤。

步骤一 确定目标:职业培训师

很多人都会说自己的目标是职业培训师,但这还不够。因为大家都知道职业培训师也分各个领域:生产、销售、管理、HR……如果我们实现目标的期限是 10 年,请问:10 年后,当人们提到你的名字时,会想起哪个领域、哪个课程呢?

先明确自己的具体方向,才能有的放矢。

企业培训师不同于学校的老师,必须要有自己授课领域内丰富的实践经验作为基础。

除了思考"职业培训师需要具备什么样的素质和技能"这个问题外,我们还要考虑如何去获得自己目标领域内丰富的实践经验。

经常问自己这个问题,当我们处于职业生涯的十字路口时,就很容易明确方向。

下面是两个小案例。

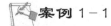案例 1-1

两个企业如何选择

李笠:"我面临着一个工作上的选择,不知道怎么办?"

苏平:"生命就是不断的选择组成的,您请讲。"

李笠:"在现在的公司我感觉学不到东西,总有一天会黔驴技穷的。有个保险公司瞄我一年了,和他们谈过,感觉可以大幅度提高培训的技能,所以想跳槽,但是有朋友说保险公司不好,我不知道该怎么选择,郁闷中。我最想做的就是把培训做好,除了培训我不知道自己还能干什么,还对什么感兴趣,所以想把握一切能提高培训能力的机会。我已经而立之年了,没有太多的时间可以浪费啊!"

苏平:"保险公司不好,原因是什么?"

李笠:"别人说保险公司不好,其实我也不知道到底怎么样,从侧面了解过,除了收入不稳定之外,好像也没有什么不好。其实没有不好的行业,只有做不好的人。老师,如果让您选择,您会怎么选?"

苏平:"明确自己的目标,然后自己去分析,而非只听别人怎么说。我会遵从自己内心的声音。自己想要什么?如何得到?现在两个选择,哪个对您想要的帮助更大?相信您有选择的能力!"

李笠:"遵从自己内心的声音,有道理!保险公司吧,可我心里没底啊。"

苏平:"离开熟悉的环境,没有了安全感吗?"

李笠:"也是一个原因吧。现在的公司还是蛮不错的,毕竟是跨国集团,很多人想进来。"

苏平:"这样的公司,为什么让您觉得没有学习和成长的机会呢?"

李笠:"时间卡得死,加班,我几乎把所有的精力都用在工作上,圈子越来越小,加入海川群才给我一点安慰。"

苏平:"您认为进入保险公司可以改变现状吗?"

李笠:"首先,学习可以保障,您知道保险公司的培训制度很不错。其次,时间相对自由得多。带我的是这个系统里很不错的培训师,我相当于他的助理,以后可能会随他去全国讲课。就像做您的助理一样,可以学习到很多东西。"

苏平:"看来您的思路很清晰。"

李笠:"我考虑了一年,现在还没有最终确定,老师,我是不是很笨啊!"

苏平:"学习有两种方式:一种是自己实践,获得直接经验;一种是吸取别人的间接经验。如果您有了充分的基础和实践,再加上一位好的导师,帮助会更大。"

李笠:"嗯,我觉得在保险公司的话,可以满足以上两点。"

苏平:"首先,您自己的职业规划是什么?如果是做培训师,希望以后的主打课程是什么?"

李笠:"主打课程可以随着变化而变吧,我在企业里面,没有什么主打这一说的,都是根据需求做的。所以以后要好好梳理一下,我现在很乱,没有重点,这也是在公司内部培训的结果吧。当然我也想过这点,个人对激励、拓展培训相对感兴趣和擅长一些。"

苏平:"那您进入保险公司,导师是销售方面的吗?您是否有销售方面的经验和基础?可以参考一下您之前的职业经历。"

李笠:"不光是销售培训,公司还有很多。我现在像海绵。"

苏平:"您现在有点没有方向,已经30岁了,需要明确目标,有针对性地吸收。"

李笠:"对的,我以前也组建销售团队,培训并带领销售。"

苏平:"所以,您现在可以自己去评估了。自己的目标,两种选择的利弊,给自己做个SWOT分析。"

李笠:"结果是去保险公司,几年前就有人说我像做保险的,呵呵,其实我没有做过。"

苏平:"如果您决定了,就去吧。犹豫只会浪费时间。"

李笠:"辞职的事情啊,辞职会伤害我现在的公司,我是不是想太多了。"

苏平:"哈哈,那就不去,再犹豫一年。"

李笠:"没有必要把自己看得太重,老师您取笑学生了,我不会再浪费时间了。谢谢您!"

案例 1-2

两个行业如何选择

刘敏:"最近我面临一个选择,我从上家单位走出来了,来到了喜欢的杭州,但是我要选择工作,同行业的单位驻地在其他省份,而我不想再去别的地方。最近一段时间有两家单位我在考虑。一家是做医药保健品的,从来没有培训,以前都是外聘的,需要从头开始;另一家是做大型商场的,需要学习的东西更多,就像苏宁、国美那种类型,我不知道怎么选择。现在我从四个方面去想,即公司发展、个人发展、薪资待遇以及我的爱好,可是我对于这两个行业都不是很了解。现在正在看您的培训师生涯之路。想跟您请教一下,希望从您走过的路上找到些答案。"

苏平:"您对自己的职业规划是什么?例如,10年后,您希望自己是什么样子?"

刘敏:"不再是一个单独公司的培训师,而是大家的培训师。"

苏平:"也就是跟我一样,做专职培训师?"

刘敏:"嗯,是的!相对自由的……"

苏平:"那您希望自己的主打课程是什么?"

刘敏:"情绪管理方面,销售激励,TTT。"

苏平:"如果三选一,您觉得自己哪类课程最有优势?"

刘敏:"销售激励,因为我做过3年销售,也挺喜欢的,其他两个方面还没有接触过。"

苏平:"那您看看哪家企业对您10年后的主打课程最有帮助?"

刘敏:"如果去医药保健品企业,主要是做培训管理工作;若去大型商场,可以更多地接触销售,帮助我聚焦在销售课程的培训上。苏老师,我选择去大型商场,谢谢您!"

步骤二 针对职业培训师的素质模型,进行SWOT分析

职业培训师应该具备什么样的素质和技能?

职业培训师的素质模型如下。

(1)人格特质:自我感知、激励他人、谦逊好学、尊重他人、善于沟通、耐心包容等。

(2)专业知识和技能:所授主题领域的专业知识、实践经验。

(3)人际技能:语言和文字表达能力、沟通协调能力、自我营销能力等。

(4)培训专业知识和技能:培训流程、成人学习理念、课程需求诊断和调研、课程开发、授课技巧(表达能力、主持技巧、洞察力、控场力)、感染力、问题分析和解决能力。

(5)学习能力:持续学习、充电能力。

……

SWOT 是优势(strength)、劣势(weakness)、机会(opportunity)和威胁(threat)四个英文单词首位字母的缩写。SWOT 分析是 20 世纪 80 年代初由美国旧金山大学的管理学教授韦里克提出的,经常被用于企业战略制定、竞争对手分析等场合。它是对企业内外部条件各方面内容进行综合和概括,进而分析组织的优劣势、面临的机会和威胁的一种方法。SWOT 分析可以帮助企业把资源和行动聚集在自己的强项和有最多机会的地方。

SWOT 分析同样可运用于个人职业生涯规划中。其中,优势、劣势是对自身客观、理性的认识,机会、威胁是对环境的识别和分析。

个人职业生涯规划之SWOT分析

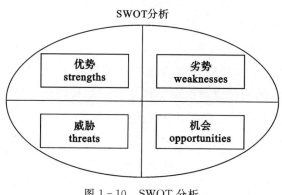

图 1-10 SWOT 分析

结合目标进行 SWOT 分析,有利于我们做到知己知彼,再有针对性地进行改善和补强,相信目标就会离我们越来越近。

步骤三　分解目标，制订行动计划

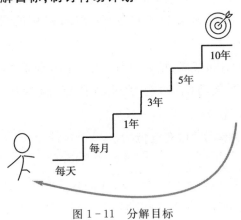

图 1-11　分解目标

10年也许太远，看似远大的目标，可能会把我们吓倒。俗话说，一口吃不成大胖子。同理，我们可以把10年的目标进行分解。名不见经传的日本选手山田本一，在1984年和1986年出人意料地获得马拉松世界冠军后，两次回答记者的"凭什么取得如此惊人的成绩"时，都是那句："凭智慧战胜对手！"当时大家都疑惑不解。

10年后，这个谜底揭开了。他在自传里透露了这个神奇的"智慧"。原来，每次比赛前，他都会先去考察地形，标出沿途的标志性建筑。比赛开始后，他就以百米的速度奋力地向第一个目标冲去，等到达第一个目标后，就以同样的速度向第二个目标冲去。

40多公里的赛程，就被他分解成这么几个小目标轻松地跑完了。而起初，他把目标定在40公里外终点线的那面旗帜上，结果跑到十几公里时就疲惫不堪，因为他也被前面那段遥远的路程吓倒了。

这个例子告诉了我们如何实现自己的目标。

例如：为了提高自己的理论水平，我们的目标是每年看12本书，那么我们可以分解到每个月看1本。这还不够，虽然我们已经有了完成期限，但人的惰性会让我们给自己找太多的借口，一般会前松后紧。为了完成任务，会囫囵吞枣地把一本书看完。如果这样，对我们目标的实现，真的有帮助吗？所以，计划不是件漂亮的外套，而是实实在在的行动。

步骤四　养成习惯：再好的计划，唯有行动，才能达成

成功是一种习惯，当我们在分析普通人和成功人士的差别时，无论有

多少因素,坚持一定是最关键的。

坚持,用行动区分了"立常志"和"常立志"的差别。坚持,不仅靠目标和激情,更多的是毅力。

职业生涯规划

1. 看似绕行的路,有时恰恰是捷径。
2. 每一个经历都是财富,机会在每一份工作中。
3. 知己知彼,明确目标,聚焦于未来,行动始于当下。

第三节　高空走钢丝——如何缓解紧张情绪

刚给张芸讲完自己的"曲线救国"经历，群里的李眉又找我。

因为是初次打交道，她做了如下的自我介绍：2008年大学毕业，进入培训机构，成为培训师助理。这可是被不少致力于做培训师的人所看好的职位。她自己也认为有了近距离接近"大师"的优势，这是最快捷的学习和成长途径。

果然，跟着培训师走南闯北，免费听众多课程，她觉得自己吸取了"大师"们的精华，很幸运。可是很快，这样的优越感就被发愁替代了。因为她需要在开场前带领学员暖场，可每次上场，她都非常紧张，常常语无伦次。

我问："上场前，你一般在想什么呢？"

李眉："我总是很担心，我以前没有做过类似的活动，怕学员不听我的。"

我听完后，请她将自己的问题发到群里，请大家集思广益。

张芸对李眉的心情表示理解，并分享了自己刻骨铭心的第一次登台经历：

我在企业的第一次登台，是为新员工做"企业文化"培训。当时憋足了劲，就想有个好的开始，所以在内容的准备方面，我很用心，把公司的《企业文化手册》看了五遍，对于准备好的培训内容，也演练了一次又一次。临上场前，我给自己打气：大学时就常在班里演讲，这次准备又很充分，应该没有问题了！

当我满怀信心地走进培训室后，看到公司的孙总坐在最后一排，不由得紧张起来，心里砰砰乱跳：怎么办？孙总来听课，如果讲不好，多没有面子！这时，我好像看到一个画面，孙总当着全公司员工的面，指着我说："水平这么差的人，没有资格进我们公司！"之后所有员工的眼光齐刷刷地向箭一样射了过来。我左躲右闪，还是无法避开，真恨不得有个地洞钻进去……直到同事拽了我一下，才把我从恍惚中拉了回来。原来，主持人已经完成了介绍，请我上台了。

我赶忙定定神，急步走上台。正要张口，却发现之前胸有成竹的内容已无影无踪。

我慌了,一边假装试话筒,一边清清嗓子。之后我说了句"大家早上好!"后,就一直重复"欢迎大家来到×××公司"。正在无助之时,看到孙总鼓励的眼光,竟然神差鬼使地脱口而出:"现在请孙总给大家讲话!"因为刚才主持人宣布孙总的讲话是在培训之后进行,大家都愣了一下。幸亏孙总站起来,走到台前,说:"抱歉,本来我是最后讲话的,但临时有点事情要处理,所以先跟大家沟通一下。"

结合李眉和张芸的案例,大家就"如何缓解紧张情绪"在群里展开了激烈讨论。

一、紧张的原因

很多朋友刚做内训师时,都被上台的紧张情绪所困扰。

其实,不仅仅是企业内训师,每个人第一次上台,都难免紧张。有人呼吸困难,有人会腿发抖,有人突然忘词,有人语无伦次……这些,都是紧张惹的祸。

常有人问:如何才能消除紧张情绪呢?

我的回答是:首先要正确看待,紧张不是瘟疫,不需要避而远之,这只是正常的生理反应。适度的紧张,会促进血液循环,使我们思维更敏捷。只要不是紧张到痉挛、晕倒,都没有大碍。全世界上台没有紧张感的人也是微乎其微的。这样告诉自己后,情绪就会平静一些了。

接下来,我们进行疏导:思考当你在等待上台时在想什么。

图1-12 等待上台时

最典型的有以下几种。

1. 惨了，我还没有准备好呢

这种心情，相信不少朋友都曾经有过：上学时，如果临考前未把书看完，哪怕只有一个小章节，走进考场前，我们心里也会七上八下，很不安，生怕考到遗漏的那部分内容。

2. 我一定要让大家刮目相看

当我们雄心勃勃地要让这次上台成为展示自己、一举成名的机会时，自身的压力就会剧增。这也是很多人平时表现不错但关键时刻发挥不正常的原因之一。

3. 万一讲不好就太没面子了

害怕失败，或过于关注失败的后果，会将我们的注意力转移到负面影响之中，反而无法有良好的表现。曾经风行一时的一种英语学习方式，就特别强调"我喜欢丢脸"，就是让我们放下包袱，全神贯注于真正需要做的事情。

4. 这方面我没有经验，怎么办呢

人生有很多第一次，每次尝试时，都是挑战。经验是在实践中积累的，在错误中学习也是种很好的学习方式。没有经验时，只有去做，去试，才能累积起来。怕，只能适得其反。

由此，我们找到产生紧张的原因：
- 没有充足的准备
- 期望过高
- 害怕失败
- 没有类似经验
- 自然生理反应

二、如何缓解紧张情绪

针对以上紧张的原因，我们可以对症下药地运用以下方法，来舒缓紧张情绪。

（一）充分的事前准备

临阵磨刀，虽然不快也光，但总让人心里不踏实。

事前对学员的了解，让我们可以选择适合学员的主题和内容，容易产生共鸣;不断演练,使我们对演讲内容了然于心,大大增强了自信;对场地的熟悉和道具的准备,会减少突发状况的干扰,对舒缓紧张情绪有很大助益。

充分的事前准备,包括:

方法一　充足的睡眠

紧张是一种情绪,这种情绪跟我们的精神状态息息相关。充足的睡眠,会带来充沛的精力,有助于集中注意力,保持良好的精神状态。

方法二　良好/专业化的开场白

好的开始,是成功的一半。良好的开场,能跟学员产生共鸣,增加亲和力。专业化的开场,可快速树立培训师的威信。

方法三　辅助器材的使用

培训时,PPT(演示文稿)、话筒、道具等辅助器材的使用,一方面,可以提示自己,以免忘记所讲内容;另一方面,也可以分散大家对你的关注,掩饰紧张感。一旦学员发现了你的紧张情绪,大都会质疑你的专业度。而这种先入为主,对演讲或培训的效果影响很大。

人在紧张时,特别需要安全感,这时,最容易反映出紧张情绪的就是手的种种动作。如果我们手中拿些辅助器材,如话筒等,是有一定帮助的,但也不是所有物品都有同样作用,有的会适得其反。

适得其反的道具

◎一张纸的讲稿

记得自己第一次上台是初中语文课的一分钟演讲。我怕忘词,除了把讲稿背下来之外,还准备了一页的草稿。当时我觉得这样就双保险,心里也踏实了。不料站在台上时,还是脸红心跳,突然脑子里一片空白。我不自觉地用手使劲捏着草稿纸,之后同学说,我好像要从纸中挤出水一样,同时,草稿纸在我的手中不停地发抖,全世界的人都知道我特别紧张了。

那次上场前,我还为自己准备充分而偷乐,没想到,恰恰是这张纸出卖了我。

提示:紧张时一般容易发抖,有了这张纸的帮助,会将紧张情绪放大。纸张面积越大,重量越轻,越容易放大紧张情绪。

◎水杯

有一次,我参加的公开课是一位非常年轻的培训师讲授销售技巧。他上场时,几乎是快速冲到台前。刚站住,马上就大声喊:"各位学员,你们好吗?来,跟我一起喊:好!很好!非常好!"可台下的学员没有响应。我坐在第一排,看到他的额头开始慢慢渗出汗珠。这时,他有点不知所措,慌忙拿起水杯,想掩饰自己的情绪。没想到拿着一次性水杯的手不停地颤抖,把杯中的水都晃出来了,弄湿了自己的衣袖。所有的学员都看到了这个细节,在他忙着处理水杯时,下面的人群开始骚动,很多学员在摇头。

提示:很多人喜欢用喝水来缓解压力,但水杯的颤抖会吸引大家的注意力,加剧紧张情绪。

◎激光笔

几年前协助一家企业做内训师选拔的试讲时,一位内训师私下跟我说他很紧张。我将自己的激光笔借给他,让他拿在手里当道具用。他上台后,开始表现不错,当他在回答一位评委的问题表现不佳时,我感觉到了他的紧张。这时,他为了转移大家的注意力,用激光笔指向了大屏幕。可是,由于紧张,他的笔在屏幕上转了好几圈,才找到了要指示的那行字。而当他试图将光标停留在这一行时,激光笔很不听话地上下抖动,越发显出了他的紧张。

提示:当你用激光笔指示大屏幕时,本来就不好控制的激光笔,会最大限度地通过光标的抖动暴露出你的紧张。

因此,当我们希望缓解紧张情绪时,请避免选择这些适得其反的道具。

适得其反的道具

纸张　　　　　　水杯　　　　　　激光笔

图1-13　适得其反的道具

（二）获得学员支持

方法一　眼神多看你的支持者

若台下有自己的亲朋好友，紧张时，就多看看他们。当你的眼神看到他们的微笑和鼓励时，紧张情绪就会有很大的缓解。

如果台下全是陌生人，我们可以环顾四周，找到那些善意的目光。在演讲或培训时，常跟他们交流，可得到很多鼓励，能非常有效地缓解紧张情绪。

技巧：课前创造支持者，即在课程开始前，向每位入场的学员问好，并从中找几位闲聊一会儿。聊天的内容可以是关于培训主题方面的，也可以是无关的，因为聊天的目的只是制造亲近感。在紧张时，可以将他们当成自己的亲友团或支持者。

方法二　与学员互动

培训不是演讲，也不是独角戏。培训师是培训现场的导演，真正的主角是学员。最简单的互动方式就是向学员提问。可以先从问好开始，用自己洪亮、阳光的问候，带动学员的情绪，再辅以与主题相关的问题。开场时的问题，不宜过难，最好是问学员的亲身感受、问题和困惑等便于回答的问题。

详细方法，请见第四节中"开场白"部分内容。

（三）表现出自信

职业化的服装、充分的准备和演练、有效的心理暗示，都有利于我们增加自信。

方法一　运用换框法给自己力量

在《NLP简快心理疗法》中，换框法是一种增添力量的技巧，其定义为凭逻辑思考去改变受导者信念。其中，意义换框法，对于缓解紧张情绪很有效。

意义换框法：所有事情本身都没有意义，所有的意义都是人加诸上去的。既然意义是人加上去的，那么一件事可以有其他的意义，也可以有更多的意义；可以有不好的意义，也可以有好的意义。即所有的事情都是中性的，好坏只是我们自己的选择。最常见的例子是下雨。有人认为是好事——可以免费洗车，而有人认为是坏事——影响心情。所以，一件事的意义，只取决于我们的主观思想，只要我们从中找到正面意义，就能使自己有所改变。

意义换框法对因果式的信念最为有效。

方法：把"果"改成反义词,把句首的"因为"放到句尾。

例如:因为上司要求严格,所以我压力很大。

我们可以运用意义换框法,将之换为

上司要求严格,所以我要认真工作,因为:

1. 我想进步更快
2. 我想学到更多技能
3. 我想满足他的要求
4. 我想让他看到自己的能力
5. 我想有更优秀的表现

大家可以对比一下"因为上司要求严格,所以我压力很大"与后面的五种说法,差别应该很明显吧？后面五种说法,都通过创造新的价值而改变了信念。

再如:因为我工作经验少,所以我很难成为好的培训师。

我们用意义换框法,将其改为

我工作经验少,所以我要成为一个好的培训师,因为:

1. 我可以有更多时间去打基础
2. 我可以在试错中学习
3. 我可以不断增加自己的工作经验
4. 我可以学习其他老师的技能
5. 我可以在实践中快速成长

当我们用意义换框法后,是否觉得"工作经验少"不再是"成为好的培训师"的障碍了？有了这么多的理由,我们是否更要去努力呢？（虽然还有"工作经验少"的事实）

方法二　反复演练

无论什么主题,不断演练是成功的关键。

在演练的过程中,反复推敲每个字、每句话和语序,熟能生巧就是这个道理。当我们有了充分的准备之后,就有了更多的自信。

演练的方式有:对着镜子、墙壁演练,录音、拍视频演练,请同事、家人当学员,或自己在大脑中"过电影"。

这几种方法可以综合运用。每次培训前,我都会请先生假扮学员,将课程内容全部讲一遍。只要他提出哪里听不懂,或者太枯燥,我就会去修改和完善。因为我的主打课程是管理技能和内训师培训,他都不懂。如果能吸引他,对于做管理或培训师的学员而言,就问题不大了。

开场白部分,我一般都会演练十遍以上。考虑措辞、语句的先后顺序,以及时间的控制等。常常在演练到第九遍时,会修改方案,然后再继续演练。

演练的目的是熟悉培训内容,再次检验课程逻辑和条理性。比起死记硬背,更有效的方式就是用思维导图来梳理思路。将一天或两天的内容,浓缩在一张思维导图上,一目了然,也便于记忆。

我的建议是,不要总全部反复演练,最好把一些关键的地方演练好,控制好各个过渡的点。节点控制好了,整个思路和节奏就控制住了,再从细节入手完善。有些人反复演练,会把自己越搞越没信心,尤其是耐心和恒心不足的人,可能反而疲惫不堪而放弃。我始终认为,只要你的课程架构清晰,经得起推敲,你就很有把握,很有成就感了。

——广州 郭克绵老师

方法三 控制身体

良好的开始,是成功的一半。而"开场",始于无声。

无论主持人的介绍把你说得如何专业、权威,甚至天花乱坠,在经历了越来越多宣传失真的轰炸之后,学员们已经趋于冷静,他们更看重的是"眼见为实"。

因此,培训师出场时的步伐、姿势、表情、神态和眼光,就是与学员最初的交流。

由此表现出的坚定、自信和稳健的台风,让我们在学员中得到"确有为师风范"的评价,是产生信任的基石。

这时,身体的控制,就从很多细节体现出来,如:上场前深呼吸、上场时的步伐适中(太快显得不稳,太慢没有活力)、到讲台后的定位(手、脚的摆放、身体的姿势等)、开讲前的压场、开讲过程中的肢体语言等。在讲台前的定位，我通常建议，初次上台的人可将手按在台面上(若台面较低时)或扶在讲台边缘(讲台较高时)。

很多年前，自己接受培训师培训时，老师花了很多时间让我们练习整齐划一的手势、动作。当时，觉得很别扭，很长时间也不能适应。经过自己这些年来的实践，我不太赞成这样的 TTT 培训方式，因为每个人都是有自己的个性和风格的，如果想把大家做成"标准化"，既不现实，也是事倍功半的事情。

所以，在我的 TTT 课程中，我只是提醒学员，避免不恰当的肢体语言即可，把更多的时间和精力放在课程内容方面。

不恰当的肢体语言

图 1-14　不恰当的肢体语言

不恰当的肢体语言主要有以下几种。

(1)没有精神：弯腰驼背，打哈欠，表情疲惫。

(2)频繁走动：走动频率过高，影响学员注意力。

(3)站姿不雅：抖腿，两腿间距过宽。

(4)手放置不当：双臂交叉抱胸(有抗拒之意)，双臂背后，手放在裤子口袋中。

(5)各种小动作：抓耳挠腮，挖鼻孔，捏耳朵和鼻子，手上玩东西。

(6)手势夸张：做手势时，幅度过大，频率过高，扰乱学员的视线。

(7)站姿僵硬：长时间保持一个站姿，容易让人觉得死板，没有亲和力。

(8)用手指指着学员：用食指指着学员，是很不礼貌的行为。请学员回答问题时，将手掌向上，指向学员。

方法四　回忆自己做得最好的部分

自信是紧张情绪的缓解器。当你回忆自己做得好的方面时，对自己说"我很棒！以前可以，这次也能行！"，重复几次后，就能信心大增。这是一种有效的心理暗示。

（四）投入、忘我——华伦达心态

华伦达是美国著名的高空钢索行走表演者，在一次重大的表演中不幸失足身亡。他的妻子在事后说，这次表演肯定会出事，因为华伦达在上场前总是不停地对自己说，这次演出太重要了，只能成功，不能失败。而以前每次成功的表演前，他只想着走钢索的表演过程，而绝少考虑表演的结果。心理学家从这件事中得到启示，把专心于事情过程的本身而不在意事情的目的、结果或意义的心态，叫作华伦达心态。

同理，当我们顾虑太多、患得患失时，就更容易紧张和出错。所以，让我们抛开自己的担心、面子和那些无谓的想法，把注意力集中在培训的内容上，全力演绎自己的主题，紧张感就会渐渐隐退。

缓解紧张还有三招。

(1)提前预演：在会场布置时先站在讲台上预演一下，想象着底下每个座位都坐着人，你正讲课，他们有的在记录，有的在跟你眼神交流，你一会儿点视学员，一会儿扫视学员，如此，提前熟悉场地，预演情景，也有缓解紧张之功效。

(2)先入为主：培训师切忌姗姗来迟，手忙脚乱地打开电脑和投影仪，一边气喘吁吁，一边接受所有学员的眼神聚焦，不紧张才怪呢。最好是第一个到达教室，有足够的时间准备，而且是看着学员一个个进来，这样占有主动权。

(3)顺其自然：很多人紧张时总是安慰自己不要紧张，但是通常没用，越想越紧张，两手两脚都不听使唤。有个叫"森田疗法"的心理治疗方法中提到，人经常会为自己的不适耿耿于怀，极力想去控制它、排斥它，可是往往适得其反，好比有人心脏不舒服，就一直关注不舒服的感觉，极力想摆脱，到后来就觉得越来越严重，也真的有越来越严重的表现，可是如果你真不去想它，不适感反而越来越轻，这就是"顺其自然"。当然很多人都知道这个词，但要做起来不太容易。紧张时，告诉自己此时紧张是正常的,紧张才是真实的自己,你可以拥有这种紧张,这种紧张是你人生的一部分,你可以也应该完全接纳它。

——厦门 林铁成老师

如何缓解紧张情绪

1. 正确认识紧张情绪:紧张是正常的心理反应,有效疏导,为我所用。
2. 运用换框法,从内心给自己力量,增强自信。
3. 充分准备,辅以道具、肢体语言,有效缓解紧张情绪。

第四节　龙头加凤尾——有效开场和结尾

李眉关于紧张的问题,得到了大家的积极响应后,她很开心。同时,又提出:"我的工作主要是协助培训师暖场,请问大家:暖场到底是什么意思?应该怎么做呀?"

于是,我分享了下面的内容。

一、暖场

培训是一种特殊的一对多沟通,也遵循"先处理心情,再处理事情"的沟通原则。

暖场是培训开场的一个重要环节,主要目的是营造好的学习氛围,引发学员的学习兴趣。我建议用暖场取代"破冰"的叫法,因为"破冰"这个词让人们感觉来参加培训的学员之间或培训师与学员之间隔着坚冰,需要去打破,从而带给人们负面的心理暗示。

《培训师成长实战手册:引导式课程设计》一书中有专门的章节介绍如何设计有效的暖场方式,其中包括了11种暖场的目的和30种暖场方式。

下面分享几种自己用得不错的暖场方式。

说明:

- 以下方式,均适用于学员彼此不熟悉的情况。
- 事先分组,将同一部门人员错开,并平衡每组中内向、外向学员人数。
- 以小组竞赛方式进行,对最先完成任务的小组给予奖励。
- 给出的任务完成时间,要比预计可以完成时间缩短至少2分钟。

1. 我是哪种小动物

请大家把自己比喻成一个小动物,并画出来。这样的方式轻松愉快,很受欢迎。

(1)材料准备:给每组发一张大海报纸,每人一支水彩笔。

(2)任务说明:每人用一种小动物来比喻自己,并在海报纸上画出来。完成后,小组上台发表,并逐一说明原因。

图 1-15 我是小猴子

重点：关注在暖场过程中所有成员的表现，给予鼓励。

2. 工龄合计

（1）任务说明：请各组在 5 分钟内完成下面两项统计，小组成员参加工作的年限合计、担任管理者或培训师的年限合计（此项根据培训主题选择），速度最快者会有奖励。

（2）发表点评：请各组将上述两个合计数字写在白板上对应的位置。培训师结合培训主题进行点评。

以管理技能培训为例：

某组的管理年限合计最小，可以说："我们是公司里的 90 后，在管理方面没有很多经验，但有什么优势呢？"学员一般会说："有活力，学习能力强，更了解年轻员工的想法，容易沟通。"

针对管理年限合计最大的组，可以说："我们是公司里的长者，人生阅历、管理经验都很丰富。但现在这个社会唯一不变的就是变，我们是否已经感觉到了压力和危机？今天我们把所有学员分为这几个组，每个组之间、每个组内部都是我们可以运用的学习资源。我们如何在两天的时间内充分运用这些资源收获更多呢？"

重点：在竞争压力下完成一项任务，学员能够快速组建一个团队，并在互相协作中建立关系，增进了解。同时，结合培训主题进行点评，为课程切入埋入伏笔。

3. 制作桌牌

公开培训班一般都会有事先准备好的桌牌。企业内训，则不一定会有。这时，可以用 5 分钟时间，请大家互相制作桌牌。

（1）任务说明：组内人员交叉制作桌牌。桌牌内容包括姓名、部门、职位。材料包括 A4 纸(每张桌牌半张)、大头笔(数量为人数的一半)。说明完成后,抽查桌牌内容。

(2)展示验证:展示各组的桌牌,随机抽查提问对方的桌牌内容。

重点:制作桌牌的过程中,如何合理运用资源。

4. 包打听

从与培训主题无关的话题开始,拉近彼此的距离。

(1)任务说明:组内成员互相了解彼此的 3 个兴趣爱好,工作、生活方面均可,并记录下来。结束后抽查,对答对者进行奖励。

备注:学员人数在 20 人以内,可以两两一组进行。学员人数超过 20 人,则按培训分组进行。

(2)抽查验证:根据各组的兴趣爱好记录,随机抽查提问组内任何成员的兴趣、爱好,由其他人回答。

增加难度:可根据需要,将工龄合计、制作桌牌、包打听两两组合运用,也可以三个一起进行。如:在"干部应有职责"培训中,我就将三个任务同时进行。完成任务的过程,不仅是暖场的过程,也是给培训提供案例的过程。不同的培训主题,可以有不同的运用。

时间管理:是否在规定时间内,完成了指定任务。

沟通技巧:小组提供的兴趣爱好表,与本人所讲有出入。

执行力:桌牌的内容不符合要求,有遗漏或将兴趣爱好写上去。

图 1-16 任务清单

5. 九宫格

(1)给每位学员发一张 A4 纸,请大家用横、竖线条将 A4 纸平均分为九格,在最中心的格中写上自己的名字。

(2)在其他八格内,写上要求的内容,如对自我的评价、对课程的期望、对培训主题的困惑等。

(3)完成后,设定时间,请大家在全场范围内,找寻格中有同样词汇的人,在彼此相应的格内签名。时间截止时,得到签名最多者为优胜。

以自我评价的性格描述为例,如图1-17所示。

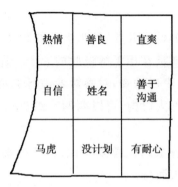

图1-17 性格描述九宫格

可利用这样的方式,收集自己需要的信息,为培训提供学员的具体需求。

二、龙头——如何量身定制开场白

大家都知道:培训效果如何,首先取决于学员是否有学习的愿望,这取决于"第一印象"。而"开场白"恰是决定这"第一印象"的关键因素。

常听到有朋友说:"我运气不好,经常碰到一些很刁、很难缠的学员。"真的是这样吗?让我们来看看橄榄核定律(见图1-18)。(源自孙彦老师)

图1-18 橄榄核定律

从图1-18可见,培训刚开始就支持你和反对你的人,都是极少数,更多的人在做选择。也就是说,培训开始时,绝大多数人都处于观望状态。他们在等待着,根据你的言谈举止,来选择反对还是支持你。因此,开场白就显得特别重要。

（一）开场白的目的

(1)让学员认识并记住自己；

(2)做个人简介；

(3)树立威信；

(4)降低学员的防御心(包括紧张、担心等)，建立亲和力；

(5)建立学员对培训师、对课程、对其他学员和对自己的信赖；

(6)营造温暖、安全的氛围；

(7)为课程做出铺垫；

(8)引发学员兴趣。

（二）如何量身定制开场白

开场白不是做大报告，切忌虚、空、大。

1. 成功"开场白"三要素

成功的开场白需要量身定制。这主要表现在要充分考虑培训师、培训内容和学员三个方面。

(1)考虑培训师自身的风格和特点。记得很多年前，姜昆的相声把歌星的风格总结为"自我陶醉型""歇斯底里型"……至今印象深刻。

作为培训师，也有着很多不同的类型和风格。以我自己为例，因有丰富的实践经验，并坚持量身定制，课程也以实用、有效为主，在授课风格上，我是属于比较有亲和力的。

因此，我的开场通常是用开放式的提问、学员关注的案例等，引起学员共鸣，拉近与学员的距离。而那种激情澎湃式的开场，就不适合我。

有不少朋友跟我抱怨，为自己性格内向而苦恼。还有不少朋友，刻意模仿所谓的"大师"。我对他们说："无论你模仿得多么像，也是某某人第二，不会成为真正的自己。风格无所谓好坏，无论你性格内向还是外向，只要适合自己，就是最好的风格。"

(2)考虑课程内容。不同主题的课程，使用不同的开场会更有效。以下列举几个我用过的课程开场。

在"高效时间管理"课程中，我会请学员用一个字来描述自己目前的工作、生活状态。这时，学员的回答会集中在"忙""累""烦"，我再问："知道为什么会因忙碌而累和烦吗？这就是今天要跟大家分享的内容"……

【点评】

用询问学员感受开场,容易吸引学员参与,便于互动。而接下来,借用学员的回答引入课程主题,则会引发学员的好奇心,激发学员的学习动机。

在"基层主管技能提升"培训中,我展示自己拍的夹心饼干图片,问学员:"我们是不是觉得自己像夹心饼干呢?我看到有人已经在点头了。如果不好意思说出来也没有关系。因为我自己也做过基层主管,非常能体会大家的处境和感受。所以,今天我就是来帮助大家改善这种状况的。"

【点评】

夹心饼干是基层主管的常态,上有领导压任务,下有员工提要求,而他们手中的权限又很少。所以,夹心饼干的提出,让学员很快产生了共鸣,加上培训师强调与学员有相同的经历和感受,更增加了亲和力。最后一句的"帮助""改善",让学员有了期待,是个不错的开场。

在"有效沟通技巧"培训中,我先给出学员中常见的一个沟通案例(员工所做与主管交代不符),然后问:"为什么我们常常会沟而不通呢?这不仅仅是大家的问题,也是所有企业最苦恼的问题。今天,我们用演练来强化沟通的各种方法、技巧,帮助大家在工作中更有效地沟通。"

【点评】

用学员身边发生的事情开场,让学员感觉亲切,也愿意参与。用案例提出问题,再指出沟通问题为共性,鼓舞了学员的信心。最后提出明确的培训目标,让学员看到培训对自己的帮助,有助于引发学员的兴趣。

(3)考虑学员状况。即使是同样的课程,学员素质、基础不同,也需采取不同的开场方式。

"领导艺术"培训的不同开场

甲企业

学员:中层主管

开场:我提问"如何提升执行力"后,用"教练他,提高能力;激励他,提升意愿"引出如何激励部属,即属于领导艺术的范畴,从而切入主题。

依据：在课前需求问卷中，有80%的学员在回答"管理工作中的困难点"时，写了"部属执行不力"。我以学员们都关注的"如何提升执行力"作为开场，快速引发了学员的兴趣，为课程的顺利开展奠定了基础。

乙企业

学员：基层主管

开场：我提问："如何调动员工积极性？"大家回答："钱！"我从金钱激励引申到激励误区的几个案例，引出"非物质激励清单"(仅说明课程的某个模块有相关内容)，导入主题。

依据：在课前需求诊断和调研时，汇总接受访谈的人员观点，发现他们大多认为：只有金钱才能起到激励的作用。针对这一问题，我在课程大纲设计时，特别增加了"非物质激励清单"的模块，来纠正金钱万能的观点，也为学员提供使用的方法和技巧。

2. 有效开场方法

成年人学习的特点是有动机才学习。

动机的来源：强化快乐，加剧痛苦。

任何方式的开场白，在树立培训师威信的同时，需要尽量引发学员的学习兴趣，引出主题，从而避免"身在曹营心在汉"的状况，也会大大提高培训对学员和企业的实际效果。

有效开场的方法有引文法、提问法、利益法、故事法、数据法、案例法、游戏法。

(1)引文法：引用名言、新闻、典故开场。

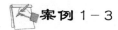

案例 1-3

名 言

在"有效沟通技巧"培训时，我引用培根的"知识就是力量"开场，问学员："你们赞同这句话吗？"大部分学员会点头，我接着说："知识本身不是力量，知识运用后才是力量。这是培根回忆阿基米德为保卫家乡，运用科学知识的力量，成功击退罗马入侵的历史时，发出的感慨。所以，这段话的本意也是侧重在运用，当我们不了解其背景时，就容易断章取义。在我们的工作、生活中，也有太多类似的例子，这就是今天课程中要跟大家分享的沟通漏斗。相信不少朋友已经迫切想要了解了吧？那我们马上进入正题。"

新 闻

在"自我增值,应对危机"的讲座中,我以下述内容开场:"最近大家都被金融危机的阴影笼罩着,但今天早上的新闻,却让我充分感受到:危机＝危险＋机遇。新闻中报道了美国高档婚介生意忙的消息,这些平时忙碌得没有时间考虑个人问题的人们,因危机被迫停下脚步。这对他们中的大多数来讲,会不会是塞翁失马呢?同样,我们自己呢?平时忙于工作,没有时间学习和充电,现在企业订单少了,自己有了更多的自由时间,我们能做些什么呢?这,就是我今天要跟各位分享的主题:自我增值,应对危机。"

(2)提问法:设问和反问。

设问是用自问自答的形式突出主要论点,阐述问题,引人注意的一种修辞方法。设问的特点是无疑而问。本来没有任何疑问,自己设计悬念,明知故问,以引起关注,引发思考。例如:当我们说"这是什么精神?这就是可贵的奉献精神。"就比直接说"这是可贵的奉献精神。"更能吸引人。

反问是用疑问的形式表达确定的意思,以加重语气的一种修辞手法。反问也叫激问、反诘、诘问。反问的特点是只问不答,答案暗含在反问句中。人们可以从反问句中领会到表达者的真意。例如:当我们说"在培育部属时有这么多的困难,难道就没有更好的方法了吗?"时,强调的是还有更好的方法。反问的运用加强了语气,发人深思。

(3)利益法。人的本性是趋利避害的。对自己有利的事情,都愿意去追寻,而会引起痛苦时,就会避而远之。培训也是一样,开场就让学员看到培训对自己的帮助,有助于激发学习积极性。

"如何培育部属"培训的开场,我会问大家:"你们想工作更轻松吗?"等学员肯定后,我马上说:"今天的课程,将会跟各位分享让工作更轻松的方法和技巧。"这样就引发了学员的兴趣。

"如何获得良好人际关系"培训的开场,我将好、坏人际关系的影响总结后,用图片展示出来,以这种强烈的对照,激发学员的学习动机。

(4)故事法。故事一直伴随着我们成长的足迹,也是一种喜闻乐见的文艺形式。那些枯燥的原理、规定,总是让人望而生畏。当我们在其中增加了人物和情节,使其变成故事以后,讲解不仅变得轻松、生动和有趣,引发学员的兴趣,也便于记忆。

讲故事的技巧

◎ 明确

跟我们小学时写作文一样,时间、地点、人物、情节要明确 5W1H(who, when, where, why, what, how)。即使是你虚构的人物,也最好给他个具体的名字,这样可以更真实。试试将故事中的主人公,分别用"一个人跟你说……"和"王强跟你说……"对比效果就知道了。

◎ 注重细节

细节会让我们的故事更形象、生动。如:前面谈到紧张时,我们可以用"王强紧张得手心都是汗"或者"王强紧张得后背的衣服都湿了";说到小孩子学习好,就可以细致到"他每个学期都考第一名。"

◎ 情感

讲故事需要用自己的兴趣去感染学员,培训师需要饱含情感地讲述故事。我们的表情、肢体动作、语言、语气、语调,都会成为我们表达情感的有效辅助。善用情感,则可以达到吸引学员的效果。

◎ 悬念

好奇是人的天性。充分利用这个天性会屡试不爽。这点,从现在的电视剧每集结尾内容可以看出:每次都是在大家认为的关键时刻结束,留给观众很多回想的空间。这些空间就是悬念,每个人可能都会有自己的猜测。这样的参与,使观众迫切想知道自己的答案是否正确,也就乐于守着电视看下一集了。

如何让故事生动有趣

◎ 方法一　倒叙法

平铺直叙的故事,总会让人觉得乏味。倒叙法,并不是将整个故事都倒过来叙述,而是将其中的某部分内容提前。可以将最能体现培训主题的内容提前,也可以将悬念提前,以引发学员兴趣。

有一个类别的电影叫悬疑片,这样的影片一直很受大家的欢迎,原因是勾起了大家的好奇心,促使大家一探究竟。

在讲故事时,先提出一些悬疑,一开场就牢牢抓住学员的心,是个不错的方法。例如,在"有效沟通技巧"培训中,我用一个故事开场,先说:"小张从工人开始做起,一步步走上管理岗位,他很体谅员工的疾苦。但最近,大家看到平时乐观豁达的他,总是唉声叹气、愁眉苦脸的。到底发生了什么事情呢?"

◎ **方法二　共鸣法**

能跟学员产生共鸣的故事,会很快拉近培训师与学员的距离。例如,在"销售技巧"培训中,我用一个态度恶劣的销售人员使我放弃了购买自己非常喜欢的商品的故事,跟学员产生了共鸣,为后面的课程内容奠定了较好的基础。

◎ **方法三　现身说法**

讲自己的故事,亲切、更有说服力。例如,在"积极心态"培训中,我就分享了自己的应聘故事:想应聘营业员,却因不会说广东话不符合条件,便转而应聘没有此项要求的商场经理,结果获得成功,使自己的职业生涯迈上了一个新的台阶。

◎ **方法四　参与法**

一个人要很生动地讲好故事,需要很多技巧。如果能让学员参与进来,用类似"故事接龙"的方式,请大家来补充设计故事情节,不仅能弥补自己讲故事技巧的不足,也会极大地调动学员的积极性和兴趣。例如,在"干部应有职责"培训中,我讲了一个事必躬亲的李经理的种种表现后,请学员们来补充故事的结局。学员们很快达成一致:李经理很快就会下岗。我问及原因,大家非常积极地将我想要的答案说了出来,效果非常好!

◎ **方法五　视觉法**

在讲故事的同时,配合视觉资料,如简笔画、图片、视频、图表等,对故事的趣味性有很大帮助。例如,在"如何培育部属"培训中,我在讲一个新人扫地的故事时,就配上了如图1-19所示的简笔画,学员们都说印象深刻。

图1-19　扫地

（5）数据法。当我们在开场时,给学员展示一些让人震撼或出其不意的数据,会更有说服力。如:在一家电脑主机配件企业做"品质意识"的课程培训时,开场我用了1‰和100％的对比,结合公司的产能,请学员计算出:当我们把不良率确定在1‰时,每个月会有多少位客户遭遇到了可恨的100％? 而这样的"幸运",极有可能落到自己头上。通过这样的计算后,大家对品质的认识有了进一步提升。

在运用数据法时,数字一定要明确、权威。模棱两可的数据,只会弄巧成拙。

（6）案例法。案例是真实发生的事件。运用案例法开场时,最好选取对培训主题而言比较典型的且能在学员中引起共鸣的案例。结合实际工作,请学员对案例进行讨论、分析,回答案例中提出的问题。通过这样的互动,既可以营造学习氛围,又可以引发学员学习兴趣,是很好的暖场方式。

案例法的选取方法,详见蜕变篇。

（7）游戏法。游戏法很常用,但需要注意的是:开场游戏需要跟培训主题相关,且尽量控制在10分钟以内,避免过分娱乐,喧宾夺主。游戏法的有效运用,详见蜕变篇。

3. 哪些开场死得最快

（1）太过高调:吹嘘自己是中国第一……

（2）说自己没有准备:这可能是一种自谦的说法,就像中国人明明摆了一大桌子菜,还拼命说没什么好吃的招待,但在培训开场时这样说,就会引起学员反感:"没有准备来干什么? 不尊重我们。"

（3）说自己是替别人来代课:本意是想说,自己代替别人来培训,在准备不充分时,还能有好的表现,想自夸一下。但这属于会务方面的工作,除非学员询问,不必特别解释,以免学员因为会务的不周而迁怒于培训师,这样就得不偿失了。

（4）上场就挑战学员:伤害学员的自尊和面子的语言和行为,本意可能是想建立自己的威信,但因未充分尊重学员而造成了敌对情绪,直接影响到后续课程的顺利进行。

（5）过分讨好学员:夸错对象、夸过了头。

（6）照稿子读:让人觉得死板、不专业。

(7)不顾及学员的感受:自我陶醉型,把学员当成了没有思想的土豆、白菜。

(8)没有激情:催眠型,语调没有抑扬顿挫。

(9)过分展示自己:一味表现自己,炫耀自己的专业和知识,容易引起学员反感。

(10)开场过于娱乐、花哨:用跟培训主题、内容无关的游戏、表演等开场,喧宾夺主。

(11)暖场时间过长:舍本逐末,暖场只是为了娱乐学员,忽略了培训主题和内容。

实用工具:自我介绍的漏斗模型

培训师出场,都会做自我介绍。自我介绍的目的主要有两个:

(1)让学员认识自己,便于培训中的交流。

(2)简单介绍个人经历和特长,建立威信。

良好的开场,对于整个课程的效果,起着举足轻重的作用,但不少朋友最大的困惑也在于此。下面,我跟大家分享自己独创的自我介绍的漏斗模型(见图1-20)。

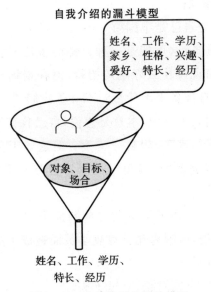

图1-20 自我介绍的漏斗模型

从图1-20可见:自我介绍需要从自我期许(希望自己是什么样的人)开始,遵循以终为始的原则。具体而言,当我们给一次培训课程准备自我介绍时,首先要问自己三个问题:对象、目标、场合。

1. 自我介绍前三问

(1)本次培训的对象是哪些人?

了解学员,用他们感兴趣或熟悉的内容进行介绍,容易产生共鸣。

(2)自我介绍的目标是什么?

目标也就是希望听完自我介绍后,学员将自己看成是一个什么样的人。如果你希望学员认为你很专业,在自我介绍中就要突出这方面;如果你希望学员认为你有亲和力,在介绍的方式和内容方面,就需要与之配合。

(3)培训的场合是哪种?

这里的场合,主要是指培训是正式的还是非正式的。

正式场合的介绍,不能太随意;非正式场合,不宜太过严肃和死板。另外,有老板和高层领导参加的场合,在措辞和言论方面,也要特别留意。

2. 自我介绍的原则

(1)简单明了。

(2)生动。

(3)影像化。

我在做自我介绍时,说到自己的理想,一般会用"采菊东篱下,悠然见南山"来代替"悠闲生活"。因为人的大脑喜欢想象,这样脍炙人口的诗句,不仅吸引了大家的注意力,也让人们有了充分的发挥空间,达到了影像化的效果。

运用:可以将漏斗最上方的所有内容列出,根据不同的对象、目标和场合,制作不同的模板。每次培训前,根据实际情况进行微调。

3. 如何做自我介绍

(1)在名字中做文章。

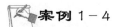

案例 1-4

张悦在"有效沟通技巧"中的自我介绍是:"大家好!我叫张悦,弓长张,愉悦的悦。父母起这个名字,是希望我天天快乐。今天,也希望我们能够在有效的沟通中,度过快乐的一天。"

【案例点评】

从"悦"延伸到快乐,给培训现场带来了轻松的氛围,建立了亲和力。

(2)从自己的经历出发。

案例 1-5

刘飞在"销售技巧"培训中说:"大家好!我叫刘飞。我是名副其实的空中飞人,因为最近的十年,我一直从事销售工作,从基层做到销售总监。职位虽然不断改变,但唯一不变的,是每天都在推销自己。这也是我们今天的主题。"

【案例点评】

刘飞巧妙地从自己的名字说到空中飞人,进而介绍自己的经历。虽然短短几句话,却让我们看到了一个销售人员的成长,也透露出了刘飞丰富的销售实战经验,快速建立了威信。

(3)根据课程内容进行联想。

案例 1-6

在"高绩效团队"培训中,孙迪说:"看到'高绩效团队'这个词,我想起自己两年前带的一个销售团队。我花了半年时间,让这个本来是整个集团中业绩最差的团队成了集团中的 No.1。大家想知道我是如何做到的吗?"

【案例点评】

从课程主题和内容,联想到自己带团队的成功经验,不但引发了学员的兴趣,而且更有说服力。

(4)从案例中导入培训师本人的资料。

案例 1-7

在"时间管理"课程中,我会先展示一个时间管理的失败案例(小张工作没头绪,总被上司骂,她说:"工作这么多,我有什么办法?"),并问:"大家赞同小张的说法吗?"学员会发表自己的看法,我又问:"大家认为是否能在 4 年内,获得 16 年的工作经验?"大多数学员会说不可能。我接着说:"其实完全可以,这是我自己的亲身经历,也是有效时间管理的结果。今天,我就跟大家分享我4年获得16年工作经验的秘诀。"

【案例点评】

用身边的案例开场,提出问题,再引出自己的亲身经历。这段亲身经历,跟培训主题"时间管理"契合得非常好!

三、凤尾——结尾

很多年前,我参加过一次"时间管理"的公开培训。培训师用了当时很新鲜的"如何将回形针、石子、沙子装进瓶子"的问题开场,效果还不错!

不知道是老师自己准备不足,还是本身授课技巧的问题,他在内容安排上明显前松后紧。起初他海阔天空,培训结束时,赶得很厉害,让我联想到了晚点的列车在进入终点站前的冲刺。讲完所有内容已经拖堂了,这位培训师在讲完最后一章的内容后,说了句"不好意思,我拖堂了。谢谢大家",然后就灰溜溜地走了。

这就是一个典型的"虎头蛇尾"的例子。大家都知道做事情要善始善终,而培训师常常忽略了结尾的重要性。

(一)结尾的作用

(1)梳理学员思路。
(2)重申重点,加强学员对培训内容的记忆。
(3)了解学员反应,答疑解惑。
(4)激励学员行为改变。
(5)引入下次课程。
(6)进行培训需求调查。

(二)结尾的方法

1. 首尾呼应

结尾与开场相呼应。如:开场时留有一个悬念,结束时给出答案或总结。又如:开场时,我们承诺要达成几个目标,结尾时,需要跟学员确认,这几个目标是否达成。若有疑问,及时解答。

案例 1-8

在"高效时间管理"培训开场时,我请学员们用一个字描述目前的工作、生活状态。

学员们大多回答:忙、烦、累。

培训结束时,我说:"课程开始时,大家用忙、烦、累来描述自己的工作、生活状态。我想,这是大家都不希望看到的。经过6个小时的学习和分享,我们知道了时间管理的本质是自我管理。所以,一切操之在我。而如何进行有效的自我管理呢?我们今天已经分享了一些实用的方法和技巧,并进行了相关演练。请问:大家现在对于改善目前的忙乱状况有信心吗?"

学员们回答:"有!"

我再说:"好的!我也相信大家能够运用我们今天所学,为自己带来轻松愉快的工作和生活状态,祝福各位!感谢今天6个小时的精彩参与和分享,谢谢大家!"

台下掌声如雷。

2. 要点回顾

培训师带领学员,将课程要点,像演电影一样过一遍,以加强记忆。

案例 1-9

在一次"有效沟通技巧"培训的结尾,我说:"今天我们从沟通的前提、与上司及部属的沟通技巧三个方面进行了讨论和分享。其中,在沟通的前提部分,我们花了不少时间细化沟通的三个前提:尊重、信任和双赢。这样的细化,让我们将看起来很虚的名词,落实到了我们工作、生活的点滴之中。细节决定成败,不仅仅适用于管理,也适用于沟通。在与上司沟通的技巧中,我们重点分享了如何进行换位思考。在工作中多想一些,多做一些,把上司从假想敌变成伙伴,这也是我们转换角色的关键所在。与部属的沟通,关键在于清楚的指令、及时的反馈和追踪。我们用大量的案例和演练来强化这个薄弱环节,相信大家已经深有体会。我听到很多朋友跟着我在回顾课程内容,看得出各位非常用心!也希望大家能够学以致用,让我们沟通更顺畅!工作更高效!生活更美好!谢谢大家!"

3. 总结提炼

针对培训内容,进行总结和提炼。

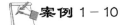案例 1–10

同样是一次"有效沟通技巧"培训,我在结尾时说:"虽然我们今天分享了不少跟上司、部属有效沟通的方法和技巧,但在实际运用中,只要我们掌握一个原则:先处理心情,再处理事情,就会事半功倍!也希望今天的培训,能帮助各位天天保持现在这样的好心情!"

4. 引经据典

结合培训主题和内容,用名言、典故等结尾。

有朋友问过我:如果记不清名言、典故的出处时,应该怎么说?

我的回答是:不要说!哪怕以自己自创的"名言"替代,也比模棱两可要好得多。

案例 1–11

在一次"企业内训师"培训结尾时,我说:"虽然这两天我们学习了很多培训师应具备的方法和技巧,但没人会因为两天的培训就成为优秀的培训师。因为培训师是个厚积薄发的职业,需要我们在一点一滴的实践中积累丰富的专业经验,在一次又一次的演练中,提升自己的授课技能。我非常喜欢杨澜的一句话:'你可以不成功,但是不能不成长!'从这两天各位的精彩表现中,我相信:大家都非常渴望快速成长,让我们用行动来达成这个共同的愿望吧!祝各位快乐成长每一天!"

在学员们热烈的掌声中,我看到了,也感受到了大家的决心和信心。

5. 小组竞赛

这是一种用小组竞赛来重温课程重点的方法。先制定规则:抢答,首先举手的小组获得优先权;答对得一颗星(或 10 分),答错不扣分;最后星最多(或分数最高)者获胜,给予奖品,而落后的一组,则接受"惩罚",如由优胜组指定服务项目(为大家做一件事情,如肩部按摩,背着走一圈)。在这样的氛围中,加强对培训内容的记忆。

案例 1-12

在一次"5S管理"培训结尾时,我说:"虽然我们的课程已经接近尾声,但还有一个让各位展示所学的机会。现在我们对今天的内容,做几个测试,以小组为单位抢答,获胜的一方将享受到落后组的指定服务。"

通过抢答环节,学员们轻松地复习了所学内容,印象深刻。在优胜组享受了指定服务后,引导大家彼此感谢,结束课程。

6. 活动调查

这种方法主要用于收集学员的收获和问题,为下次培训做调研,适合系列课程的开发。

我常用以下两种方式。

(1)"带走和留下"。在培训结束后,请每位学员将自己"带走和留下"的东西写下来。其中,"带走"的是学员的收获,"留下"的是学员的困惑和需求,汇总后,作为下次课程开发的参考。

(2)九宫格。运用前面开场部分的"九宫格"来做调研:八格中,四格写今天的收获,四格写问题和困惑。

"带走和留下"相对比较随意,对学员没有特别的限制,收集到的信息也比较有限。九宫格要求具体(收获、问题各四个),并引入了竞争机制,现场气氛热烈,且信息量大。

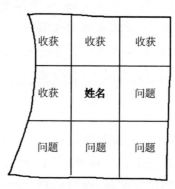

图 1-21 九宫格

7. 故事结尾

用一个意味深长的故事结尾,可以起到深化主题、激发学员思考的作用。一次"人际沟通技巧"培训,我用下面一段话结尾:"约翰·库缇斯,他没有腿,但能游泳;他没有腿,但能驾车;他没有腿,但依然能成为世界激励大师……开场前,有不少朋友看过他的视频了,相信大家都看到了他的那句话:别对自己说不可能。今天回去,如果我们没有运用所学,就不会有收获;如果我们在运用时遇到困难和挑战,让我们对自己说:没有不可能!"这个结尾,既引发了学员思考,也增强了学员培训后运用的信心。

8. 引导号召

引导号召即引导学员采取行动。

在一次"问题分析与改善"培训结束时,我问:"今天我们学习和演练了剥洋葱法、层别法和鱼骨图这些问题分析和改善工具,大家有收获吗?"

学员们回答:"有!"

我说:"今天的培训结束,只是学习的开始。因为培训的目的是学以致用!是否真正有收获,取决于培训后各位的表现。通用电气的前CEO杰克·韦尔奇在总结通用电气的成功秘诀时说:'你们知道,但我们做到了!'我将这句话送给大家,也希望我们能够做到,大家有信心吗?"台下响起整齐洪亮的"有"。

我们可以将上面的方法结合使用。

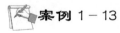
案例 1-13

"如何培育部属"课程结尾

今天我跟大家分享了为什么要培育部属以及培育部属的原则和方法,让我们来回忆一下各章的内容……请问,大家还记得张瑞敏说的那句话吗?部下素质低不是你的责任,但不能提高部下的素质是你的责任!所以说,培育部属是管理人员最重要的职责之一。今天,我们不但认识到了这一点,还做了很多讨论和演练。请问,对大家而言,今天的培训是结束还是开始?没错!知道不等于做到,不断演练才会熟能生巧,大家回去后,能够积极运用今天所学的知识和技能吗?大声告诉我,你们因此而能让工作更轻松吗?好的,看来大家很有决心,我期待着各位的行动,也祝大家工作愉快!谢谢各位今天的精彩表现!

【点评】

上面这段结束语,综合运用了要点回顾(课程大纲和要点)、引经据典(张瑞敏的话)、总结提炼(培育部属是管理人员最重要的职责之一)、引导号召(期待行动)等方法。

> **有效开场和结尾**
>
> 1. 好的开始,是成功的一半。量身定制开场白,是有效方式,需要同时考虑到培训师自身、培训内容和学员的特点。
> 2. 以终为始的自我介绍漏斗模型:根据对象、目标(自我期许)、场合设计适合的介绍。
> 3. 龙头还需凤尾。有效运用各种结尾方式,圆满结束课程。

第五节　斗智又斗勇——如何应对不同学员

平时很活跃的张芸,有两个星期没有在 QQ 群里出现了。我有些意外,同时也在想:上次回答她的"是否要转行"问题时,教给了她职业生涯规划方法,她是不是已经离职开始找工作了?

正想着,QQ 开始闪动。哈哈,真是说曹操,曹操就到了。张芸发出的笑脸表情,让我急于知道她的选择。于是,有了下面的对话。

张芸:"苏老师,太感谢您了!这两个星期,我按您说的职业生涯规划的步骤,好好分析了自己。真是太有帮助了!"

苏平:"哦?那很好呀,恭喜您!那分析的结果是?"

张芸:"分析下来,我决定留下来。因为公司毕竟是世界知名企业,有很多东西可以学习。之前我是事不关己高高挂起,看了您的经历后,我决定以后多多学习。所以,我已经跟主管谈过了,以后我除了新人入职培训外,还可以兼一些通用类的培训,如演讲技巧。这样我可以多锻炼一下,也能跟其他部门多接触,了解他们的流程和运作。"

苏平:"看来这两个星期,您的收获真是挺大的!"

张芸:"是啊!下个月初,我就要进行一次演讲技巧的培训。苏老师,我现在心里没底。"

苏平:"哦,为什么呢?"

张芸:"之前我一直给新人培训,感觉还挺自信的,自己好歹也算老员工了。现在,要给总部所有部门的主管做培训,自己在他们面前,什么也不是。他们能听我的吗?会不会把我轰下台呀?"

苏平:"我知道,学员从新人变成主管,这对您而言,的确是个挑战。同时,您想过没有:为什么会请您给他们做培训,而不是请其中的一位主管来做?刚才您说的是自己的劣势,那您的优势在哪里?"

张芸:"嗯,我想想。一方面,我是学中文的,语言组织、文字表达能力都比较强,而且我还当了一年的内训师,在授课技巧方面,有一定基础。"

苏平:"是啊!那我们对比一下,就'演讲技巧'这个课程来说,您对自己是否应该有信心?"

张芸:"哈哈,苏老师这样一分析,我倒是觉得自己挺适合的。不过,我还是很担心。他们是各部门主管,经验、阅历都比我丰富,培训时,如果他们为难我,该怎么办?"

苏平:"什么情况下,他们会为难您呢?"

张芸:"这个嘛,我还没有想到。"

苏平:"那就先不要想,还记得成年人学习的特点吗?"

张芸:"记得,一进公司就培训过了。主要有三点:抗拒被改变,不易改变旧习惯,有动机才学习。"

一、成年人学习的特点

与学校教育相比,成年人的学习有以下几个特点。

(一)抗拒被改变

成年人通过学校教育获得了系统的知识,通过社会实践得到了经验阅历,逐渐形成了自己的价值体系和思维方式,对事物有了自己独到的见解,不再像学生时那样乐于接受别人的观点,更不会轻易去改变自己。因此,培训师必须尊重学员个性的差异,善于引导和启发,以柔克刚,而非强制改变。

(二)不易改变旧习惯

几乎人人尽知驯象人的故事:那些驯象人,在大象还是小象的时候,就用一条铁链将它绑在水泥柱或钢柱上,无论小象怎么挣扎都无法挣脱。小象渐渐地习惯了不挣扎,直到长成了大象,可以轻而易举地挣脱链子时,也不挣扎。

小象是被链子绑住的,而大象则是被习惯绑住的。

要改变一个旧的习惯,首先要从固定思维中摆脱出来,就像一张白纸上已经画了图案,要想在纸上重新画一幅,先要把原来的擦掉一样。

(三)有动机才学习

我为什么要改变?我为什么要知道?我为什么要这样做?成年人总会问类似的问题。没有能让他们信服的理由,即使来到培训现场,也是"身在曹营心在汉",要么"听而不闻",要么大唱反调。

针对这样的特点,在培训正式开始前,需要充分激发学员的学习动机,使其产生强烈的学习欲望和热情。最简单也最有效的方式,是在培训课程的设计中遵循"缺什么补什么"的原则,站在学员的角度找到他们真正的需求。然而，我们在授课过程中，经常会遇到各种类型的学员，也会遇到各种状况。

回顾了成年人学习的特点后，我们继续。

苏平："现在我们想想，什么情况下学员不为难您？"

张芸："苏老师，您的意思是：当我激发了他们的学习动机，引导他们认识到什么是正确的，并提供实用的方法和技巧，他们觉得对自己有帮助时，就不会为难我了。"

苏平："是啊！凡事我们都进行正向思考，就会少很多不必要的烦恼。"

张芸："是的，谢谢苏老师。我还有一个问题：培训时，应该如何应对不同的学员？我很怕他们不说话，或者一说就收不住。如果是新人，还比较容易应付，主管就有点难度了。"

苏平："在我写的《培训师成长实战手册：授课现场的问题及对策》一书中，针对授课现场的50个典型问题逐一进行了原因分析和对策提供，其中包括现场应对和预防措施。针对如何应对不同的学员，您看看下面这部分内容。"

张芸："太好了！苏老师真是雪中送炭呀！"

二、如何应对不同的学员

表1-2 不同学员的应对方式

情景	学员特点	应对方式	禁忌
一言不发	性格内向	引导、增强信心——开放式问题	无过渡
	有情绪	赞美、疏导——开放式问题	指责
口若悬河	思想活跃，表现欲强	认可、适时打断——封闭式问题	否定、粗暴打断
窃窃私语	视情况	眼神、语调、肢体动作、提问	直接点名批评
争论不休	有想法，好表现	肯定、引导	各打五十大板
离题万里	思想活跃，注意力不集中	肯定、纠正、引导	否定
自以为是	经验丰富，有能力	"抬""压"结合	正面冲突

（一）一言不发

这样的学员一般有两种情况：一是该学员性格内向，不爱讲话或不善言谈；二是该学员有情绪，以沉默代表无声的抗议，表现出一种抵触情绪。

针对这两种情况,主要使用开放式问题。

1. 性格内向

对性格内向的学员,可适当引导。先问跟日常生活、工作密切相关的简单问题,并指出他的特长,给他信心和鼓励,同时表明这样的问题没有标准答案,这时他就愿意开口了。

案例 1-14

在一次"领导艺术"培训的"与下属沟通"部分,为了引导大家认识到"沟通需因人而异",我请一位性格内向的技术主管来跟大家分享。下面是我们的对话。

问:"你最喜欢吃的食物是什么?"

答:"巧克力。"

问:"那你会用巧克力去钓鱼吗?"

答:"不会。"

问:"那你用什么去钓鱼呢?"

答:"用鱼饵。"

问:"为什么不用巧克力钓鱼呢?"

答:"我喜欢的东西鱼不一定喜欢。"

这时就开始引导他回到主题,我说:"非常棒!鱼都有自己的喜好,更何况人呢?那你在跟下属沟通时,是不是都用一样的方式呢?"他说:"不是。"我再问:"你们技术部一直业绩不错,作为部门主管,你是如何运用不同的沟通方式,使大家更有效地工作呢?可以跟大家分享一下吗?"于是,他便将他的经验跟其他学员进行了交流,并开始积极参与讨论。

2. 有情绪

有情绪的学员,通常是比较有主见或有一定专业能力的人,他或许认为自己没有得到足够的重视,或许对某人、某事、某个问题有看法。针对这样的学员,可尽量用赞赏和鼓励来疏导。

案例 1-15

在一次中层主管培训中,一位负责质量管理的主管一直不发言。在谈到"质量是生产出来,而不是检验出来"这个观点时,我们有了如下的对话。

我问:"我知道您是大家公认的非常认真负责的质量管理人员,您和部门人员对公司的发展起了重要作用。"

他马上说:"那有什么用呢?老板只重视销售部门,还嫌我们影响出货速度呢。"

这时我马上意识到他有不满情绪,说:"你们公司从几个人发展到现在几百人,真的很不容易。现在市场竞争又很激烈,老板目前最关心的是企业生存的问题,有订单、能回款才有利润,才有发展的资本。你们老总没有特别盯着质量部门,一方面是相信您的能力,会为公司把好关,是他对您的信任;另一方面,他也意识到生产过程中,大家遇到了各种问题和矛盾,才有了今天的培训,给大家一个交流和分享的机会。刚才您也听到,大家一致认为质量是企业生存和发展的基石。生产部部长刚刚谈了他们的困难,请您也代表质量部门谈谈你们的苦恼,给大家一个彼此了解的机会,创造更好的合作氛围,您觉得这样好吗?"

听了这番话,他的话匣子也就被打开了。

(二)口若悬河

这样的学员思想活跃,表现欲强,一开口就收不住。为了有效地控制时间,在培训中需要清楚他的主要观点,给予认可;在适当的时候(如停顿时)打断他的话;尽量用封闭式的问题来对他提问。

案例 1-16

在一次"如何培育部属"的课程中,一位学员代表其所在小组对"为什么要培育部属"的问题做总结发言。规定的时间是两分钟,而他用了一分钟还没有谈完第一个观点,这时我提醒他:"你们小组一共有几个观点?刚才您的观点是培育部属有利于部门业绩的提高,对吗?"他说:"是的。"我说:"非常好!那其他几个结论是什么呢?"他又说了两点,在第三点时又开始口若悬河了。于是,在他停顿时我便打断了他,指出他的观点阐述得很详细,也很到位,同时说:"非常好!让我们用掌声感谢您的精彩分享!"他也就顺势在掌声中坐下了。我接着总结,有效控制了时间。

(三) 窃窃私语

这种情况很常见。虽然我们可以用很直接的方式去制止他们,如"请不要讲话",但会伤害到学员的自尊,导致他们学习意愿下降,直接影响到培训的效果。既要制止谈话,又要顾及学员的面子,就需要一定的技巧。

通常可以根据"情节"严重程度采取不同的方式和技巧。

1. 声技

用声音的变化来提醒学员。如:突然提高或压低声音,都可以引发学员的注意力;突然停止说话,保持静默,会突出学员说话的声音,让他们意识到自己的不妥。

2. 身技

用肢体语言提醒学员。如:边讲边走到说话学员的身边,使他们意识到错误行为;如果无效,则可以拍拍一位学员的肩膀进行提示。

3. 眼技

用目光的注视来提醒学员,运用时,可根据实际情况,结合声技和身技。如:边讲边用目光一直注视着说话的学员,这会将所有学员的眼光吸引到这两位学员身上,让他们因不好意思而停下来;如果还无效,可以结合声技,停止讲课,用目光注视着说话的学员,直到他们停止。

4. 口技

用提问的方式提醒学员,一般是开放式问题。

(1)整体性问题:向全体学员提问。如:"针对刚才所讲内容,大家有什么问题吗?"一般这种情况下,会有片刻宁静,会引起说话者的注意。

(2)针对性问题:请某位学员回答。

①提问说话者身边的学员,可引起说话者的注意,使其停止讲话。

②直接提问说话者。如:"我看到你们两位讨论很热烈,是否有问题,或有一些不错的观点跟大家分享呢?"直接提问,要特别注意措辞,不宜直接点出他们说话这个事实,以免学员没面子。

案例 1-17

在一次"时间管理"的培训中,我发现下面有两位学员在窃窃私语。当时我站在讲台前,没有停止讲课,只是用眼睛一直盯着他们,或许他们太投入了,居然没有发现大家都在看着他们。我便停了下来,静静看着他们,直到他们停止才开始。

在另一次"如何打造唐僧团队"的培训中,我看到两位学员在窃窃私语。我就边讲边走到他们身边。最初他们也没有意识到,旁边的学员马上提醒他们。而另一次,我直接说:"请问你们有什么问题需要提出来讨论的吗?"

针对窃窃私语的学员还有两招:

第一招,我称之为"敲山震虎",就是提问他们旁边的学员,窃窃私语的学员会惊醒,而后会明白老师的意图而不好意思。

第二招,我称之为"平地一声雷",就是讲到某个地方突然大声起来。特别是讲到故事中有对话时最好,如"站住"。

多种方法都用了,还是照常私语,就得用绝招"棒打鸳鸯"了,下课后跟他们两个好好聊聊,然后把他们分开,可以不同组,也可以仍在同一组但隔开几个人,这样距离拉远了就无法再私语了。如果还不行,那就属于恶意了,只能报"警"(主办方考核)。

当然无论是什么招,弄清楚窃窃私语的几种原因,是大有帮助的。

——厦门 林铁成老师

(四)争论不休

两个持不同意见的学员常会发生争论不休的情况。或许有人说那就各打五十大板。其实,这只能激化矛盾。能争论不休的人,都是很有想法、好表现的人,很要面子。"打"会让他们觉得没面子,没理也要辩三分。

培训师事先要肯定双方,观点新颖就肯定观点,观点不可取就赞赏其积极参与的态度;然后重申主题,做适当引导。若还不能达成一致,可请全员举手表决。对不服气的一方好好安抚,并说明可以结束后继续讨论。

案例 1-18

在一次"领导艺术"培训中,谈到如何授权时,两位学员对"授权不授责"和"权责一致"展开争论。一个说权力虽然授予下属了,但出了问题,最终责任还是要由授权者来承担;一个说授权时,若只有权力没有责任,很容易产生推卸责任、滥用职权的情况。双方各持己见,争论不休。这时,我站了出来,说:"首先,如此激烈的辩论说明大家都对授权有了深入的了解,并联系到了工作实践,是非常好的学习和交流。其次,要恭喜两位,你们的观点都是正确的!只是角度不同而已。"然后让大家继续展开深入的讨论。

(五)离题万里

这样的学员,思想比较活跃,注意力不容易集中。对他们要先肯定,并及时纠正和引导。

案例 1-19

在"有效沟通技巧"培训中,我请大家分小组讨论"有效沟通的关键"时发现一位学员情绪很高。过去一听,原来他在说公司下月的旅游,号召大家来讨论去哪里比较好。我说:"看得出,你是个热心人!同时,要组织一次很成功的旅游,就少不了沟通,有效的沟通关键因素在哪里呢?"这样就很自然地把大家拉回了主题。

这种情况,小组讨论时常会遇到。我通常在讨论前明确所给的时间,如5分钟。讨论开始后,到每组去巡查,一方面看学员是否清楚自己要讨论的问题,若有困难或没有思路时做适当引导;另一方面,也是防止跑题。遇到跑题的情况时,及时提醒他们,时间已经过了一半,他们的问题进展怎么样,以此来制造紧张感,把学员拉回主题。

(六)自以为是

这样的人一般是经验丰富、能力不错的专业人士。工作、事业上的成功,或在专业领域里是权威,使他们由自信变得自负。在培训中,他们常常会炫耀自己的经验和能力,且对他人的分享不屑一顾。对这样的学员,既要"抬",又要"压"。

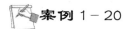案例 1-20

在一次"领导艺术"培训中,一位公司的副总,年纪在 50 岁左右,是名牌大学的 MBA(工商管理硕士),也是公司的元老。课程一开始,他就说自己当领导几十年,经验丰富,任何事情都难不倒他。我就采取"抬"的方法,夸他管理经验和领导实践丰富,值得大家学习。在后面的讨论和发言中,他表现出一贯的权威架势,认为只有他的答案正确,别人都是错误的。我就采取"赞"他人来达到"压"的目的,既保住了他的面子,又让他认识到自己的片面和固执,也鼓励了其他学员积极参与。

总之,无论面对什么样的学员,只要我们保持对他们的尊重和赞赏,善于引导和启发,就能赢得学员的尊重,达到培训的预期效果。

三、学员提问不会怎么办

张芸:"苏老师,您提供的这些内容很全面,我回去好好学习。学员提问我不会怎么办?"

苏平:"这个不用担心,我已经总结出了四个方法来应对。"

(一)踢球法

踢球法也就是我们常说的"踢皮球"。可以问"谁能回答这个问题呢?",把问题抛给其他学员。

注意:

当判断此问题是其他学员能够回答时,才可用此法。否则在一片静寂后,这个"皮球"会踢给培训师自己。

(二)照镜法

镜子中出现的都是本人。可以问"你的意见呢?",把问题抛回给提问者。

注意:

用此法时,需要特别注意自己的态度和用词,先称赞对方,再把问题抛回。否则,对方一句"我就是不懂,才问你的。"会让我们下不了台。例如:"今天早上您有不少独特的见解!对这个问题,您是怎么看的呢?"

（三）切西瓜法

切西瓜是把问题切分，可以说"因为课程时间有限，我回去找资料给您，好吗？"，将问题暂缓处理，转移学员注意力。

注意：

运用此法，不可只是敷衍。回去后无论是否找到资料，都要给学员回复，做到一诺千金；否则会丧失学员对培训师的信任，伤害自己的品牌。

（四）讨论法

讨论是一种集思广益的方式。可以说："这个问题提得很好，正是我下面要请大家讨论的问题。给大家5分钟的时间，讨论后我们来分享集体的智慧。"

注意：

问题确实与培训主题和重点有关，并已有相关知识点或内容支撑，不超出学员的理解能力时，方可运用讨论法；否则不但浪费时间，还未能解决问题。

如何应对不同学员

1. 充分了解成年人学习的习惯，顾及学员的面子。
2. 每种行为背后都有其深层次的原因，针对不同的学员特点，采取相应的应对方式。
3. 无法回答学员问题时，需善于借力。

成长篇

企业内训师的成长

跨越过困惑期后,大多数内训师认识到自己专业的不足,除了考虑如何提升专业度外,也开始思考:如何调动学员积极性,怎样把握课程重点,为什么自己精心准备的内容学员并不买账……进而开始探讨:课程开发应该以课程和培训师为中心,还是以学员为中心?

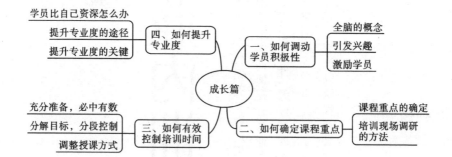

第一节　全脑出击——如何调动学员积极性

半个月后的一天早上,我刚在培训师沙龙 QQ 群中发了句"各位老师,早上好!",我的 QQ 就闪了起来。打开一看,是李眉,便聊了起来。

苏平:"最近暖场工作做得如何了呀?"

李眉:"哈哈,苏老师,我就是来报告好消息的。自从上次我提出关于紧张和开场白的问题后,大家给了我很多建议。本来我还不知道如何去运用呢,您告诉我先模仿再创新,让我有了方向。这半个月来,我尝试了各种暖场和开场的方法,刚开始总忘记考虑学员和课程内容,暖场成了娱乐。现在已经好很多了。"

苏平:"那很不错哦!恭喜一下。"

李眉:"是啊!所以才有了这个好消息:下个月开始,我要给全公司的培训师助理做如何暖场的培训。"

苏平:"这真是个好消息!您有信心吗?"

李眉:"开场部分应该没问题,内容就用您教我的这些。现在我最担心的是如何调动学员的积极性,因为他们中间有几位在公司做了 1~2 年了,我才不到 1 年,怕他们会不配合。"

苏平:"您的分析很有道理!别急,我今天教一招就够用了。"

李眉:"这么厉害?快说快说。"

苏平:"四个字:全脑出击!"

李眉:"全脑出击,没听说过。苏老师,什么是全脑呢?"

于是,我做了如下解释:

我们每个人的大脑,都分为左脑、右脑,它们的功能是不同的。

- 左脑:词汇、逻辑、数字、顺序、线性感、分析、列表
- 右脑:节奏、空间感、完整倾向、想象、白日梦、色彩、维度

李眉:"哦,我明白了。我们上学时的语文、数学、物理都是左脑的功

能,美术、音乐是右脑的功能。您说的全脑,类似我们上学时的不偏科,对吗?"

苏平:"没错!我们从小学起,就有了主课、副课之分,高考注重的也是左脑擅长的科目。而我们的右脑,却没有调动起来。这也是填鸭式教学让人反感的原因之一。您想想看,最能引起大家兴趣的会是左脑还是右脑呢?"

李眉:"我想,应该是右脑让人更轻松。您不是说过培训是种特殊的沟通,也要先处理心情,再处理事情吗?"

苏平:"没错!调动和发挥右脑的功能,会让我们轻松、愉快。在这样的氛围之下,调动学员的积极性,是不是就更容易了?"

李眉:"是的,我明白了!那在培训中,如何运用右脑的功能呢?"

苏平:"您想想我们前面说的暖场和开场白。"

李眉:"哦,原来,我们暖场主要是在调动右脑!让我想想,上次您教我的七种开场白方法中,引文法、数据法、案例法用了左脑,提问法、利益法、故事法、游戏法主要用右脑。"

苏平:"简单地说,很多时候,我们很难将左右脑的功能做非常清楚的区分,因为它们常常是一起工作的。我提出全脑出击,其实是想提醒大家更多地发挥右脑功能,去调动学员积极性。"

李眉:"是啊,学校教育让我们忽略了要开动右脑。"

苏平:"没错!简单地说,左脑负责理性思维,右脑负责感性思维。其实生活中,我们的右脑用得还是很频繁的,不少人都会'感情用事'。工作中,大部分人比较严肃和严谨,常左右不均。我举个例子:为什么开场很重要?"

李眉:"根据您之前告诉我们的橄榄核定律,开场时,大部分学员都是中立的。开场的成功与否,决定了学员对培训师的判断和选择。"

苏平:"什么样的判断和选择呢?"

李眉:"判断培训师是否够专业,培训主题是否对自己有帮助,选择支持还是反对培训师。"

苏平:"没错!刚才这两个判断,就分别使用了左右脑,是吗?"

李眉:"是的,'专业度'是理性思维;'是否有帮助'是我们的感性思维。您这样一分析,我对之前的暖场和开场白,有了更深刻的理解。哦,我知道了!如果要调动学员积极性,首先要让培训对学员有吸引力,引发他们的兴趣,对吗?"

苏平:"非常棒!那您想想哪些话题能引发学员兴趣呢?可以回想您听过的课程,总结一下。"

这次,是李眉自己发挥,我做了些补充,便有了以下内容。

一、如何引发学员兴趣

容易引发学员兴趣的话题有以下几种。

(一)新鲜的话题

喜新厌旧是大多数人的心理。新鲜的话题总能引发大家的好奇心。

话题可以根据培训的主题和内容、学员的层次和特点,选择各个领域。如:"80后""90后"喜欢周杰伦的歌,周杰伦的最新动向是他们关注的。这属于娱乐类的。

关键:以上信息,需要确保最新,炒冷饭只会起反作用。为了随时掌握最新信息,我每天坚持看CCTV-2财经频道早上的"第一时间"。"知讯者生存",是我最喜欢的一句广告词。

(二)意想不到的话题

出乎意料,能引起学员注意力。如:困惑篇中关于"如何应对不同学员"部分,针对"一言不发"学员的案例。当我进行到"与下属沟通"时,问那位学员:"你最喜欢吃的食物是什么?"他一边回答,一边露出疑惑的表情。直到他在我的引导下,说出不能用巧克力钓鱼的原因:"我喜欢的东西鱼不一定喜欢。"我借机引出了自己想说的内容:沟通要因人而异。

关键:这样的话题,最终一定要回归主题,才会是让人惊喜的"欧·亨利式结局"。当然,我们这里一般是用在开始。

(三)热点的话题

世界热点、国内热点、某一行业或领域的热点问题,总能引发不同人群的兴趣。

关键：是否是热点，一方面看这个话题的影响面，另一方面要考虑学员的关注点。

（四）参与的话题

最简单的参与话题，就是针对培训主题和内容，询问学员的感受、困惑和问题。这样既了解了学员的需求，又引发了兴趣，还使学员觉得自己被尊重了，可谓一石三鸟！如：在"时间管理"培训中，请学员用一个字描述自己目前的工作、生活状态，就是一个有助于学员参与的话题。

关键：参与的话题，最好是没有标准答案的。培训师对每位参与者都要积极鼓励。

（五）熟悉的话题

熟悉的话题，就像我们的邻居，很亲切，常常忍不住要关心一下。

培训中用学员身边的案例引出的问题，对学员比较有吸引力。如：在"干部应有职责"培训中，我将学员工作中的普遍问题（如不懂授权、亲力亲为），编成故事集，穿插在相应的章节，学员的触动很大，效果不错！

关键：对于不同的学员，他们熟悉的话题也不同，不能一概而论。

（六）争议的话题

有争议的话题，会激发大家的表现欲和好强心，调动学员积极性。如：在"有效沟通技巧"培训中，询问"沟通的态度和技巧哪个重要？"，每次总能够引起学员的激烈讨论。

关键：该话题应紧扣培训主题和内容，以免转移了学员的注意力。

（七）翻新的话题

旧题新解，需要打破常规，透过另一扇窗看到另一个世界。其实大部分人掌握的知识已经够多了，只不过缺少整合创新，相信把学员旧有的知识重新整理、扩大理解也能创造许多意想不到的收获，不是非得全新的知识才算成长。如：大家知道5S常用于现场管理，但其实它也同样适用于电脑文档管理、大脑思维管理、人员选育用留管理。

关键：对于老生常谈的话题，你一定要确保有独到的见解，否则真的就是老生常谈了。

我的运用分享

在"问题分析和改善"培训中，用"剥洋葱法"来分析和解决生活问题；在"如何打造唐僧团队"培训中，用"癌细胞"来形容不顾全局的本位主义者……

李眉："苏老师，我讲了这些话题后，怎么知道学员是否有兴趣呢？"
苏平："那您想想：当您对一个话题感兴趣时，会有什么样的表现呢？"
李眉："我的注意力会很集中，专注地看和听，积极回答问题，参与活动。"
苏平："对呀！其他人也是这样。那么，如何看出一个人注意力集中呢？"
李眉："从眼神、表情和回答问题的状态。眼神很专注，表情不呆滞，思路跟着课程走，对问题的回答到位，或能提出问题。"
苏平："很好！如果您的学员都处于这样的状态，您一定很开心吧？"
李眉："是啊！可是，我们如何让学员一整天都保持这样的状态呢？"
苏平："这就需要我们的激励了。"

二、如何激励学员

一个人做任何事情，都由能力和意愿两个方面的因素决定。能力是他能不能做，如让大多数小学生做中学生的题，就超出了他们的能力范围。意愿是愿不愿意做，一个人能力再强，如果没有意愿，或意愿不强，都不可能有很好的效果。

要提高学员的积极性，也就是提高学员学习的意愿。提高意愿，就需要不断激励。

成功的激励必须内外结合：从内在需求和愿望出发，结合外部的诱导和刺激。

图2-1 激励学员

（一）奖惩激励

每个人都渴望得到别人的认可和赞赏。奖励正是从学员内心的需求出发，结合精神或物质的手段，激发学员的积极性。

奖惩对人们的行为有强化作用。培训中，及时肯定和奖励好的表现和行为，多奖、少惩，可提升学员积极性。奖励可以是一个小的物品，如手机链、即时贴，也可以是精神鼓励。

我通常会给第一位发言者一个小礼物。如果其他小组给优胜组掌声鼓励时，我会给这个小组奖励（如：加星）。理由是："你们的表现，体现了我们刚才所提倡的团队精神，值得鼓励。"当有人违反我们事先的承诺，培训中手机铃声响起时，就按照之前的约定给予相应的惩罚（扣团队成绩、表演节目等），逐步建立有序的培训氛围。

（二）参与激励

图2-2 参与激励

培训不同于演讲，要避免"一言堂"。参与，能增强学员的归属感，激发学员积极性。

我们可以用提问、案例分析、分组讨论、游戏等方式，使学员参与其中,让他们从中体验培训的主题和内容。

提问可以分为整体性提问和针对性提问。整体性提问的对象是全体学员,针对性提问是针对学员中的一员或某个小组进行的,培训时可视情况运用。例如:培训师事先知道某位学员在某方面有专长或问题,就可以点名请他/她来回答,以此引出培训内容。

在进行案例分析时,选取发生在学员身边的案例更有吸引力。同时,为了某些理论和概念的诠释,需要配合案例时,案例尽量通俗易懂,深入浅出,便于学员理解。

分组讨论是激发学员参与的不错方式,可以利用团队氛围带动内向的学员参与和融入培训内容。在分组时,需要考虑到学员的性别搭配(俗话说:男女搭配,干活不累)、性格、部门的穿插。将同一部门的学员分散到各组,不但可以促进讨论时观点、立场的多样性,达到集思广益的目的,还可以增进各部门人员的感情交流,为培训后的工作配合奠定好的基础。

分组讨论,很容易发生"放易收难"的情况,需要培训师有很好的控场能力。讨论前,明确讨论主题、时间,并在讨论过程中巡查,及时纠正跑题状况,并倒计时,这些都可以帮助学员在规定时间内有效讨论,达成目标。

游戏,可以快速将学员的情绪调动起来,但切忌为了游戏而游戏,因为游戏的运用,是为培训目标的达成服务的。无论是游戏的选择,还是游戏后的总结,均需要从培训主题的需要去考虑和实施。

(三)竞争激励

图 2-3 竞争激励

好胜心,是我们每个人心中沉睡的猛虎。只要调动起来,再加上团队精神的力量,效果就非常明显了。

培训中,我们给学员设定任务,限定时间完成,会激发竞争意识,促进学员参与的积极性。无论是对整个培训,还是对某一环节进行竞赛,效果都会不错!

我常用的是整体竞赛方式,将一二天的课程或系列课程作为竞赛的一个周期。如:2天的"内训师培训",我会把它设计为一个"优秀培训师团队评比"的竞赛活动。为期一个月的系列课程,我会将每次课程的成绩进行累积。

(四)荣誉激励

图2-4 荣誉激励

荣誉,是对学员的赞赏和认可,虽然是精神激励,但对于"可以不要命,但不能不要面子"的中国人来说,却是一种非常有效的激励。大家回忆一下年幼时,我们得到一朵小红花或老师的表扬时的心情,就会知道其威力巨大了!成年后,我们太缺少这样的鼓励了,也就显得更珍贵。

给予表现优秀的学员一定的荣誉,既可激发学员本人的积极性,又能为其他学员树立榜样,一举两得。我在"如何获得良好人际关系"培训中,就设置了"最佳行动奖",颁给主动认识他人并记住最多人名的学员。因这个奖项是两位学员经过3轮PK(对决)决出,获胜者非常开心,之后在培训中也特别积极。

(五)数据激励

图2-5 数据激励

从小的传统教育,一直是按分数来排名的,使我们对数字都很敏感。为了荣誉而战的本能,也促使学员积极参与。我常做的是以组为单位进行竞赛,以讨论、演练的速度和质量来评分,并将每组的成绩显示在白板上,时常鼓励大家加油。

特别提示:不建议将个人成绩公布。因为成年人与学校教育不同,大家的基础参差不齐,不能用单一标准衡量。否则会挫伤学员积极性。

(六)目标激励

每天早上开课前检阅小组士气时,让他们自己制定今天的学习目标和计划,而非培训师给他们定目标,如果他们的目标是模糊的,有太多形容词,则可以借此再讲解制定目标的技巧,特别是在讲"目标管理"课程时,这就是一个案例。如有小组回答"我们今天争取每个人发言两次",培训师可以再问"是争取,还是一定要?",如果小组回答"争取",培训师可说:"那么我可以告诉你,今天你们的目标一定不会实现,因为你们的决心不够,最后达不到目标,你们也会给自己一个借口,你们尽力了,你们争取了。"如果小组回答"一定要!",培训师再问:"是组长下达的命令,还是大家讨论决定的?"

我一般常用的是目标激励结合团队竞赛,如:将两天的"如何打造唐僧团队"课程,设计成为一个"高绩效团队"的评选活动,以小组为单位进行竞赛。

——厦门 林铁成老师

我请李眉将我们刚才的讨论,整理发表到我们的分享基地——中国培训师沙龙论坛后,引发了一个"企业文化培训如何生动化"的主题讨论。

【案例讨论】
主题一:企业文化培训如何生动化

刘雅:"如何才能把枯燥的企业文化讲生动呢?我们的企业文化有几十页哦。"

观点1:图片和影像

王静:"讲企业文化时根据其文化特征,用图片或影像表达效果不错,会让听众有耳目一新的感觉,容易理解,便于加深学员印象。"

观点2:故事、案例

孙奇:"企业文化讲案例、故事。像海尔、松下,还有可口可乐,大家一提这些企业就会想到什么样的经典小故事。文化不是口号,不是靠天天宣讲就有效的,重点是引导大家有更深刻的体会。当然,文化形成的前期是需要推广的。"

观点3:重在体验

赵晶:"我觉得文化重在体验。我想到文化,只能想到培训师沙龙。"

主题二:如何让一线员工了解公司愿景

刘雅:"我要给一线员工讲企业文化,可他们不理解公司的战略精神,甚至觉得和自己的生活工作没关系。如何让一线员工体会公司的愿景呢?"

观点1:通俗讲解+团队建设活动

孙奇:"那要让他们理解什么是愿景,举例说明深入浅出。"

刘雅:"是的,一线员工很难理解'愿景、使命'这些词汇。"

孙奇:"他们做过团队建设的活动吗?这对他们更深刻了解愿景和使命很有帮助。我们的做法是:以部门为一个单位做团队建设的内训。在导师的引领下确定本部门的愿景和使命,找到自己的团队目标和价值,自然对愿景和使命也就理解了。"

刘雅:"什么都没做过,就给一个半小时,讲企业文化。"

孙奇:"那就举例说明,加上图文等工具帮助他们理解并认同。"

观点2:全方位体验

赵晶:"我觉得需要全方位去体验。愿景不是天边的馅饼。在现实和愿景中间,其实应该有很多的东西,比如,使命、目标、策略等,它们像台阶一样,把人们由现实领向愿景。"

观点3:明确愿景与员工利益的关系

王静:"要想让员工对公司愿景感兴趣,就要让他们看到愿景与自己的利益关系。员工永远注重得到的利益,而忽略公司的未来,这是很大众的思维。"

陆明:"个人观点认为对于一般员工而言,愿景就是工资收入有保障地提升……企业文化就是为了让他们收入更稳定的行为准则……"

刘雅:"是的,我赞同。"

陆明:"那么如何让他们知道,规范行为就可以保证收入呢?顺着这个思路,先明白自己工作为什么,学会感恩,感谢谁,为了谁,然后知道自己的家庭责任,自然就知道了企业责任、社会责任……体验式,我想会更好一点。"

刘雅:"我只有一个半小时,可我们的企业文化手册有30页,要点总共有16点。太多的内容,无法让他们体验。"

陆明:"设计2~3个环节,点透,说明白,让他们自己分享就好了。30页那是课程中的辅助资料而已。"

王静:"即使是30页所表达的主题,用图片来诠释复杂的内容,课程也会很轻松。找到主题就好讲了。"

陆明:"您在讲授中,只需要说明纲要就好,尤其是在体验环节中,不停地提醒手册中的要点就好了。16个要点,可否在环节中运用到点评中去呢?您只需要将这些要点融进去就好了。"

刘雅:"我不太明白。"

苏平:"陆明老师的意思是,从16点中,找出跟员工最直接相关的内容,作为重点。一个半小时,只需要提炼出重点。如果每个都蜻蜓点水,是不会有效果的。了解学员需求,从他们的关注出发,结合公司的文化内容。刚才陆明、王静老师等的建议都非常好!您再结合图片、案例,就会生动很多了。"

刘雅:"大家的建议很好,我再消化消化。非常感谢各位老师!"

企业文化,在很多企业,没有落实到制度、行为,成了贴在墙上的口号。这也是员工不理解、不认同公司文化的一个原因。

培训中单纯说教,不但无法达到培训目标,更会引起学员的反感,引发逆反心理。

企业文化的落实,需要制度来保障、行动来诠释。中国培训师沙龙从2006年的一个QQ群,发展到后来的7个QQ群、一个论坛和微信公众号,并成为最纯净的培训专业交流平台,这样的发展历程,就是最好的例证。总结如下:

(1)严格的群规——禁止发广告、各种链接等。

(2)到位的培训——新人入群一对一群规和群文化辅导,管理员上岗前师徒制培训。

(3)不折不扣地落实——57页的《管理员手册》,详细说明了管理员的职责、工作流程等。

以上三点是制度面的。对于一个没有任何约束的虚拟组织而言,只有制度是不够的。中国培训师沙龙的每位管理员,从对新人的审核、欢迎开始,营造着"专业、温馨"的感觉,在日常的管理中,除了日常的群管理,还进行话题引导、读书活动分享,诠释着"分享是最好的学习"的理念,用制度＋执行实践着"打造最纯净的专业交流平台"的宗旨。

如何调动学员积极性

1. 全脑出击,找到引发学员兴趣的话题。
2. 成功的激励需内外结合:从内在的需求和愿望出发,结合外部诱导和刺激。
3. 所有的形式都是为培训目标服务的,切忌喧宾夺主。

第二节　知彼知己——如何确定课程重点

一、课程重点的确定

过了没有多久,刘雅找我私聊,还是关于如何做企业文化培训的问题。

刘雅:"苏老师,您刚才说的提炼重点,我不知道该如何去做?您能指点一下吗?"

苏平:"您是不知道提炼重点的依据吗?"

刘雅:"是啊!16条呢?每一点都很重要,我不知道如何取舍?"

苏平:"这个我们说了都不算,要问您的学员。"

刘雅:"学员都是新员工,他们还没有来报到呢。问他们,时间也来不及了。"

苏平:"您进公司多久了?"

刘雅:"3个月。"

苏平:"请问您作为新员工,从16条中,找出自己关注的5条,可以吗?"

刘雅:"这个可以。"

苏平:"同时,留意观察,也可以去做些访谈,看看现在员工存在的态度或行为问题,哪些属于企业文化的范畴,作为挑出重点的依据。这两方面结合起来,就可以找到一个半小时的重点内容了。其他的可以归类,确定优先等级,决定是否需要说明。"

刘雅:"我明白了。"

小结:针对性是企业内训的生命,必须以学员为中心,确定课程重点,才能达到组织绩效提升的最终目标。

我们这边在私聊,发现群里也在讨论类似问题,我也参与进去。

刘冬:"我遇到的问题就是一个问题点讲得不够深入透彻,对员工没有太大吸引力。"

李玲："很多时候老师讲课的课件毕竟仅是个提纲,其实好的东西还是老师讲出来的。还有就是讲的东西是否实用也很关键。"

王兴："企业文化、品牌知识类的课件可以固定,但培训方式可以灵活。"

苏平："刘冬老师,您的讲义是自己开发的,还是用别人的呢?或者是用别人的讲义修改的?"

刘冬："公司的企业文化类、品牌知识类课件都是总部固定下来的课件,没有改动过。心态类、能力提升类的都是我根据一些别人的资料改编的。说实话,这些心态类的课程大多都差不多。"

苏平："刘冬老师,您是否了解这些课程的设计思路?"

刘冬："其实现在我也发现问题了,就是我借鉴的东西太多,自己的东西太少,而且没有根据大家的真实需求来解决问题。"

苏平："内容、模块可以类似。但如何去编排,如何取舍,您是否还没有太多考虑?"

刘冬："对,感觉现在特别缺乏这方面的能力。尤其是看到特别好的内容、优秀的教案后,总感觉都写得很好,不知道怎么删减,怎么编排。"

苏平："这源于对学员需求的不了解,所以容易陷入学校教育的填鸭式。"

刘冬："我现在针对的学员就是店铺的导购和店长。我是不是应该经常到店铺去和他们一起体验呢?我觉得现在我还缺乏对他们工作的理解。"

苏平："您自己做过导购、店长吗?"

刘冬："在店铺里实习过三个月,但还是觉得经验不足,尤其是讲店铺知识的时候,底气很不足。"

苏平："信心首先来自专业!这时候,就要给自己做SWOT分析了。刘冬老师,跟学员比,您在销售技巧方面是弱势,那您的优势在哪里?"

刘冬："心态、知识面和对事物的理解分析深度。"

苏平："那就扬长避短,发挥您这方面的优势,把不擅长的导购技巧交给学员,用分享、讨论、案例分析、角色扮演等方式。他们比您专业!"

刘冬："谢谢苏老师,经过交流后,我觉得不那么迷茫了,清晰很多,至少知道自己应该努力的方向和还需补充哪些知识了。"

苏平："不用谢,我现在要出门了,后天我们继续讨论企业内训师如何提升专业度。"

刘冬:"太好了!现在我最欠缺的就是这个。"

小结:成年人的学习,是"缺什么补什么"。看起来"好的"内容,未必是适合的。了解学员需求,是有效开发课程的关键。

应大家的要求,我分享了下面的案例。

案例2-1

培训主题:企业内训师技能培训

培训时间:2天

学员:公司中层管理人员,兼职内训师

步骤一　了解培训背景、目标

此次培训是为了迎接下个月大型的新人入职培训。我请HR将为期两个月的入职培训课程表发给了我。同时,了解到企业要求解决三大问题:

(1)内训师对培训工作的重视度问题;

(2)如何开发课程;

(3)授课技巧。

步骤二　对症下药设计方案

根据培训目标,我的方案如下:

1.内训师对培训工作的重视度问题

在第一章"培训师的职责部分"加以强化,同时,针对学员均为公司中层,将第二单元设计为"培训流程与PDCA",强调培训的目的是学以致用,而各部门主管是关键。

2.如何开发课程的问题

我独创的问题树课程开发模型简单实用,是多年经验的总结,本来是中级课程,可调整为本期课程内容。

3.授课技巧的问题

这个可以结合我的参考大纲和大家的问卷反馈,有针对性地设计内容。同时,考虑到入职培训的课程中,有生产流程、品质检验、法规等课程,我又增加了"如何将枯燥主题生动化"的内容。

以上内容得到企业的认同后,我把根据这份课程大纲设计的问卷发给他们,同时提供了"学员状况一览表",请HR填写,作为课程开发的参考。

步骤三　确定课程内容和重点

根据学员问卷反馈汇总，大家最关注的问题如下：

9. 您是否不知道如何才能活跃气氛？　　经常 4　有时 10　从不 3
10. 您是否认为自己的表达能力有待加强？经常 7　有时 10　从不 0
11. 您是否常不知该如何应对学员的提问？经常 3　有时 11　从不 3

这样，我在授课技巧章节，设计了包括"培训师的形象包装""有效开场和结尾""培训师的语言表达技巧""课堂气氛调节方法""问题处理技巧"五个部分，将后面三部分作为重点。

总结：刘雅和刘冬的困惑，表面上看起来不一样，其实都源于同一个问题。对学员需求的不理解，使课程内容的选取、编排失去了依据，让自己陷入了混乱局面。

二、培训现场调研的方法

有时，因调研时间、对接人或学员的关系，无法走完上面的全流程（例如，未能进行问卷普查），我们只能在明确大方向的情况下，先设计初步的课程内容。考虑到这些内容可能缺乏针对性，为了让课程内容更符合学员的需求，我们可以采用现场调研的方式进行补救，详见表2-1。

表2-1　现场调研的方法

时机	方法	目的	具体做法
课程开始前一天	工作现场访谈	验证需求，确定是否需要调整课程方向或内容	若为外地培训，可提前到达学员所在的工作场地，跟学员和其领导进行访谈和沟通，收集与课程内容相关的学员基础信息和问题
课程当天，正式开课前	入场调查表	了解学员的基本信息、基础、问题点	设计3~4个问题，张贴在教室墙上，请学员们在入场时，勾选或画"正"字
课程刚开始	小组投票	了解学员关注的问题点，确定课程的重点模块和内容	针对课程的每个模块各设计1~2个对应的工作中的问题，请学员们小组讨论，选出最急需解决的三个问题，再通过各组的汇总，确定排名前三位的问题，作为课程重点内容

续表

时机	方法	目的	具体做法
课程刚开始	人体投票	了解学员关注的问题点,确定课程的重点模块和内容	针对课程的每个模块各设计1~2个对应的工作中的问题,写在A4纸上,放置于教室的不同角落,请学员们站在自己关注的问题前面,选择人数最多的前三个问题作为课程的重点内容
课程刚开始	测试	了解学员的基础和现状	根据课程的类别(知识、态度、技能),选择使用相应的方式,如提问、归类、判断对错、完成任务、解决问题等
课程进行中	同类整理	更深入地了解学员的需求,并提供有针对性的解决方案	请学员针对某个主题写出自己的具体问题点,再由小组讨论后筛选,并按照规则要求张贴在引导布上,进行分类、命名。培训师针对这些问题进行答疑解惑,或分配给学员小组讨论、分享解决方案

从表2-1中可以看到,除了课程开始前一天在工作现场的访谈外,我还提供了在培训现场进行需求调研的方法:入场调查表、小组投票、人体投票、测试、同类整理。其中,测试、工作现场访谈的具体操作方法和要点,见本书的蜕变篇;入场调查表、小组投票、人体投票、同类整理的操作方法,详见《培训师成长实战手册:引导式课程设计》一书。

现场做培训需求调研,对于培训师的调研能力要求较高,仅限于无法事先进行需求调研的情况。要想真正变被动为主动,需要按照问题树课程开发模型的三个步骤来进行,而培训需求诊断和调研,是问题树课程开发模型的第一步,在蜕变篇中,会详细讲解。

课程重点掌握

1. 课程重点的确定,应以学员的需求(问题和困惑)为中心,而非培训师自己最擅长或最熟悉的内容。
2. 企业内训:缺什么补什么。不求大而全,但求针对性。
3. 充分了解学员需求,是开发有效课程的前提。
4. 如果无法事先做培训需求调研,可以采取现场调研的方法。

第三节　收放自如——如何有效控制培训时间

相信大家都对自己第一次上台的情景记忆犹新！除了紧张,时间的控制是最大的难点。有时担心时间不够用,就加快进度,没想到剩下很多时间不知道怎么办好;有时没有掌握好,又导致前松后紧,匆忙结束,挺尴尬的。

那么,如何才能有效控制培训时间呢？除了经验的积累外,还有以下的方法可以运用。

一、充分准备，做到心中有数

（一）明确重点内容与次要内容

怎样确定重点内容？第二节已有详细分享。依据是学员的问题、困惑或关注点,而非培训师自己的好恶、熟悉度。

明确了重点和次要内容后,遇到临时缩短时间或需要加快培训节奏时,优先完成重点内容,可以确保在有限的时间内完成培训目标。

（二）区分主要材料与辅助材料

要说明一个论点或观点,需要有各种材料(案例、故事、论点等)来支撑。

例如,要说明"分享是最好的学习"这个观点,我分别准备了:A.自己的亲身经历;B.一个他人的案例;C.一句名人名言。

这三个材料,我认为对"分享是最好的学习"最有说服力的是A,就可以把A作为主要材料,B和C作为辅助材料。当时间有限时,我可以只讲A,而舍弃B和C。

所以,区分主要材料和辅助材料,有助于我们有效控制时间。

从"课程时间分配优先矩阵"(图2-6)中可以看到：当时间有限,或者需要缩短培训时间时,我们优先完成矩阵中1、2矩阵的内容。

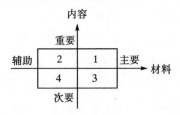

图2-6　课程时间分配优先矩阵

曾经见过不少老师,PPT准备了很多页,当时间不够时,拼命翻页,大家在眼花缭乱中等待,他自己也很尴尬。

为了避免这样的情况,建议在制作培训用PPT时,只将主、次要内容大纲涵盖进去,主、辅材料只装在自己大脑中。这样,培训师就可以掌握主动权,若时间充裕,就根据时间充裕程度分享相应的内容;若时间较少,就一带而过。

二、分解目标，分段控制

本书困惑篇第二节中"职业生涯规划的步骤三:分解目标,制订行动计划",同样可以运用在时间控制上。

例如:一个6小时的课程,共3大模块,我们的大目标是6个小时内完成3大模块。但真正做起来,难度比较大,因为培训是人与人的沟通和交流,分享、互动等很多环节不是完全受培训师控制的。所以,我们可以根据学员需求确定的重点内容、次要内容进行时间分配。

案例2-2

下面是一个6小时的"有效沟通技巧"课程,包括3大模块内容。

根据事先对学员及其部属、平行单位的访谈,了解到学员们在与部属沟通、跨部门沟通方面比较欠缺。于是设计了以下3个模块的内容。

模块1:为何沟而不通

模块2:与部属沟通的艺术

模块3:跨部门沟通

根据问卷反馈,发现学员在与部属沟通方面最弱,故将模块2作为重点内容。

6小时的时间,预留15分钟暖场,15分钟做培训后总结,剩下5.5小时,分配3.5小时给重点内容——与部属沟通的艺术。

要想完全控制好3.5小时的节奏,可能也有些难度。

我们再向下细分。"与部属沟通的艺术"模块下面有3个方面的内容,其中"批评与表扬的艺术"是重点内容,分配2.5小时。同时,我们还可以将这2.5小时的内容细化。假设重点内容、主要材料讲解需要1.5小时,则有1小时的时间是互动和机动时间,便于调整。

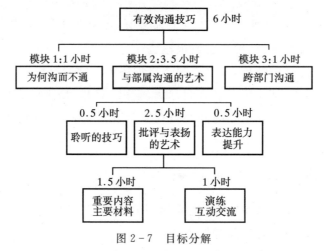

图2-7　目标分解

三、调整授课方式

大家都已经认识到:单一的演讲式授课,不适合成年人的培训。所以,在课程设计时,都会选择尽量多样化的授课方式,增加培训师与学员的互动,提升学员的参与度。

同时,也出现了一个问题:一旦放开(如分组讨论),就很难收回来(时间难以控制)。这需要培训的控场和引导技巧,善用封闭式问题。

如果时间少于预期时,可以用下列方式来赢得时间。

(一)减少分享的人数

在运用小组讨论、游戏法时,活动后一般都会请每个小组分享分组讨论的结果、游戏心得。在时间有限的情况下,我们可以通过各组的表现,挑选几个比较典型的小组进行分享。

例如：原计划 6 个小组在小组讨论后，均派一位代表分享。现在可以从中抽取 3 组进行，可节省一半的时间。

（二）减少分享的时间

不管原来是计划请学员一一分享，还是每个组均派代表分享，若时间有限，我们可以减少每个人的分享时间。以小组分享为例：如果一次课程有 6 个小组，每个小组派一位代表发言。原计划每人分享时间为 5 分钟，共需 30 分钟。现改为 3 分钟，则 6 组仅需 18 分钟，比原计划节省 12 分钟。

（三）改变分享方式

方法一　变逐一分享为集中分享

例如：在一次 TTT 培训中，以小组为单位，请大家继续课程开发演练。原计划每个小组将演练结果画在大海报纸上，逐个分享、点评。当时有 6 个小组，如果这样进行，每个小组至少要 8 分钟，6 个小组需要 48 分钟。

在时间紧张的情况下，我请每个小组将自己演练的结果放在桌上，然后起身，按顺时针走动，去看每组演练的结果。请大家选择其中最棒的内容，每组选一位代表进行 2 分钟分享。因为大家在走动过程中就已经进行了小组讨论，并记录下来。所以，15 分钟后，就可以开始点评和总结。每组展示并做 2 分钟分享，耗时 12 分钟；加上点评和总结（每组 1 分钟），合计 33 分钟。

从表 2-2 可以看出，集中分享的方式比逐一分享，节省了 15 分钟。

表 2-2　逐一分享和集中分享时间对比

序号	方式	项目	耗时/分钟
1	逐一分享	逐一分享、点评	48
2	集中分享	走动＋小组讨论	15
		分享、点评、总结	18
		合计	33

方法二 用视觉化方式

大家都知道：一图胜千言。在培训中，多运用视觉方式，可以节省很多时间。在暖场阶段，通常需要组建团队，进行个人介绍。如果用口头表达来进行，耗时多，且效果不佳。若辅以图表等视觉化的方式，不但节省很多时间，也增强了趣味性，强化了暖场的目标。

例如：一个20人的培训，分为4个小组，每组5人。如果每人上台进行1分钟自我介绍，加上上下台、中间串场时间，至少要30分钟。

若改为视觉化方式，请每组将团队成员姓名、特点等画在一张大海报纸上，再上台进行团队展示＋个人一句话说明，效果就会大不相同。我们先计算一下所用时间。

视觉化：8分钟

团队展示＋个人一句话说明，加上上下台、串场时间，共12分钟

合计：20分钟　　　　节省：10分钟

从表2-3可见，视觉化方式比口头表达，节省了10分钟。

表2-3 口头表达和视觉化时间对比

序号	方式	项目	耗时/分钟	备注
1	口头表达	20人，各做1分钟介绍	30	含上、下台＋串场时间：10分钟
2	视觉化	视觉化表达	8	5组同时进行
		团队展示＋个人一句话说明	12	含上、下台＋串场时间：6分钟
		合计	20	

方法三 用海报纸代替A4纸

在进行分组讨论或案例分析时，不少培训师喜欢请学员先将讨论内容写在A4纸上，结束后，要么转到白板，要么学员站起来分享，培训师或助教边听边写在白板上。这样就造成了重复工作。若在讨论时，就直接把结果写在大海报纸上，分享时举起来展示，可大大节省时间。

例如：培训中共4个小组进行讨论，用海报纸代替A4纸。

讨论：10分钟

分享：4×4＝16分钟（每组4分钟）

合计：26分钟

从表2-4可见,直接用海报纸,比将讨论结果抄到白板上,节省了8分钟;比边听边写到白板上,节省了12分钟。

表2-4 三种方式时间对比

序号	方式	项目	耗时/分钟	备注
1	海报纸	讨论＋分享	26	每组4分钟
2	抄至白板	讨论	10	
		学员抄至白板	8	
		学员说明＋点评	16	每组4分钟
		合计	34	
3	边听边写	讨论	10	
		学员说明＋写＋点评	28	每组7分钟 因需要等待或确认
		合计	38	

如何有效控制培训时间

1. 充分准备,轻重有别、主辅区分,做到心里有数。
2. 分解目标,分段控制,掌握主动。
3. 调整授课方式,灵活机动,掌控时间。

第四节 班门弄斧——如何提升专业度

一、为何怀才不遇

第二天刚上线,就看到群里吴昆老师向我求救,说自己一个朋友最近很郁闷。而这个话题跟培训没有关系,不便于在群里求救,请我私聊帮忙分析一下。

案例 2-3

为何怀才不遇?

赵茹跟李眉一样,大学毕业就进入了一家培训机构做培训师助理。不过她没能如愿站上讲台,一年后跳槽到一家民营企业做业务助理。刚开始她很不习惯,觉得公司有太多不足需要完善,总是喜欢在各种场合指出公司或同事的不足。而自己的工作,也看似太过简单,她觉得怀才不遇,热情不高。3个月很快过去,虽然凭着自己的聪明过了试用期,但敏感的她也发现上司和同事对自己的评价并不高,这让她很不解。

苏平:"吴昆老师,您说的这个案例,让我想起之前看过的一个'且慢动手'的故事。一个人买了一栋别墅后,见到院子里杂草丛生,觉得有煞风景,便找人将院子做了个大清理。半年后,他偶遇别墅原来的主人,被问道:'我院子里那株非常名贵的玫瑰开花了吗?'这个人愣住了:'啊?!我不知道院子里有玫瑰,以为都是杂草呢。'这让他追悔莫及。人们常用这个故事提醒新上任的领导:不要急于烧三把火。自己先融入团队,了解团队成员的特点,做到知彼知己再行动。"

吴昆:"苏老师,您的意思是:她刚进公司,满眼都是杂草,看不到玫瑰,所以很多抱怨,招致上司和同事的反感。"

苏平:"是的,这是原因之一。任何一家公司,跟人一样,可能不会是一无是处的。我们需要多看优点,尤其是新人,谦虚学习,融入团队是首要任务。"

吴昆:"很赞同苏老师的观点。我想赵茹首先是态度的问题。她对公司缺乏认同,对自己的工作也不够认真。"

苏平:"吴昆老师很细心!赵茹认为自己的工作太简单,热情不高。这肯定能反映在她平时工作的态度和质量上面。试想:如果您是她的上司或同事,会喜欢一个刚来就到处挑刺,对本职工作漫不经心的员工吗?"

吴昆:"是啊!要是我,可能不会让她通过试用期呢。"

苏平:"这也是现在职场中的一个普遍现象。给您看我的一幅简笔画。"

图2-8　大材小用

吴昆:"您这幅画太形象了!我是培训部经理,今年刚招进来两个内训师,都存在您说的情况。小事不愿做,大事不敢给他们做。实在不让人省心呀。"

苏平:"这也跟现在整个社会大环境的浮躁有关。媒体整天都是一夜暴富、一夜成名的宣传,还有各种选秀节目提供这样的机会,让人很难沉下心来做事情。"

吴昆:"是啊!我一直找他们谈心,苦口婆心地劝他们,总算有一些进步。不过,他们都反映遇到经验比自己丰富的学员,就觉得没有信心,不知如何是好了。"

苏平:"作为职业培训师,我从来不接自己非擅长领域内的课程,因为我怕误人子弟。但作为企业内训师,这种情况挺普遍。我写过一篇文章,是关于这方面经验分享的,给您参考一下。"

二、学员比自己资深怎么办

内训师常常被老板或上司要求做"多面手",甚至赶鸭子上架,去给比自己实战经验丰富的学员做培训。此时去增加实战经验已经来不及,培训又不能不做,确实挺为难的。

每次遇到这样的提问,我都会先反问一个问题:"既然这样,为什么要选您做培训师呢?您有什么优势?"

回答一般为:"我的培训技巧比他们强。""我的逻辑思维能力、沟通协调能力强。"……

有了这样的回答,就让自己有了更多的信心,这是培训师最基本的素质要求。

一位站在台上底气不足的老师,很快就会被学员看穿,没有人会信服一个对自己都不自信的人。

找到自己的优势后,我们可以运用SWOT分析,找到自己的劣势、机会和威胁。

我们的劣势很明显:实战经验不足,这不是短期可以快速弥补的。

机会:自己对企业的文化、制度、流程、人员熟悉,跟学员有交流的共同基础;可能比学员有更多的信息资源可以运用,可通过这些建立一些威信。同时,也可以通过培训,从学员身上间接学习实战经验,弥补直接经验的不足。

威胁:实战经验丰富的学员,可能会瞧不起自己,培训时不配合,甚至刁难自己,破坏自身形象的同时,也影响到学员的参与,以及培训目标的达成。

对策:扬长避短,发挥学员自身的优势,通过借力,达到培训目标。

那么,借谁的力?如何借力呢?

(一)借公司的力

1. 多方面细化需求

成年人学习的特点是有动机才学习。所以,培训师的首要任务是激发学员的学习动机。

如何激发呢?关键在于找到学员的兴趣点,明确培训需求。每个人都是趋利避害的,学员的痛点(问题和困惑)就是培训需求。公司有很多渠道,可以让我们深入了解学员的痛点。

本书蜕变篇第二节中,提供了七种方法:面谈沟通法、行为观察法、数据资料分析法、问卷调查法、小组讨论法、测试法、自我分析法。

如果用面谈沟通法,建议不仅访谈学员,还应访谈其上司、部属、相关业务单位或上下流程的人员,确保信息的完整、客观性,以便设计有针对性的课程内容。现场访谈是否能达到预期效果,跟我们事先的准备工作、访谈技巧均有密切关系。访谈中,不但需要多听少说,善于提问,还需要去判断受访者说话的真实度。通过访谈分析,从学员们目前的问题和困惑入手,对症下药地设计实用有效的培训内容,可激发学员的动机,促进培训后的运用。

2. 多渠道了解学员情况

培训是种特殊的一对多沟通。我们对学员了解越多,就越有沟通的基础,容易产生共同语言。收集学员资料的途径如下。

(1)公司网站、内部刊物:了解学员所在部门的产品和动态,加深对学员的了解。

(2)HR或学员主管:资料包括部门、职位、学历、工作经验、擅长领域、突出业绩……记住学员的基本信息很重要。对着名单现找信息的状况,会让学员觉得培训师不重视自己,引起反感。我通常都会将学员信息背出来,看到桌上的姓名牌,就能说出他所在部门、职务等,这让很多学员非常惊异:很少有外部培训师能记住所有学员信息。

当然,这需要花些时间和精力,但回报也会很可观。

3. 高层激励

很多公司的培训,会请公司高层在培训前讲话,以示重视,既可体现出对学员的尊重,也表现出对培训师的支持,提高了培训师的权威性。

(二)借学员的力

如果培训师在实战方面较弱,就要充分发挥学员这方面的优势,巧妙借力。方法如下。

1. 事先找"托"

通过访谈的机会,或利用平时的关系,先跟几位资深学员沟通,自曝弱点:我在某方面没有太多经验,老板非要我去做这个培训。您这方面的经验丰富,到时候可要多多指点和支持……

2. 找支持者

如果没有条件事先沟通(如地域限制),可以提早来到培训场地,向入场的学员微笑打招呼,建立自己的亲和力。找到几位资深学员,跟他们做个简单的沟通:称赞他们的专业度,自谦一下。低姿态很适合运用在经验丰富的人面前,因为这样至少不会让他们讨厌你。记住:一般经验丰富、有能力的人,都很有个性,如果惹他们不高兴,很容易变成课程中的"刺头"。所以,最好的方法,就是把这些可能的"刺头",转换为我们的得力助手。

3. 分组交流

运用分组讨论和交流的方式,满足人们的社交需求。分组时,充分考虑到男女比例(男女搭配,干活不累)、素质能力的平衡(每组中穿插分配)。

4. 经验分享

给资深学员"戴高帽子",让他们乐于分享实战经验,丰富课程内容,增强实用性。

5. 案例分析

寻找典型案例,请学员结合培训内容,找出案例中的不足和待改善方面,也可以找出做得比较好的方面,但大家都知道大多数人对于挑别人的毛病更感兴趣。

6. 点评

请学员进行点评,可以满足人们表现自己的内心需求。尤其是经验丰富的资深学员,点评让他们感受到了一种荣誉,产生自豪感,激发了他们的参与热情。同时,资深学员的点评,更容易让其他学员信服。

7. 竞赛

越是经验丰富的人,就越自信,也不轻易服输。利用小组竞赛的方式来组织培训,可以促进学员的参与,将注意力转移到培训内容的交流和分享中,削弱了对培训师专业度欠缺的关注。因为,此时的培训师已经转化为主持人和导演的角色。

通过课程前的充分准备,培训方式的用心设计和运用,培训师从一个演讲者的角色,转变为编剧和导演的角色。这样不仅为这些有经验的学员创造了一个积极分享的氛围,激发了他们的学习热情,而且培训师自身也在培训中学习和提升,达到"教学相长"的目的。

三、提升专业度的途径

培训师初期可以借力,用前面分享的方式去弥补自己的不足,但从长远来看,只有不断提升专业度,才能给学员带来更多的帮助。于是我在群里发起了"内训师如何提升专业度"的讨论,大家发言很踊跃。

苏平:"一位内训师,虽然培训的主题是自己擅长的领域,但也需要不断地提升专业度。除了看书,跟师傅学习,还有哪些方式可以快速提升自己的专业度?"

观点一　标杆学习＋PDCA

图 2-9　标杆学习

王锐:"我记得苏平老师曾经提过一个观点,用 4 年获得 16 年的经验,培训师的要点,不是自己成为最优秀的人之后才能培训别人的,重要的是传播。"

苏平:"这是我个人的亲身经历,但这个的可复制性并不是很强。"

王锐:"我说的实践是指亲身体验一段时间,观察优秀的人是怎么做的,总结优秀人成功的内在规律,然后想办法找到内在规律推广的办法,去实践这个办法,拿实际的数字来说话,推动好的方法、科学的规律的推广。"

刘冬:"方向—方法—实施方案—实施步骤。"

苏平:"'方向—方法—实施方案—实施步骤',再增加'检讨—改善',形成一个 PDCA 的循环。"

观点二　一线蹲点

刘雅:"我当时是天天下店蹲点,蹲了一年,终于成了销售高手。"

苏平:"天天下店蹲点,是公司要求的,还是您自己主动去的呢?蹲点时,您都做些什么呢?"

刘雅:"公司有要求,但是没那么严格,我常常蹲点到很晚才回去;蹲点的时候我就看竞争品牌的情况、货品及促销活动。主要是观察销售,自己也接待顾客;和导购聊天;调整陈列。我觉得和导购聊天非常非常非常重要。"

李林:"聊天是最快获取信息的方式。分享一下如何聊,要聊什么话题,这可以更好更快地掌握我们所需信息。"

刘雅:"什么都聊。导购总是抱怨工资低,没社保啊……你就先顺着他们说,等他们觉得你不是'领导'了,就信任你了,你就可以再引导他们了。聊天的目的之一是建立信任。"

苏平:"还有呢?是否也包括收集案例?"

刘雅:"然后就听他们抱怨顾客,这就是收集销售案例了。"

苏平:"聊天除了'建立信任、收集案例'之外,还有什么作用呢?"

刘雅:"联络感情啊,讲课的时候用到了和他们聊天时他们的观点,他们多开心啊。其实我觉得和导购聊天,就是在团结一切可以团结的人。导购不喜欢培训,真的。如果他们接受你这个人,让他们来培训他们也就认了,至少不抵触了,导购的情感很质朴。"

苏平:"销售人员普遍不喜欢培训,不喜欢填写表单,很赞同刘雅老师的观点!看得出您天天蹲点收获很大。当你发自内心去关心他们、了解他们,自己也会收获很多。"

刘雅:"我觉得真的是那样,他们在基层,最不容易,如果你让他们觉得你是其背后的依靠,他们会回报你很多东西,当时我们公司的工资是行业最低的,但是我们的业绩却在商场名列前茅。"

苏平:"对他们的工作越了解,培训主题和内容就对他们越有帮助,加上用他们的语言、案例,培训效果自然会增强。"

观点三 日常的收集、整理

张贝:"首先是理论的收集和整理,形成自己的观点。这包括相关书籍和视频资料的吸收、摒弃、比较,继而形成自己的观点。其次是案例的收集整理,用来佐证自己的观点。"

图2-10 理论+案例

赵欣："在从事企业内训过程中，应当两手抓：一手是对外部时势、形势和局势的留意并与公司行业发展相结合，如果能提炼出自己的观点并能引起学员的共鸣那就更好了；另一手是企业内部的案例，哪怕是听到的一句话或者平日和同事的聊天，处处留心皆学问。两手同时抓，就可以在一定程度上解决有些时候备课无从下手或者重复讲授同一案例的问题。"

王兴："平时要用心收集公司内的案例，有时候在培训时，用这些案例与当事人互动，效果会好很多。内训师可以从内部办公系统、会议、广播系统收集公司里的一些案例。"

观点四　网络学习

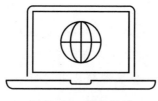

图2-11　网络学习

刘冬："有些专业领域可以通过网络搜索查找专业论坛。"

苏平："是的，我们可以充分运用网络资源。"

观点五　向客户学习

吴昆："了解顾客需求。"

刘冬："和客户交流。"

吴昆："了解顾客需求是多方位的，换位思考也是了解的一种方式。"

观点六　同行业交流

张芸："跟同行交流，像在我们这样的群里交流就是很好的学习方式。"

苏平："是的！分享是最好的学习。"

观点七　拓展工作领域

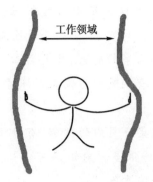

图 2-12　拓展工作领域

赵欣："我觉得培训是 HR 中的一环,这一环与 HR 其他环节也是紧扣的,所以我也经常补充其他环节。例如,招聘和绩效方面的知识,甚至行政方面的我也经常看看,这些东西我感觉对培训都有帮助。"

张芸："很有道理！培训和很多领域有关联,培训队伍又是一个提供支持的团队,最终的培训结果要看学员的最终表现。"

苏平："是啊。例如,做管理技能培训,就必须要熟悉公司所有岗位和领域,因为学员来自不同领域。若听不懂学员的话,很难沟通哦。"

观点八　做得多,学得多

图 2-13　做得多,学得多

赵欣："做公司里面的热心人。例如,行政的同事让帮忙看一下她拟的通知的措辞,公关部的同事让帮忙看一下对外宣传的英语译文,或者有其他部门的同事在工作中遇到困难来征询意见……我都会认真地一一给予帮助。通过这些点点滴滴,我自己增长了不少知识,同时也积累了很好的同事关系,在每次授课的时候,遇到的抵触和障碍还有困难无形中减少了很多很多。通常有句话叫作'外来的和尚会念经',但是通过这样的方式,可以让这句话自动'失灵'。"

观点九　照镜子

刘雅:"我觉得,得照镜子,认识到自己的不足。可具体该如何做呢?"

王兴:"讨论,试讲。"

张芸:"可以征询学员反馈,尤其在反复讲授的课程上,自己也要想想每次的不同,不断创新。"

苏平:"即使同一主题,针对不同学员,也要认真了解学员需求,有针对性地开发课程,把每一次培训都当成第一次。课程侧重不同,需要准备的内容不同,要去学习和充实的内容也会不同。这样,每次的课程开发,都是一次学习和挑战的机会。"

观点十　专题研究

李林:"针对自己的领域,进行深入研究,力求专精。例如,苏老师根据自己多年的培训经验独创的问题树课程开发模型,我学习后受益匪浅。"

四、处处留心皆学问——提升专业度的关键

1. 在做中学

处处留心皆学问,关键在于是否用心,这个决定权在我们自己手中。赵茹在新公司,未能有个很好的开始,就是源于自己的心态。

张瑞敏曾说,把简单的事情重复做好就是不简单。

好高骛远使很多人不屑于简单的工作,觉得大材小用的同时,对工作马虎过关,缺乏责任感。他们不知道,老板的想法是:这么简单的事情都做不好,还敢让你做更重要的事情吗?正是这种思维的错位,使他们失去了发展的机会。

机会,从来都是给有准备的人。错失机会,主要责任还是自己。

为了让大家认识到这一点,一家公司特意举行了一场"同事的葬礼"。

图 2-14 通告

看到这个通告,大家惋惜的同时,也很好奇:这位同事是什么样的人?为什么会阻碍自己在公司发展呢?

下午 5 点,大家赶到体育馆。每个人经过棺材,看到的却是自己。因为棺材里躺着的是一面大镜子。而棺材旁边的牌子上写着:世界上唯一会限制你发展的人就是你自己。

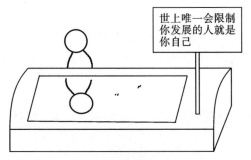

图 2-15 真正的绊脚石

原来,在前进的道路上,真正的绊脚石是自己。只是在大多数情况下,大多数人都把环境、他人当成了绊脚石。

让我们看看下面这个真实的故事。

面试 PK

小刘辞去前台工作应聘业务助理。笔试只考了 60 分,而竞争对手考了 90 分。公司请她们两个人同时试工一天,最后她胜出,获得了这份工作。

问及原因,她说:"我进公司的第一周,就听了您讲的 5S 简介、ISO 简介,非常喜欢。还记得课后,每次我都主动提出帮您改试卷吗?"

苏平:"是啊!公司规定:每3个月要给新员工做包括这两个课程在内的新人入职培训,我当时同时兼了四份工作。您就常常帮我改试卷。"

听到这里,她笑着说:"就是因为我改卷子,记住了5S、ISO的内容,而这家公司刚好要推行5S和ISO9001,所以他们才给我机会,让我跟笔试90分的女孩一起试工。试工时,业务助理的主要工作就是接电话,对我来说,这是小菜一碟。所以我就得到了这份工作。"

机会在每一份工作中

这个故事,验证了我常说的:机会在每一份工作中。

在《不要只做我告诉你的事,请做需要的事》一书中,作者用自己在7-Eleven工作的例子,给我们呈现出由于心态的转变,一份平淡乏味的工作,如何变得生动有趣,且成为自己生命中的财富。

我非常认同"机会就在每一份工作中"。这也是我自己的亲身体会。

1. 做得多,学得多

记得我在印刷厂同时兼4个岗位时,有同事为我愤愤不平,说老板太小气,让我撂挑子。而我当时的想法是:老板要廉价的劳动力,我要自己成长的机会。同时,我尽全力去做好每一个岗位。这样,在4年时间里,我获得了16年工作经验,比同龄人多出了12年。

这样的经历让我积累了丰富的实战经验,不但在任职企业中,因有了更多共同语言,能够顺畅沟通和配合;在自己成为职业培训师后,更是成为量身定制的坚实基础。因为量身定制需要先进行培训需求诊断和调研,这是最考验培训师功力的部分,也是课程开发的关键。有了之前的经历和经验,在各种企业进行访谈时,都能够很快跟对方产生共鸣,快速准确判断对方的问题和需求,从而对症下药。

因此,很多人问我:"量身定制太难了,为什么您能够做到呢?"我说:"原因很简单,培训师是个厚积薄发的职业。只要有了在企业丰富的经验,加上我们的责任心、用心,就可以做到了。"

2. 比老板期望高一些

谈到如何在做中学,我分享一下自己的经历。

会议记录五步法

刚进入陌生的印刷行业,同时担任董事长助理,最初只能做些文书处理工作,各部门主管认为我对公司流程、业务一窍不通,常常无视我的存在,有事还是直接找董事长。我就从全面了解公司制度、流程、产品业务开始,结合到各部门实习,抓紧一切机会,以新人的身份去请教大家。

当时我还有一个固定的学习方式,就是每月一次"质量检讨会"。之前的会议记录由业务部门来做,我主动接了过来。为了快速学习,我自创了会议记录五步法。

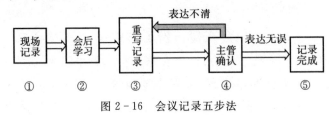

图 2-16 会议记录五步法

- 第一步:现场记录

每次开质量检讨会时,针对本月所有客户投诉和不良品,都由责任单位进行分析检讨,说明改善措施。起初,大家说的产品和问题,我均听不懂,只能快速地全部记下来。

- 第二步:会后学习

会后,我拿着记录,逐一找到责任部门主管,向他们详细了解不良状况。如:由材料错误造成的产品质量问题,我会请他将正确、错误的材料分别拿给我,学习如何去做区分;如果是由机器故障造成的质量问题,我会去查看机器的相应部位,了解该部位的作用,以及机器的运用原理;若是人为操作不当,我会去找到相应的文件、标准来进行对照……

- 第三步:重写记录

对每个问题进行现场了解和学习后,我根据自己的理解,将质量检讨会中每个问题点的描述、改善措施重新表述。

- 第四步:主管确认

将自己重新表述后的会议记录,请各位主管一一阅读,征求他们的意见,指出错误或表达不清的地方,进行修改。

- 第五步:记录完成

这样往返数次之后,一份会议记录才算完成。

好处多多：

之前大家2个小时就完成的会议记录,我一般要花2天时间。虽然看似浪费了时间和精力,却好处多多:用尊重和好学,拉近了自己跟各部门主管的关系,为以后的工作顺利进行奠定了基础,因为他们是我的内部顾客;通过会议记录这个切入点,了解各部门的运作流程和具体问题,增加了自己的专业知识,也跟大家有了共同语言。

果然,这样坚持了3个月,就有主管开始主动跟我沟通工作内容,6个月后,很多事情到我这里就解决了,而不必麻烦董事长。

小贴士: 新人最关键的前3个月

作为新人的前3个月最幸福!因为那时您不用顾及面子,也不用觉得难为情。只要您想学习,就可以大大方方地说:"我是新人,请问……"您只要态度诚恳,对方的时间又允许,都会得到热心解答。如果没有抓住这个大好时机,未及时了解应该学习的知识和技能,就会陷入被动。试想,入职半年后,即使您克服了自己的心理压力,去问一些新人需要了解的内容,对方可能会对此不屑,也对您有了不佳的印象和评价。

3. 比工作要求多做些

正是有了这样的基础,公司在推行ISO时,我成了最佳人选,全权负责。我不仅负责整体推进,而且协助咨询师辅导和整合各部门的文件。在这个过程中,我花了大量的时间去研究和推敲每份文件,最后比各部门对自己的流程、文件更清楚。

在帮助别人的同时,我也凭借对大家的帮助、对文件的熟悉建立了权威。这也为我之后负责HR,并顺利开展相关工作奠定了基础。

正是有了这样的基础,我才有机会全面负责公司的人力资源工作。我运用在商场工作时学到的服务心态,结合自己的专业度,帮助各部门提升工作效率和质量,得到普遍认同。工作也开展得十分顺利,使培训真正成为公司业绩提升助力。

4. 帮助别人,提升自己

在做年度培训计划时,我并不仅仅是发个问卷,而是用了十几个晚上,跟公司所有部门的员工座谈,对培训需求、技能提升、公司管理的不足等方面进行交流。之后进行汇总,先将员工共同关注的管理问题整理并提出建议上报董事长,再将各部门共同需求的课程列为公共课程,仅部门需求的课程,请他们申请内训。课程名称确定后,先请他们自己找内训师,若有困难,我再出面协调。我常主动询问内训师是否有困难,及时给予帮助。因此,每位内训师的课程大纲、内容及授课方式中,几乎都有我的建议。

在帮助大家提升的同时,我的工作也轻松了很多。这样,我就可以有更多的时间和精力去学习新的东西。

2. 复盘和总结

在做中学的过程中,复盘和总结能让我们事半功倍。每场培训都是直播,无论准备多充分,现场都可能会有状况发生。我们的专业度就体现在出现状况后如何处理,以后怎么预防。

不少培训师有一个误区:培训现场出问题了,马上想到去提升自己的授课技巧。其实这样做未必有效。因为很多授课阶段出现的问题,源头却在需求调研或课程开发阶段。例如,学员对课程内容兴趣不大,不一定是培训师的表达技巧或气氛带动能力的问题,可能是课程内容不是学员们所需要的,这是培训需求诊断和调研的问题;学员对培训师提出的问题没有回应,可能是问题太难或太简单,而判断的依据在于课前对学员情况的了解……无论提供有针对性的课程,还是提出难易适中的问题,都需要进行前期的诊断和调研,本书蜕变篇的问题树课程开发模型提供了系统、专业的流程、工具、方法和案例。

案例 2-4

如何复盘和总结

张芸:"苏老师,我感觉培训现场可能会出现的问题很多,尤其是像我这样的新手。出了问题之后,我应该怎样进行复盘和总结呢?自己一点方向都没有。"

苏平:"您的问题有一定的代表性,这的确是培训师成长过程中的一个瓶颈:想提升,但无处着手。为此,我特别写了《培训师成长实战手册:授课现场的问题及对策》一书,里面选取了授课过程中出现频率最高的 50 个问题。"

张芸:"真是及时雨!我很好奇,这 50 个问题都是哪些方面的?"

苏平:"这 50 个问题,来自下面五个典型的培训场景:培训纪律和氛围、师生问答、小组讨论、学习活动、线上课程。"

张芸:"还有线上课程?!太好了。线下授课我都没有信心呢,老板又要求我开线上课程,正发愁呢。"

苏平:"线上课程部分,包括了课程秩序和保障、课堂参与和效果两大部分,都是大家平时容易出问题的方面。"

张芸:"如果我买了这本书,该如何运用呢?"

苏平:"这是本培训工具书,您可以像用字典一样来运用。我通过下面这个图展示了这本书的使用步骤。

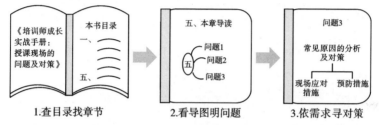

图2-17 《培训师成长实战手册:授课现场的问题及对策》的运用

"首先,明确自己的问题属于五大典型培训场景中的哪一类;其次,通过目录找到该章内容,再查询本章导读,找到自己要解决的问题;最后,根据自己的目的和需要来选择相应的对策。"

张芸:"这本书简直就是一个藏宝图,我要好好运用。"

总结:

要想提升个人专业度,并非朝夕可以达到。不但要恰当地运用前面分享的十大途径,更要在做中学,通过在实战中不断复盘和总结,有针对性地提升专业技能。

如何提升专业度

1. 在做中学:遇到比自己资深的学员时,善于借力,教学相长。
2. 条条大路通罗马:运用多种途径提升专业度。
3. 处处留心皆学问,机会在每一份工作中。

蜕变篇

问题树课程开发模型

走了很多弯路，遇到不少挫折后，我们开始认识到：培训是一种特殊的沟通，"投其所好"比"滔滔不绝"更有效，量身定制成为达到学以致用的最有效途径。而问题树课程开发模型，将课程开发核心从培训师和课程转移到了学员，并利用一环扣一环的步骤和方法，帮助我们找对问题，明确对策，以此作为课程开发的基础，确保了真正适合客户的课程设计。

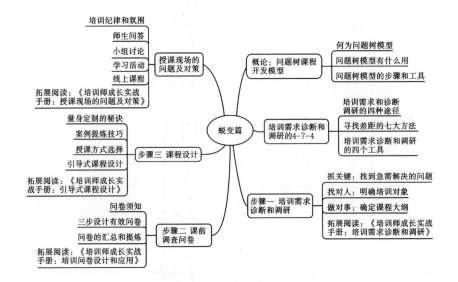

第一节 思维变革——问题树课程开发模型

不少培训师在课程开发方面下了很多功夫,但结果却是老板不认可,学员不买账……这逼着大家思考自己到底哪里做错了。

很多读者看了本书后,特意来告诉我:书中"问题树课程开发模型"(以下简称"问题树模型"),让自己找到了问题的症结所在。

我问:"为什么这么说呢?"

回答:"运用问题树模型的两个核心理念,可以解决自己困扰的问题:要得到老板的认可,必须以终为始,从企业和部门急需解决的问题入手;想要学员买账,必须以学员为中心,内容上对症下药,授课时因材施教。"

那么,问题树模型为什么能有如此的魔力呢?我们先从源头"什么是问题树模型"开始了解。

一、何为问题树模型

(一)什么是问题树

问题树由"问题"和"树"组成,如图3-1所示。

图 3-1 什么是问题树

从图3-1中可以看到:

(1)"问题"是指起点为问题,目标是问题的解决。

(2)"树"是问题树模型中的两个核心工具:问题树到对策树,这是问题解决的过程。

(二)什么是问题树模型

问题树模型,是以解决问题为中心,结合问题分析和改善的方法、工具,运用问题树和对策树这两个树形图量身定制课程,帮助企业改善问题的课程开发模型。

从图 3-2 可以看到,问题树模型的起点是企业或培训需求部门的问题,终点是问题的解决。

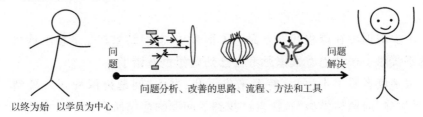

图 3-2　什么是问题树模型

二、问题树模型有什么用

要回答这个问题,就要先了解问题树模型与传统课程开发模式有什么不同,见图 3-3。

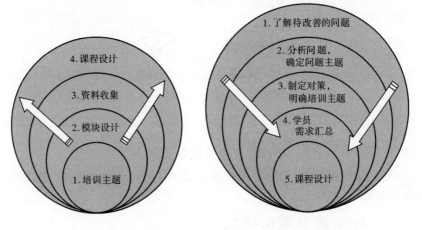

图 3-3　问题树模型与传统课程开发模式的不同

1. 解决培训诸多困境

从图3-3可以看到:问题树模型作为企业内训师TTT的核心工具,是针对企业内训师的特点和需求而开发的。

众所周知,大多数企业内训师在企业中的培训有着课程类别杂、培训时间短、培训效果要求高等特点,如果按照传统的课程开发模式,可能会出现以下问题:

(1)培训只有2~3个小时,课件内容却6个小时也不够,怎么办?

(2)收集到了太多相关资料,觉得都很不错,但如何取舍?

(3)太多理论或案例与企业和学员的实际需求相差太远,如何解决?

破解上述这些问题,就是问题树模型的第一个作用,具体做法等您看完本章就有答案了。

2. 量身定制课程

针对性是企业内训的生命,大而全的公开课已经无法适应个性化时代的学员需求。为此,问题树模型提供了一整套流程、工具和方法,帮助大家量身定制课程内容,并进行有效的学习活动设计。

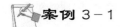

案例 3-1

快速开发课程

零售企业的内训师张岑,临时接到领导分配的课程开发任务,需要七天内开发一个"新任店长卖场陈列技巧攻略"的培训。他刚参加过问题树模型培训。于是,他借助店长来总部开会的机会,两天内就开发出了课程,具体是怎么做到的呢?

步骤一 收集"问题树"内容

张岑事先跟领导沟通,在第一天的店长会议结束后,争取到了两个小时做需求调研。具体步骤如下:

(1)说明背景,提出要求:请每个人在便利贴上写出三个"新任店长在卖场陈列中急需解决的问题"(要求事实描述),他做了示范。

(2)每个人将自己写的便利贴张贴在墙上的大白纸上。

(3)针对所写内容,大家互相提问、解答后,进行分类、命名。

(4)张岑圈出便利贴最多的三列,让每人投四票,选出急需解决的问题点。

(5)张岑选择投票数最高的前七个问题点,制作了"问题树"。

步骤二　提供"对策树"

完成"问题树"后,张岑邀请了五位资深店长一起来提供对策。步骤如下:

(1)大家一起头脑风暴,针对"问题树"上的内容,逐一提供对策。

(2)将对策进行汇总、分类,制作"对策树"。

(3)对"对策树"上的内容进行内容编排、润色,形成课程大纲。

(4)包装培训主题。

至此,张岑完成初步的课程大纲,在店长会议结束前,就提交了课程大纲,得到了领导的赞赏和表扬。

【案例分析】

张岑快速开发课程的法宝有两个:一是借助了"问题树模型"的"问题树"和"对策树";二是借助了学员和企业的"专家"。首先从学员入手通过共创找到最急需解决的七个问题点,形成"问题树";其次将"问题树"抛给资深店长,他们是企业这方面的"专家",擅长提供解决方案,由此形成了"对策树";最后,张岑发挥培训师归纳和总结的专长,快速开发出了课程。

3. 呈现培训价值

很多 HR 和内训师抱怨:自己整天加班加点做培训,结果公司业绩下降,就说是培训没做好;而公司业绩上升,却说跟培训没关系。这样的困境主要源自我们无法证明培训的效果。培训是否有效果,口说无凭。

那该怎么做呢?我们可以按照问题树模型的流程,先进行培训需求诊断和调研,据此明确学员培训后应该有哪些行为改变;然后从过程和结果两方面,来呈现培训的价值。图 3-4 是运用问题树模型解决企业问题的流程。

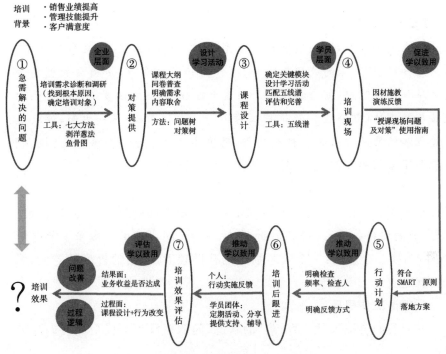

图 3-4 通过问题树模型解决企业问题的流程

案例 3-2

拥有话语权的 HR

罗森是一家企业的 HR,他刚加入公司时,只要老板或部门领导提出培训要求,他就立刻执行。但从学员的反馈来看,培训效果并不好,自己在公司也没有什么话语权,工作难以开展。罗森参加问题树模型培训后,认识到 HR 要有全局观和系统思考,需要将每一次的培训做成闭环的项目。于是,他将图 3-4 作为自己的工作流程,每次先找到公司、领导或学员急需解决的问题,再经过诊断和调研找到共性的问题点,然后对症下药开发课程,并通过引导式的课程激发学员参与的积极性,促进培训后的运用。每次培训后,他都先提交一份书面的总结,清晰地展示出各项工作的过程。同时,培训结束后 1～2 个月,他再附上培训后跟进的数据,作为培训效果的证据……这样坚持一年后,罗森在企业中的评价越来越高,连老板都说他专业,领导更是放手,很多事情直接让他自己做主。

【案例分析】

罗森刚加入公司时,误将培训要求等同于培训需求,结果事倍功半。后来他按照图3-4的流程来操作,以终为始开发课程,用项目管理的方式对培训继续跟进、复盘和总结。在这个过程中,一方面罗森确保自己在做正确的事情(即企业和领导关心的事情),方向正确;另一方面,他收集了过程和结果两方面的资料和数据,用事实证明了培训效果,让老板、领导看到了培训的价值,也看到了他这个人的价值。

常听到有人抱怨老板、领导和学员,觉得他们不配合、不认可自己。此时,更需要自我反省:我对企业、老板、领导、同事和员工带来了哪些帮助。因为换一个思路:一个人对别人的帮助越大,自己的价值就越大,影响力就越大。

4. 理清工作思路

有时我们会陷入"忙、盲、茫"的状态,问题树模型可以帮助我们理清思路。

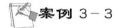

案例 3-3

撰写《晋升管理办法》

HR李欣在写《晋升管理办法》时,采用了下面的步骤:
① 召集管理者们开会,请大家说出自己关心的问题,并记录。
② 将大家关心的问题进行汇总。
③ 针对这些问题提供对策,撰写相应的内容。

当李欣将写出的初稿发给大家阅读时,管理者们都反馈没问题了。老板也认为这份《晋升管理办法》高效且实用,对李欣大为赞赏。

【案例分析】

李欣运用了问题树模型中"以终为始"的理念以及核心工具"问题树(步骤①、②)—对策树(步骤③)"来梳理《晋升管理办法》的内容。其中,以终为始确保了所写的《晋升管理办法》能达到目的,了解管理者们关心的问题,汇总为问题树,然后针对问题树上的内容一一提供对策,汇总成稿。这个过程运用的就是问题树模型中课程大纲产生的步骤。

案例 3-4

成功的早会

岳腾是一家制造型企业的班长,公司规定每天早上有20分钟的早会。于是,他每天在生产线巡查时,遇到问题就记录下来,并跟当事人了解情况。每天下班前,他会结合各项数据,将当天工作中的问题点梳理后写在一张A4纸上。第二天开会时,在"问题解决"环节,他展示这张A4纸,与员工一起分析原因,讨论对策,并记录下来。别的班早会时只有班长说话,气氛尴尬,而岳腾所带的班早会时气氛热烈,问题大多得到了解决。他很快就被提升为主管。

【案例分析】

岳腾运用了问题树模型中"以终为始"和"以学员为中心"的理念,先使用问题树模型中培训需求调研七大方法中的数据资料分析、行为观察、面谈沟通等方法来收集问题,然后带着员工头脑风暴,运用问题树模型的核心工具"问题树—对策树"来解决问题。

5. 进行时间管理

无论工作、生活,还是自我成长中,时间都是很稀缺的资源。很多忙乱的源头是缺乏判断事情优先级的依据,而问题树模型中的"以终为始"为我们提供了方向。这里的"终"提醒我们回到初衷,思考做某件事的目的,从而判断其重要性和优先级。

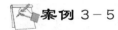
案例 3-5

"直播商品"培训

内训师张玲正为新人培训忙得不可开交,领导临时要她做一次"直播商品"培训。于是,她问领导:"您希望解决什么问题或大家对商品学习有哪些不满意吗?"领导说不出来,也就不再强行要求做这个培训了。

【案例分析】

张玲运用了问题树模型中的"以终为始"和"课程开发前五问"(背景、学员、目标、内容、方式)中的"背景"。从领导的表现来看,他可能只是随便说说。张玲的提问使自己避免了一次不必要的培训,也为自己赢得了更多可控时间。

案例 3-6

思维发散的领导

内训师李浩的领导喜欢拉着他一起修改课程,但领导思维很发散,经常有一半的时间都在偏题中,李浩不好意打断他,结果一不小心就耗掉半天时间。参加过问题树模型培训后,李浩就尝试在领导偏题时说:"我们看看这样做的目的是什么?"通过这样的方式,一次次将领导拉回正轨,时间也节省了一半。

【案例分析】

李浩运用问题树模型中的"以终为始",通过询问目的,成功地将领导从偏题中拉回来,也为自己节省了很多时间。

6. 改善亲子沟通

现在的父母太难了,很多人觉得跟各种工作、生活压力相比,最让人头疼的是亲子沟通。问题树模型中的七大方法、剥洋葱法等都能帮助我们改善亲子沟通。

案例 3-7

与女儿的沟通

杨华有个青春期的女儿,两个人一说话就吵架。参加过问题树模型培训后,她先尝试着区分事实和判断,避免给孩子贴标签。

例如,当她看到女儿在看手机时,以前她会说"又在玩手机"(主观判断),女儿要么不理会,要么怒掉她。现在她会说:"我记得你说8点要参加网课,现在还有10分钟,要不要去阳台休息一下眼睛?"女儿虽然没做回应,但两分钟后就去阳台了。

这让杨华尝到了甜头,不但尽量用事实跟女儿交流,还运用剥洋葱来解决问题。

一天早餐时,杨华看到女儿没精打采的,原本想说:"是不是昨晚看手机太晚了?"突然意识到不对,就问:"感觉你今天没精神,是不舒服吗?"

女儿:"没有,就是昨天睡得太晚了。"

杨华:"复习功课别太晚,身体要紧。"

女儿:"还好了,就是昨天数学作业漏做了一张卷子,临睡前才发现的。"

杨华："哦,那今天抽空补补觉吧,要不学习没精神。"

女儿："嗯。"

杨华："我记得你这周的周一和周三也漏做作业了,想过用什么方法避免吗?"

女儿："以前我太相信自己的脑子了。以后我把所有作业记在一个本子上,做完再核对一下。"

……

通过用事实代替主观判断和剥洋葱的方法,杨华跟女儿的沟通不再鸡飞狗跳,慢慢变得平和起来。之前在家很少主动说话的女儿跟她的话也多了起来,以前总是眉头紧锁的杨华也眉开眼笑了。

【案例分析】

事实描述是剥洋葱法成功的关键。杨华看到女儿在看手机,她一方面用事实(8点要上网课,还有10分钟)来提醒女儿,另一方面,用建议(要不要去阳台休息一下眼睛)来代替命令,这让女儿感觉到了善意和尊重,从而采纳了她的建议。

当杨华先用观察法,看到女儿没精神时,原本想问的话是主观判断,只要问出口,肯定会让女儿不快。她意识到后,改问是否身体不舒服,这让女儿感觉到被关心,也放下戒备。后面的沟通中,杨华很好地处理了女儿的心情,不但找到了问题的症结所在(漏做了一张卷子),还用事实(这周一和周三也有遗漏作业的情况)来引导女儿思考了对策。

7. 进行问题分析

问题树模型本身就是一整套问题分析和改善的理念、流程、工具和方法。我们每个人的一生每天都在分析和解决问题中度过。遇到同样的事情,个人的问题分析和解决能力不同,将导致不同的结果,最终形成不同的人生。

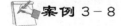
案例 3-8

从"刺头"到受欢迎

参加过问题树模型培训的学员陈志反馈自己现在的人际关系改善了。

我问及原因,他说:"以前工作中遇到问题,我会觉得是别人不配合,还去找人家吵架,被同事们送外号'刺头',大家都躲着我。现在出现问题后,我会先画张鱼骨图,简单分析一下,如果是自己的原因就默默改善,如果是别人的原因,就拿着证据去沟通。这样下来,不但很少跟人吵架,大家的配合度也高了。"

我问:"你觉得是什么原因呢?"

陈志说:"以前我不懂得如何分析问题,遇到事情也比较主观,觉得都是别人的责任。参加过问题树模型培训后,我对您说的'事有不得,反求诸己'印象深刻,就常提醒自己做反省。培训现场我们小组在鱼骨图制作过程中非常纠结,给了我很多启发。培训后,我就尝试着在工作中运用,发现这是一个帮助自己客观分析问题的好工具。而且,如果是别人的原因,我也不会像以前那样气势汹汹,而是以终为始来思考,不断提醒自己是来解决问题的,吵架会适得其反。没想到我做了点小改变,别人都很配合,而且自己现在还挺受欢迎的。"

【案例分析】

陈志参加过问题树模型培训后,首先意识到了自己的主观判断,其次运用鱼骨图(问题树模型中的四大工具之一)来帮助自己客观分析,最后根据分析的结果采取不同的措施。"以终为始"是问题树模型的两个核心理念之一,陈志就是运用这个理念提醒自己避免吵架,代之以事实说话,寻求问题的解决。这样的做法,让他减少了主观判断,能够客观分析和有效沟通,不但解决了问题,还成了受同事们欢迎的人。

陈志改善的是职场人际关系,有不少学员参加培训后,运用问题树模型改善了婆媳关系、夫妻关系。您也可以尝试一下,看看有什么惊喜?

8. 制定行动地图

常有人说:"苏老师,很佩服您能将自己的工作、生活安排得井井有条,而我每天都生活在忙乱中。"

是啊!我不仅将工作、生活安排得井井有条,每天还能抽出2~3小时看书、写读书笔记、画墨竹……为什么?秘诀就是我践行了问题树模型的理念、工具和方法。

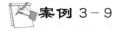
案例 3-9

我的行动地图

以2021年为例,我运用问题树模型中的"以终为始"来规划自己的行动地图。以下是四个步骤:

①明确我的身份。先回答我是谁,然后列出自己的各种身份,如妈妈、职业培训师、妻子等。

②各种角色排序。基于自己的价值观,将这些角色进行重要性排序,依次为:中国培训师沙龙(以下简称为"沙龙")创始人、妈妈、职业培训师。

③基于角色的要事安排。列出关键角色对应的事情,见表3-1。

表3-1 与关键角色对应的事项

角色	相关事项	备注
沙龙创始人	规划沙龙各阶段重点,辅导CEO和群主,完善群管理	1.沙龙有近30个群(其中20个线下活动群基本上都是我在维护) 2.跟进沙龙各项事务 3.建立和维持沙龙管理梯队 4.处理各种突发事件
妈妈	吃喝拉撒、学习、玩	1.除了坐月子,其余时间都是我跟先生轮流带孩子 2.每个月的23号,写一篇悦悦成长日志,记录他最近一个月的成长和变化 3.上小学后,平均每天陪他做作业5~6小时 4.其他
职业培训师	培训、写书、自我学习和充电	1.每次课程都花1个月时间,在需求调研的基础上量身定制 2.出版了5本书,刚写完了第6本培训工具书 3.每天2~3个小时看书,写读书笔记(出差除外),晚上在管理员群发一张读书笔记图片,5年写了15本读书笔记

④根据③的事情进行自己每年、每月、每周、每天的时间安排,见表3-2。

表3-2 基于关键角色的要事安排

分类	时间	要事	任务分解	关键角色
每年	11月18日前的周末	沙龙周年庆	从8月份开始征集主题到11月周年庆结束	沙龙创始人
	5月初	沙龙群主、优秀管理员游学	3月开始策划、4月确定举办城市	沙龙创始人
	4月、10月	"问题树课程开发模型""引导式课程设计"	4月:给上半年度沙龙优秀管理员的奖励;10月:作为申办沙龙周年庆失利城市的福利	沙龙创始人
	7月、12月	回汉中陪伴父母	7月,一家三口回去一个月;12月,我一个人回去两周	女儿

续表

分类	时间	要事	任务分解	关键角色
每月	23号	发一篇悦悦成长日志	每天拍照片,发QQ说说和微博	妈妈
每周	周二晚上 20:30—22:00	沙龙群主周会(隔周开)"掌上沙龙"会议	跟进周会议程和微课程完成情况,参加会议	沙龙创始人
	周三晚上 20:30—21:30	管理员团圆日(每周开)	跟进周会议程和发布情况,参加会议	
	周四下午	沙龙管理员群"开讲啦"	跟进每周"开讲啦"的嘉宾邀请情况并参与	
	某晚21:00左右	给父母打电话	了解他们的身体、生活状况,陪他们聊天	女儿
每天	早餐前或后	读《诗经》	为生僻字注音,在微博和QQ说说发布读书笔记	职业培训师
	早上 7:30—10:30	写书《授课现场的问题及对策》	先完成文字再配图	
	晚上 20:30	在沙龙管理员总群交作业:读书笔记和墨竹	1.下午写正式的读书笔记(2小时左右)2.晚上19:40—20:20画一幅竹	
	16:00—21:00	辅导悦悦做作业	讲解他不会的题目,督促学习习惯养成	妈妈

【案例分析】

我从自己的角色排序开始,先列出对应的要事,再将其分配到每年、每月、每周、每天的固定时段。在相应的时间规划和执行时,也优先进行表3-2中的事项,这样就确保要事先完成,避免了拖延。

这样的做法,相当于每时每刻自己心中都有一张非常清晰的地图,标明了每个时间段自己要达到的目的。一方面在遇到突发事件和纠结时,这张地图可以帮助我快速做出决定;另一方面,也能避免遗憾。

问题树模型的作用远远不止上述八个方面,因篇幅所限,就不一一列举了。也期待您在读书和运用的过程中一点点发掘。

三、问题树模型的步骤和工具

看完前面的问题树模型运用案例,您是不是很好奇:问题树模型为什么这么强大呢?让我们系统了解一下问题树模型的理念、工具和方法吧。

1. 问题树模型的两个核心理念

从前面的内容,可以得到问题树模型的两个核心理念:以终为始、以学员为中心。其中,以终为始,解决了 HR 和培训师们最头疼的问题"如何平衡企业、领导和学员的需求",给我们提供清晰的课程开发思路。

为什么这么说呢?

如果我们被动地按照老板、学员的要求去做,就会像图 3-5 的小人一样,被动地背着三座大山无所适从。因为立场的不同,从老板、领导到基层员工的需求都不同,硬性整合的结果,就会导致内容全面但没有重点的情况。

图 3-5 如何平衡企业、领导和学员的需求

我们要用以终为始的理念来思考为什么要做这个培训,想要解决什么问题。

要解决的问题,就是培训需求冰山模型中浮在冰上的问题。问题是可见的,通常老板和学员都能说出来,如不良品增加、客户抱怨增多等,但这些问题是什么原因导致的呢?

如果不加以分析,是很难找到准确的答案的。当我们通过诊断和调研,找到导致这个问题的要因,并确定为培训可以解决的问题时,对症下药地设计课程,才成为可能。否则,闭门造车开发出来的课程,无论再系统、再全面,即使运用了高超的授课技巧,对"学以致用"也不一定会有帮助。

以学员为中心,是指在课程开发的全过程中,需要充分了解学员基本资料(职务、学历、经验)、工作流程、职责范围、问题和困惑等,从帮助学员解决问题的角度出发,进行课程的开发和设计。内容方面,不求大而全,但需聚焦,增加针对性和实用性;授课方式方面,不唯形式和热闹,而重演练,强调引导、激励和因材施教。

2. 问题树模型的三步骤

问题树模型,遵循"以终为始""以学员为中心"的理念,在培训需求诊断和调研的基础上,进行课程开发。

图3-6是问题树课程开发模型的三步骤,分别对应了三本《培训师成长实战手册》。

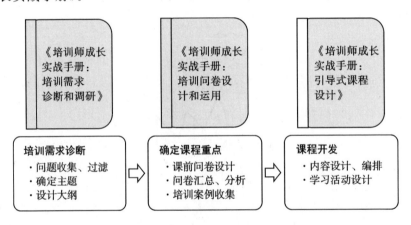

图3-6 问题树课程开发模型三步骤及对应的实操手册

除了上述三本实操手册,还有《培训师成长实战手册:授课现场的问题及对策》,帮助我们检验对前三本实操手册的运用情况。

看到这里,可能有些读者会问以下问题:

(1)这几本书是否可以不按照顺序读?

答案是:可以的。您可以根据自己目前的需求来选择先读哪本书。例如,已经完成了课件,正在选择合适的授课方式,就可以先看《培训师成长实战手册:引导式课程设计》,帮助自己设计有趣、有效的学习活动,以达成培训目标。如果您正在设计一份问卷,就可以先看《培训师成长实战手册:培训问卷设计和运用》。但这些都是应急的做法,要想开发出学员真正需要的课程,必须从精准的培训需求调研开始,也就是《培训师成长实战手册:培训需求诊断和调研》这本书的内容,它相当于盖房子的地基,如果缺失了这个关键的环节,看起来再"美"的课程内容和活动设计,都只是空中楼阁,后果可想而知。

(2)这几本书能帮我解决哪些问题?

这个问题的答案,见表3-3。

表3-3 这几本书能解决哪些问题

问题	对应的书籍	书中的解决方案
想提升专业度,但不知从何开始	《培训师成长手册》	系统、全面地呈现了从小白到职业培训师的成长路径,其中的关键是蜕变篇中的"问题树模型",这是区分平庸和优秀的分水岭
培训无效,不被认同,出力不讨好	《培训师成长实战手册:培训需求诊断和调研》	提供了科学、严谨的问题分析和改善的流程、工具和方法,确保能抓关键、找对人、做对事,避免方向或对象错误
问卷回收后发现:答非所问、答案过于笼统、汇总信息无帮助,或者套用问卷模板水土不服	《培训师成长实战手册:培训问卷设计和运用》	分享了有效问卷的结构、问卷设计的三个步骤和相关案例,手把手地教您设计有效问卷,并巧妙运用问卷信息为培训目标服务
授课时提问冷场、小组讨论无成果、活动参与不积极、延时等	《培训师成长实战手册:引导式课程设计》	通过一整套环环相扣的流程,运用专业的工具和方法激发学员的学习动机和参与积极性,以达成培训目标
培训现场出现各种"突发状况"和问题	《培训师成长实战手册:授课现场的问题及对策》	针对50个典型的授课场景进行原因分析,并提供授课现场可以采取的措施和前期的预防措施,供课程开发时查询预防和培训后的复盘反思

(3)小白如何快速掌握书中内容?

答案是:用!不管哪本书的内容,觉得能在工作、生活中运用,就马上去实践。在用的过程中再查阅书中内容,理解更深。试错也是一种很好的学习方式,在用后进行反思和总结,更易将内容变成自己的知识和技能。这几本书都是培训工具书,正如书的封面上所写:这是一本拿来用,而非读的书!

至此,我们对问题树模型就有了初步的概念。我做了一个形象的比喻:问题树=华尔兹。大家看看图 3-7,是否有道理呢?

图 3-7　问题树=华尔兹

要想跳出优美的华尔兹,需要全身心的协调和配合。

其中,问题树的核心理念"以终为始、以学员为中心",是我们的两条腿,在跳华尔兹的过程中,起了决定性作用。而问题树模型的三个步骤,分别为我们的头和双手。两个核心理念指引了方向,头手采取行动配合,双脚相辅相成,缺一不可。因为想要得到老板的认可,必须从企业和部门急需解决的问题入手,做正确的事情。要想让学员买账,必须通过精准调研找到学员们共性的问题对症下药,进行课程和学习活动设计。

3. 问题树模型的方法和工具

问题树模型的核心是"问题",通过培训需求诊断和调研找到问题,运用层别法、鱼骨图分析问题,找到需要改善的问题点,再结合鱼骨图和树形图,设计课程大纲和主题。为了全面了解学员需求,要根据课程大纲设计课前调查问卷,运用层别法和树形图,对学员的问卷反馈进行统计、汇总和提炼;从调查问卷中选取案例,并结合学员特点和基础,选择适合的授课方式。

问题树模型的三个步骤使用的方法和工具见表 3-4。

表 3-4　问题树模型的三个步骤及方法、工具

步骤	阶段	关注点	内容	方法和工具
步骤一	培训需求诊断和调研	待改善问题的主因及对策	问题分析、过滤	四个途径、七大方法、剥洋葱
			确定主题	原因型鱼骨图
			设计课程大纲	问题树—对策树
步骤二	确定课程重点	学员需求	设计问卷	三个步骤
			问卷汇总	层别法
			培训案例收集	案例选取三个方法
步骤三	课程开发	学以致用	内容设计、编排	树形图
			学习活动设计	五线谱

问题树模型帮助我们量身定制课程,就像裁缝做衣服,首先要去全方位测量客户的身材。这就是我们要做的第一步:培训需求诊断和调研,也就是下节的内容。

问题树课程开发模型

1. 问题树模型=华尔兹:三个步骤、两个核心理念(以终为始、以学员为中心)。
2. 培训要真正有效,课程内容的针对性和实用性是前提条件。
3. 了解培训需求的冰山模型,从问题分析开始,找到培训能够解决的主要因素,对症下药。

第二节 抽丝剥茧
——培训需求诊断和调研的 4-7-4

经常听到培训师抱怨:培训主题和内容,要么是客户或老板指定,要么是学员要求,自己没有主动权。虽然这种情况很常见,但也并非无法改善。我们被动接受,主要是因为不了解企业、老板和学员的实际情况,没有话语权。如果我们充分运用自己的专业知识,对培训需求进行诊断和调研,就能够化被动为主动。

那么,如何进行培训需求诊断和调研呢?图 3-8 为培训需求诊断和调研四部曲。

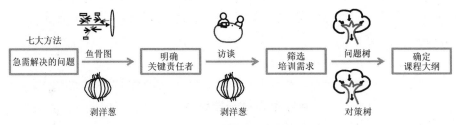

图 3-8 培训需求诊断和调研四部曲

培训需求诊断和调研,是问题树模型的第一个步骤。因为要想将培训做成投资,而非成本,需要找到正确的方向。根据二八定律,找到企业/部门目前最急需解决的问题作为切入点,先找对人(责任者),再区分是培训问题还是咨询问题。若为前者,再筛选培训需求,确定初步的课程大纲内容。

本节介绍培训需求诊断和调研的 4-7-4,即四种途径、七大方法和四个工具,如图 3-9 所示。

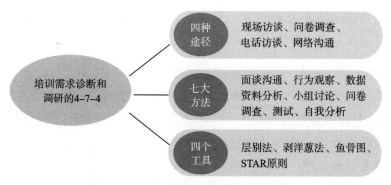

图 3-9 培训需求诊断和调研的 4-7-7

一、培训需求诊断和调研的四种途径

培训需求诊断和调研主要有四种途径:现场访谈、问卷调查、电话访谈、网络沟通。表 3-5 为四种途径的利弊分析。

表 3-5 培训需求诊断和调研途径利弊对比表

途径	利	弊	适用情境
现场访谈	双向沟通,信息深入,直观,及时反馈,建立亲和力,掌握主动权,验证培训需求,案例收集,需求判断	大量信息的筛选,访谈样本小(被访谈人数),时间成本高,障碍大,对访谈人要求高	无地域障碍
问卷调查	信息量大,有针对性,易于汇总,抽样范围广,成本低	单向沟通,理解和表达的落差,真实性不确定,费时,回收率低,问卷设计的专业度要求高	详细了解学员需求
电话访谈	快捷,成本低,方便,反馈及时	时间成本高,沟通障碍大,真实性不确定,样本数量小,对调查人沟通技巧要求高	基础信息收集、诊断和调研阶段,回访
网络沟通	双向沟通,反馈及时,成本低,沟通时的文档资料可即时传输,沟通记录便于整理	时间成本高,信息的真实性不确定,样本数量小	基础信息收集、诊断和调研阶段,回访

现场访谈和问卷调查的方法和技巧，后面的章节会做详细的分享。下面侧重谈谈电话访谈和网络沟通。

（一）电话访谈

电话访谈的难度比现场访谈难度更大。因为交流的双方无法看到彼此的表情，只能通过语言、语气、语调来判断对方的态度和言语的真实性，对访谈者的沟通技巧要求比较高。

1. 准备访谈大纲

与现场访谈一样，电话访谈也需要准备明确的大纲。

2. 快速建立亲和力

当我们只能靠语言、语气跟对方交流时，获得良好的第一印象是访谈成功的关键。而第一印象的建立，并不单纯从电话访谈的那一刻开始，而始于前期的准备工作。

首先，我们需要预约时间。这一方面体现出对被访谈者的尊重，另一方面也便于事先安排访谈人员表，提高访谈效率。在预约时间时，可以跟对方简要说明访谈的目的，以及需要占用的大概时长。

其次，功夫在诗外。预约时间时，就可以建立亲和力，为正式访谈奠定基础。例如，说明目的时，可以说："公司请我过来协助提升团队绩效，我希望了解大家的想法和实际问题，看看我们如何开始。张经理说您很有想法，推荐我来向您请教……"这样的开场，前面部分，用"我们"代替了"你们"，有了"一家人"的感觉，有效地消除了对方的戒备，建立了亲和力；后面部分，抬高对方，放低自身姿态，有利于提升对方的意愿和配合度。

最后，语言、语气运用。打电话时，由于电话那端沉默了好长一段时间，我们以为电话断了，常会说："喂喂，你在听吗？"如果对方说"我在听"，我们可能也会怀疑他是否真的在听，感觉自己没有得到足够的重视。

所以，在电话访谈中，及时给对方回应非常重要。哪怕只是"哦""嗯""真不容易"等简单回应，都能鼓励对方继续交流。

访谈中，用礼貌用语，用征询的语气（您觉得）和通俗的语言，同时配合对方的语速，这些细节都是电话调研成功的基础。

访谈记录，要善于引导问题，及时确认，客观记录被访谈者的观点和描述，切忌自己主观下定论。

案例 3-10

电话访谈记录

跟一家培训机构合作 TTT 课程,我请销售小李先用电话访谈 HR,填写我提供的"企业培训需求表"。反馈给我后,有了下面的对话。

苏平:"怎么'目前的问题点或改善点'栏位是空白的?"

小李:"挑战:随着实战课程的增加,学员既要完成平日的带教培训(如何提高带教质量),又要担负区域课程的完美授课呈现(其中包含授课方式、体验式教学的互动开发、案例的丰富与贴切、授课内容的不断完善……),这些可以吗?"

苏平:"挑战是属于未来的,问题点是他们现在急需解决的,二者还是有差距的。培训是先帮他们解决目前的问题,以后再提高。关于您刚才说的挑战,第一,平日带教培训与区域授课的平衡,可能是人手问题,可能是职责和分工的问题,培训未必能够解决。第二,如果您把括号里面的部分作为培训的重点,也很难。因为没有针对性,这些几乎涵盖了 TTT 所有内容。一次培训的目标不宜太多。"

小李:"我感觉了一下,这个挑战应该就是他们目前希望去做的。"

【案例点评】

做培训需求调研的目的,是对企业的培训背景、目标、要解决的问题点和困惑进行初步了解,以便有针对性地设计课程大纲。

简单地说,任何一个培训主题所涉及的领域都可以很广。我们的前期调研,就是要了解企业需求,缩小范围。如果不能达到这个目的,课前调研就失去了意义。

如此例中,"目前的问题点或改善点"是课程大纲设计的重要依据。这需要我们向访谈对象去具体了解,而非自己感觉或猜测。否则,以此做出的课程大纲,未必能够契合企业和学员的需求。

(二)网络沟通

我们常说网络无极限,这就是网络沟通最大的优势。与现场访谈相比,网络沟通没有地域限制;与问卷相比,网络沟通可以快速反馈和确认;与电话访谈相比,网络沟通可以发布表情,虽然是虚拟的,也可快速建立亲和力，且方便记录的传递和保存。

有了这些优势的同时，网络沟通也有其劣势，例如：QQ、微信是聊天工具，大家已经习惯了比较随意地交流，如使用网络语言，这就带来运用网络进行调研的真实度不够的问题。除非习惯了工作用 QQ 或微信。

因此，作为访谈者，要特别注意自己的措辞，尽量用较正式的语言跟对方沟通。最好在开场时，就说明目的和占用时间，让对方了解到事情的重要性。同时，网络交流可运用文字、视频和语言三种方式，可根据被访者的意愿选择合适的方式。不管用哪种方式，都需要事先准备访谈提纲。这样既避免了文字交流时，因现场打字浪费时间，也方便在视频时，运用文字辅助。如果运用视频，访谈者还需要注意自己的仪容仪表，让对方有被尊重的感觉，也维护自己的专业形象。

二、找到差距的七大方法

我们先看看下面的案例。

张芸："苏老师，您好！"

苏平："好啊！演讲技巧的课程准备如何了？"

张芸："哎呀，我烦死了，现在是千头万绪，不知如何梳理，所以来向您求救。"

苏平："怎么了？烦什么呢？"

张芸："这些天，我上网、买书，收集了很多关于演讲技巧方面的资料，觉得都挺好的，可培训的时间只有 3 个小时。不知道该怎么办好？"

苏平："那您知道公司为什么要做这次培训吗？"

张芸："不知道，领导让做的。"

苏平："这就是您现在困惑的原因了。还记得什么是培训需求吗？"

张芸："您讲过：培训需求就是学员现状和要求或标准的差距。当时还配了个图，我印象很深。可是，如何去找到这个差距呢？"

苏平："下面有七种方法，您可以选择运用。"

培训需求就是学员现状和要求之间的差距。找到差距，并运用培训的方式去缩小这个差距，就是培训的目的。

要找到差距，其实并不难，只要用心去发现，就可以从蛛丝马迹中找到端倪。

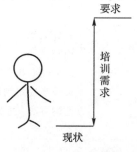

图 3-10 培训需求

1. 七大方法的优缺点

七大方法是指面谈沟通、行为观察、数据资料分析、问卷调查、小组讨论、测试、自我分析。表 3-6 列出了七大方法的优缺点。

表 3-6 七大方法的优缺点

方法	优点	缺点
面谈沟通	1. 直接获得信息,有利于发现培训需求的具体问题,找到问题的原因和解决方法。 2. 可为调查对象提供更多的自由表达自己意见的机会。	1. 耗时较多。 2. 多为定性资料,整理任务繁重,分析难度大。 3. 对调查者的访谈技巧要求较高。
行为观察	1. 不影响被考察对象的正常工作和集体活动。 2. 所得的资料与实际培训需求之间相关性较高。	1. 观察者必须十分熟悉被观察对象所从事的工作程序及工作内容。 2. 观察结果可能受观察者个人的主观因素影响较大。 3. 可能会有误差:如果被观察对象意识到自己被观察,可能故意做出种种假象,这会导致观察结果的误差。
数据资料分析	1. 耗时少。 2. 成本低,便于收集。 3. 信息质量高。	1. 无法显示问题的原因和解决办法。 2. 资料所反映的大都是过去的情况而不是现在的情况或变化。 3. 对技术性强、大量的资料做分析,难度比较大。

续表

方法	优点	缺点
问卷调查	1. 可在短时间内收集到大量的反馈信息。 2. 成本较低。 3. 所得到的信息资料比较规范，容易分类汇总处理。	1. 针对性太强，无法获得问卷之外的内容。 2. 回收率和真实性很难保证。 3. 很难收集到问题产生的原因和解决问题的方法方面的准确信息。
小组讨论	1. 当场发表不同观点，信息获得直接。 2. 有利于最终形成决策。 3. 由于数据分析是由几个人共同进行的，因此减少了调查对象对调查员的依赖。 4. 有助于调查员成为好的问题分析者或者好的倾听者。	1. 时间成本较高。 2. 公开场合部分人可能不愿表达自己的观点和看法。 3. 讨论时比较发散，得到的数据很难合成和分析。 4. 对主持人的控场技巧要求较高。
测试	1. 可帮助确定一个已知问题是由于能力还是态度原因造成的。 2. 测试结果容易量化和比较。	1. 测试需要由专业的人士来操作。 2. 容易出现偏差。测试方法、测试问题、评估标准若选择不当，会直接影响到测试结果的可靠度。
自我分析	容易得到较全面、直接的信息。	信息可能会缺乏一定的真实性。因为人们对个人自我评估一般都是偏高的。

2. 七大方法的使用要点

(1)组合使用。从表 3-6 中可以看到：七大方法各有利弊，为了确保全面、客观，最好选择 2~3 种方法组合运用。例如，在面谈前先通过数据资料分析找到切入点，在行为观察后通过面谈沟通进行确认，在自我分析后查证数据资料进行验证，问卷设计前先通过数据资料分析或面谈沟通确定提问的范围……

(2)数据资料是一种很客观的记录，我们通过各种数据资料(培训记录、岗位职责、工作记录等)的比对和综合分析，可以找到问题点和差距。例如：从当月的"客户抱怨登记表"中，我们发现排名第一位的是"接待人员服务态度差"。我们不能据此就对接待人员进行服务态度的培训，而是通过行为观察和面谈等方式，了解"服务态度差"的具体表现，即哪些言谈举止让客户觉得服务态度差，然后分析原因，再对症下药。

数据资料分析法的成本很低，但作用很大。因为HR手里就有不少现成的数据资料，稍加分析就能发现问题和切入点。但这也是大家容易忽略的一种方法。为了帮助大家发掘身边的资源，我将可利用的数据资料归纳为表3-7。

表3-7 可利用的数据资料

类别	举例	目的
公司介绍	历史、文化、业务、组织架构	深入了解企业
报表资料	产品不良记录、客户抱怨记录	找到目前工作中的主要问题
评估记录	绩效评估报告	寻找学员普遍存在的不足和待改善的问题
人事资料	学员构成、学历、职位	了解学员基础、素质、理解能力和接受度
工作说明	文件、岗位职责、SOP（标准作业程序）	了解岗位内容、职责和流程
工作记录	工作日志	从工作状况中，找到问题和切入点，收集案例
培训记录	培训履历	了解相关主题培训历史，确定内容难易度

案例 3-11

移动 TTT

在给中国移动安徽公司的企业文化培训师们进行的一次TTT培训中，我综合运用了数据资料分析法。

1. 工作说明

了解到本次学员均为兼职培训师，负责全公司各个层级的企业文化培训。

2. 企业文化管理手册

113页的《企业文化管理手册》是学员们进行企业文化培训的主要依据，我认真研读后，从中抽取了核心内容——"企业文化理念体系层次模型"。其中，"员工行为准则"部分，特别列出了管理人员的六大要求。

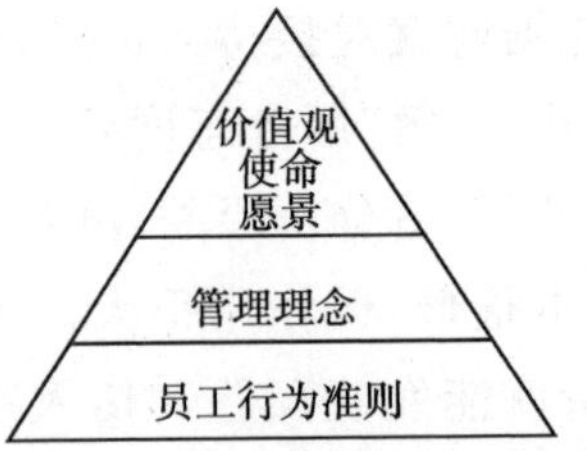

```
        价值观
        使命
        愿景
      管理理念
     员工行为准则
```

图 3-11　企业文化理念体系层次模型

3. 组织架构图

通过对公司组织架构的了解，对学员日常培训对象及其层级，有了清晰的认识。

综合上面的三点，培训时，我请大家根据以下四种学员构成情况，确定企业文化培训的侧重点，并说明原因。

(1) 基层员工；
(2) 各区县经理、主任；
(3) 新进员工；
(4) 各区县全体员工。

这个环节的练习，为学员之后的企业文化培训目标和重点，提供了方向。学员们均反映收获很大！

案例 3-12

欧莱雅 TTT：从学员的课件中抽取案例

为了更真实地还原学员们的日常工作状态，我请其主管提供一份课件，作为案例。我事先到公司的网站看了最新产品发布信息，选择了最新推出的一款产品课件。我先做功课：找到课件中自己认为很专业的名词，先上网查询，了解其含义，再将其通俗化。在培训时，请学员们运用课程中分享的通俗化方法，来诠释这些名词，并交叉进行点评，碰撞出了不少火花。

半年后，我还记得"自由基"(专业名词)是"黄金单身汉"(学员们集思广益后的通俗化解释)。

三、层层聚焦——培训需求诊断和调研的四个工具

除了上述的四种途径和七种方法外,我们还可以借助一些工具,更好地区分咨询和培训目标,透过冰山表面的现象,找到问题的本质。

图3-12是培训需求诊断和调研阶段,我们所运用到的工具箱,包括层别法、鱼骨图、剥洋葱法和STAR原则的运用。这是一个从宏观到微观的过程:我们从培训需要解决的问题出发,通过这些工具的运用,层层聚焦,细化需求,找到培训的主题和目标。

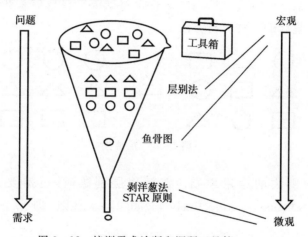

图3-12 培训需求诊断和调研工具箱

(一)区分培训和咨询问题

我们常常遇到的情况是:只要哪个部门或人员出了问题,领导的口头禅就是"你们培训是怎么做的?"。

此时,HR通常觉得自己很委屈,但有口难辩。其实有时,某些问题的产生,并非人的原因,而是体系、制度、文化等需要管理或咨询改善的问题,仅靠培训无法彻底解决。

作为HR,如果我们不能明确区分哪些问题是培训能够解决的,盲目地按领导指令去做,就难免"做得多,错得多"。

如何避免这种情况呢?此时,HR和培训师需要运用自己的专业知识和技能,对问题进行深入的分析,化被动为主动。除了前面提供的四大途径、七大方法外,还要善用图3-12的四个工具。

（二）培训需求诊断和调研的四个工具

1. 层别法

假如我们进入一间挤满了人的房间,要很容易地将大家归类,如何做呢?答案会有很多:

(1)男性站左边,女性站右边。——性别

(2)戴眼镜的站左边,不戴眼镜的站右边。——眼镜

……

上面的分类,使用的就是层别法。

(1)什么是层别法。层别法是指将数据或资料按照某些共同的特征加以分类、统计的一种分析方法。

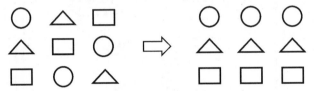

图 3-13 层别法

(2)层别法的运用原则。在运用层别法时,也需要遵循 MECE（mutually exclusive, collectively exhaustive）原则,即完全穷尽、相互独立。

层别法的原则：完全穷尽,相互独立

未穷尽

不独立

图 3-14 MECE 原则

例如,在设计问卷时,常有年龄层次的选项,如果填写者的年龄是 23～55 岁,而选择中最大为 40～50 岁,就属于没有完全穷尽,因为年龄为 55 岁者不在选项之列。如果对一组人进行分类时,分类的依据是头发长短、衣服颜色深浅,就很难有明确的标准。如果有人既可以站在长头发

的一队,又可以站在短头发的一队,就属于没有互相独立的情况。

(3)层别法的运用要点。

①逻辑关系。运用层别法时,要想符合MECE原则,首先要考虑逻辑关系,主要有总分、并列、因果三种关系。在运用层别法做简单分类时,只要注意到总分和并列关系即可。在研究复杂问题时(例如做鱼骨图分析),还需考虑到因果关系。

②层别的分类。运用层别法进行分类,可以从4W(what、where、when、who)或PDCA切入。

针对不同情况,我们可以用下面的方式来区分其"类":

- 事:主观、客观因素/流程
- 现场问题:人、机、料、法、环
- 销售问题:产品、制度、环境、销售技巧
- 投诉、抱怨:产品、售后、态度
- PDCA:计划、执行、检讨、改善
- 人:知识、态度、技能

2. 剥洋葱法

剥洋葱法是一种诊断性技术,用于识别和说明因果关系链,找到问题的根本原因。

剥洋葱法,是通过至少问5个"为什么",对问题一层层剖析,最终找到真相的方法。其中,第一个问题是我们要分析的问题;第二个问题是第一个问题的答案;第三个问题是第二个问题的答案……以此类推。

图3-15 问5个"为什么"

注意:

(1)答案应为事实描述。每个问题的答案,均为事实描述(含转述他人话语),不得下定论(如:小张工作态度差)。

(2)答案应该是人为可以解决的问题。对问题进行分析的目的是解

决或改善问题,如果最后分析出来的答案是我们不可控的(如天气、政府行政命令、金融危机等),则失去了意义。遇到这种情况时,我们需要返回前面的步骤,重新思考或了解可能的原因。

案例 3-13

运用剥洋葱法确定培训需求

李立申:"请问:对于办公室人员培训这方面,能不能给些建议呢?在制度的落地方面有什么好的方法呢?"

苏平:"您为什么要对办公室人员做培训呢?"

李立申:"制度落地差,执行力不够,氛围不好。"

苏平:"请问制度落地差,执行力不够,氛围不好主要有哪些行为表现呢?"

李立申:"如,有流程没有落实,或者部分落实。"

苏平:"具体表现在哪里?"

李立申:"例如:公司要求每人每月要写工作月报,但办公室人员每次都需要返工。"

苏平:"为什么要返工呢?"

李立申:"不符合要求。"

苏平:"例如?"

李立申:"内容比较简单,格式不符合要求。"

苏平:"那几次后,能达到要求吗?"

李立申:"这个不一定,有的返工一次,有的要好几次。"

苏平:"格式有统一规定吗?"

李立申:"没有。"

苏平:"那工作月报具体包括哪些内容,有明确规定吗?"

李立申:"没有,经理就说主要汇报自己本月的工作情况。"

苏平:"那您觉得,这种情况下,返工的责任应该是办公室人员,还是经理?"

李立申:"您这一分析,我觉得应该是经理的责任。如果他明确了工作月报的内容和格式要求,大家就明确了目标,可以一次就完成,不需要多次返工了。其实,这个问题在其他部门也普遍存在。如果要改善这个问题,应该对所有的管理人员进行这方面的培训。"

【案例分析】

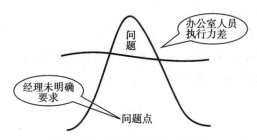

图 3-16　培训需求的冰山模型

如果我们盲目地对办公室人员进行执行力的培训,无法根本解决目前的问题:制度落地差,执行力不够,氛围不好。这些看得见的问题,需要我们透过现象,通过不断追问,了解其根本原因。

启示:正确定义问题,是有效解决问题的前提。

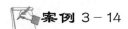案例 3-14

小王为什么情绪激动

一次 TTT 培训后,一位学员小王对于自己没有被评为前三名非常不满,发了微信给 HR 小刘和公司高管,言辞很激烈。小刘多次沟通无效,找我诉苦。于是,我帮他一起分析。

首先,本次的学员是来自全国各地的经销商,每个省只有一个名额。为了鼓励大家参与,小刘事先发了培训通知。下面是我们运用剥洋葱法进行的分析:

为什么小王情绪激动?他觉得没有面子。
为什么没有面子?他很在意名次。
为什么他在意名次?他是冲着奖品来的。
为什么冲着奖品来?公司领导派他来比赛。
为什么派他来比赛?培训通知突出了奖品。

【案例分析】

因为学员是经销商,我们不能硬性要求他们参加培训。为了鼓励大家参加培训,小刘才在培训通知上突出了奖品,没想到适得其反,让大家觉得是来比赛而非培训的。

启示:培训重在收获,比赛只是个辅助的形式。如果发奖品,不体现在培训通知上,这样发奖品时,大家会觉得是意外的惊喜。不可小看了培训通知对学员的引导和暗示作用。

3. 鱼骨图

鱼骨图,又称特性要因图,是一种透过现象看本质的分析方法。任何问题的产生,都可能是多重因素共同作用的结果。如:当我们嗓子疼时,可能是感冒了,也可能是咽喉炎,还可能是没有休息好。其中,嗓子疼,就是问题的特性,感冒、咽喉炎、没休息好都是影响到"嗓子疼"的因素。当我们把这些因素按照关联性整理成图时,就形成了下面的特性要因图(鱼骨图),见图 3-17。

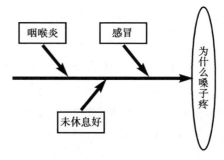

图 3-17 鱼骨图

由此,我们就可以更好地理解特性要因图的定义:问题的特性总是受到一些因素的影响,我们通过头脑风暴法找出这些因素,并将它们与特性值一起,按相互关联性整理而成的层次分明、条理清楚,并标出重要因素的图形就叫特性要因图。因其形状如鱼骨,所以又叫鱼骨图。

鱼骨图分为三大类型:整理问题型鱼骨图、原因型鱼骨图、对策型鱼骨图(见图 3-18)。

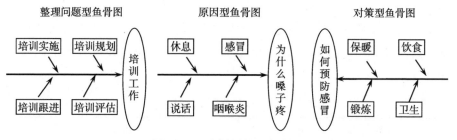

图 3-18　鱼骨图的三大类型

问题树模型中,在确定培训主题和设计课程大纲阶段,分别使用原因型鱼骨图和对策型鱼骨图。

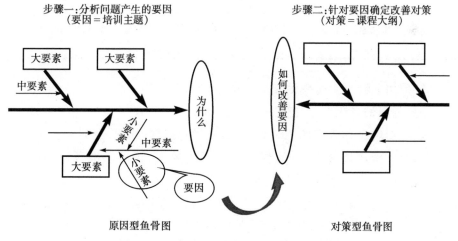

图 3-19　从原因型鱼骨图到对策型鱼骨图

(1)如何制作原因型鱼骨图。在区分培训和咨询问题时,我们使用的是原因型鱼骨图。原因型鱼骨图,鱼头在右,特性值通常以"为什么……"来写。

步骤如下:

①填写鱼头(为什么……),画出主骨。

②画出大骨,填写大要因(如:人、机、料、法、环)。

③画出中骨、小骨,填写中小要因(如:人这个大要素包括人的态度、知识、技能;人的技能这个中要素又可以细化为相关技能,如设备操作技能、产品鉴别技能等)。

④用特殊符号标识重要因素(用排除法对中、小要素进行筛选,找出

影响问题产生的主要因素,并标注出来)——关键。

(2)原因型鱼骨图的用途。将原因型鱼骨图用于培训需求诊断和调研时,鱼骨图的用途因目的不同而不同。表3-8为原因型鱼骨图的两个用途。

表3-8 原因型鱼骨图的用途

序号	用途	目的	具体做法
1	问题地图	为此类问题的分析提供通用的框架和模板	将频发的典型问题,制作成通用的鱼骨图模板
2	确定培训目的和对象	区分培训和咨询问题,采取相应对策	找到关键要因,区分是咨询(制度、流程)还是培训问题。若是培训问题,根据责任者和关键要因,确定培训对象和目的(需要解决的具体问题)

(3)使用原因型鱼骨图的注意事项。

①鱼骨图的各大要素之间,是并列关系。

例如,影响工作效率的三个大要素(人为):态度、知识、技能。

又如,一个培训课程,按流程可分为三大要素:培训前准备、培训中(现场授课)、培训后追踪。若分为:培训前准备、课程设计、培训后追踪,就不符合逻辑。因为课程设计,是"培训前准备"下面的一个中要素,属于包含与被包含关系,非并列关系,跟培训后追踪属于不同的层级。

②鱼骨图的每个大要素,与下面的中、小要素之间,是包含和被包含关系,即层层聚焦,越来越细化。

③鱼骨图的中、小要素均为中性词。例如,重视度、执行力、态度等。因为鱼骨图制作的过程中,所有的要素都只是导致鱼头问题的"嫌疑犯",经过鱼骨图分析后,才能确定谁是导致鱼头问题的真因。如果在鱼骨图上直接用"不重视、执行不力、态度不好"等措辞,还没开始进行分析就被"定罪"了,鱼骨图涉及的各相关方会很不爽,难以客观冷静地进行后面的分析,从而导致鱼骨图的运用难以进行或效果不佳。

有人说:"我不知道如何做这个原因型鱼骨图,怎么办呢?"我们可以发挥众人的智慧。我们可以召集或请教跟问题相关的专业人士集思广益,共同完成这个鱼骨图。所以,如何去做这个鱼骨图,有两种情况:

①当自己对该问题(培训要解决的问题)涉及的内容非常专业、经验丰富时,可自行完成鱼骨图。

②当自己对该问题涉及的内容不够专业,或欠缺了解时,可请教专业人士或熟悉情况的人,在他们的协助下完成鱼骨图。

(4)如何运用原因型鱼骨图。当我们做好了原因型鱼骨图后,如何去运用呢?让我们回到前面"嗓子疼"的案例。

当我们去医院,跟医生说"嗓子疼"时,是否有医生直接就给我们开止疼药呢?这个问题,我在很多次的培训中问过学员,大多数都说没有。若真是直接开止疼药,我们只能说这位医生是位庸医了。

一般情况下,当医生听到我们说"嗓子疼"时,会在大脑中快速做出这个鱼骨图,将可能导致"嗓子疼"的原因一一列出。然后,医生会询问我们病症,以此确定到底是哪方面因素所致。

以图3-17为例,医生根据我们所描述的症状,用排除法来确定导致嗓子疼的原因。若是感冒,则开感冒药;若为咽喉炎,则开消炎药;若只是没有休息好,就不需要吃药了。

从这个例子可以看出,原因型鱼骨图运用在培训诊断和调研时,可以给我们分析问题提供思路——导致问题发生的原因有哪些,给访谈大纲的制定提供依据。例如:如果导致该问题的原因有三个,我们在访谈大纲设计时,至少要有三个问题,将这三个原因逐一了解,筛选排除后,方可确定主因,而这个主因,应该是培训能够解决的问题,方可作为培训目标。

通常,我们建议:原因型鱼骨图的大要素不超过5个。根据公司的实际情况,选择影响最大的要素进行分析,以免在后续的诊断和调研中注意力过于分散,对寻找主因造成人为困难。

4. STAR原则

STAR原则,即situation(情景)、task(任务)、action(行动)和result(结果)四个英文单词的首字母组合。STAR原则是结构化面试中非常重要的一个理论,这里借用到现场访谈中,用于澄清被访谈者所描述的事实。

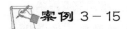

案例 3-15

仓库的人难沟通

我们对生产单位的小张进行访谈询问跨部门的沟通问题。

小张:"仓库的人就很难沟通。"

问:"您是否能举例说明:在什么情况下(背景),关于什么事情(任务)呢?"

小张:"就拿昨天来说吧,业务突然下单增加了我手头的订单数量,一看交货期很急,我马上就去仓库找小刘,让他赶快发料给我,他不肯给。"

问:"那您怎么办?结果是?"

小张:"我说等领导回来,补签领料单给他,他坚持不肯(行动)。我只好回来,去找主管签名(结果)。"

【案例分析】

通过案例的对话,我们可以发现:并不是小刘很难沟通,而是对方没有按规定流程做事。STAR 原则的运用,使我们将对方要表达的内容,限定在了 STAR 的四个要素中,我们便可以有针对性地了解问题的前因后果,澄清事实。

通过 STAR 原则,我们虽然了解到"仓库的人难沟通"这个问题的事实,但还没有找到真相。下面接着用剥洋葱法进行追问:

接着上述的小刘拒绝发料的案例。

问:"他为什么不肯给您发料呢?"

小张:"他说领料单上没有我主管的签名。"

问:"为什么没有主管签名呢?"

小张:"主管不在现场。"

问:"为什么主管不在现场?"

小张:"他去接电话了。"

问:"为什么不能等到主管接电话回来?"

小张:"我又不是不给,不就晚点吗?下班前统一让主管补上就行了。"

【案例分析】

至此,我们就很清楚地知道:对方一开始说的"小刘很难沟通"并不是事实。事实是:小张为了图省事,未按公司规定流程提交领料单。这是小张自身的工作态度问题,而非仓库或小刘难沟通。

培训需求诊断和调研

1. 培训需求,是学员现状与要求或标准的差距。
2. 培训需求诊断和调研的 4-7-4
   - 四种途径:现场访谈、问卷调查、电话访谈、网络沟通
   - 七大方法:面谈沟通、行为观察、数据资料分析、问卷调查、小组讨论、测试、自我分析
   - 四个工具:层别法、鱼骨图、剥洋葱法、STAR 原则

第三节　对症下药——确定课程大纲

工欲善其事,必先利其器,了解了第二节需求诊断和调研的4-7-4(四种途径、七大方法和四个工具)后,就可以按照图3-20的三个步骤来确定课程大纲了。

图3-20　三步确定课程大纲

一、抓关键:找到急需解决的问题

很多HR抱怨:每天都忙忙碌碌,工作量很大,但得不到认可,自己没有成就感。此时,如果再询问其工作的依据,就会发现一个共同特点:他们更关注自己想做的事情,而非公司、领导关心的事情。例如,刚到一家新的公司,还没有完全熟悉企业的流程、业务,就要建立全新的培训体系,而忽略了老板目前最头疼的销售业绩问题。在这种"以自我为中心"的思维下做事情,其结果肯定是出力不讨好。

那么,这样的困境要如何破呢?答案是:运用科学、专业的工具和方法,先抓关键,找到公司和部门急需解决的问题。这是将培训做成投资的前提条件。

(一)什么是关键

这里的"关键"不是自己认为的关键,主要包括以下三个方面:

1. who 的问题

老板、领导关心的问题,企业和部门最急需解决的问题,才是关键。

2. what 的问题

关键是问题表象下的本质。例如,老板说的员工执行力差是培训需求冰山上的表象,通过剥洋葱发现他真正想要解决的问题是销售业绩未达标。如果没有深入挖掘,立刻去做"员工执行力"的培训,并不能解决销售业绩的问题。

3. 聚焦

关键是指众多问题中的关键要因。例如,针对一个问题的原因型鱼骨图上,有众多的大、中、小要素,但导致该问题的真因,通常是其中的一个关键小要因。我看到有些读者在制作鱼骨图时,只停留在中要素上,例如销售人员的知识,那到底是企业/行业/产品/销售中的哪一个呢,如果没有明确,就会导致针对"知识"的对策(即课程大纲)内容大而全,失去了针对性。

(二)为什么要抓关键

从上面"什么是关键"的三个方面可以找到原因:

(1)有利于自己的工作开展。围绕着老板、领导关注的问题展开工作,更容易得到支持和配合。

(2)更容易体现出工作价值。透过问题的表象找到真正要解决的问题,做正确的事情,更能体现出自身的价值,提升话语权。

(3)便于时间管理。聚焦关键要因后,可以将有限的时间和精力放在做正确的事情上,更有助于高效运用时间。

(三)如何抓关键

我们所做的工作是否有价值,自己说了不算,要我们的内部顾客来评价。真正有价值的培训,一定是对公司和业务最有帮助的培训。无论什么样的公司,培训的预算、人手都是有限的,如何才能将有限的预算和人手,发挥出最大的价值呢?答案是三急:急公司所急,急业务所急,急学员所急。下面是具体的做法。

1. 关注投资者利益

通过数据资料分析或访谈法,了解公司、老板目前急需解决的问题是什么。

2. 区分培训要求与培训需求

运用前面的工具箱,先挖掘培训要求背后的真实需求,然后再对症下药。表3-9列出了常见的五类培训需求来源及对策。

表3-9 五类培训需求来源及对策

序号	培训需求来源	对策	工具箱
1	老板指定某个培训	了解培训的背景	剥洋葱、七大方法
2	需求部门领导要求做某个培训	询问领导通过培训希望解决的问题和达成的标准	层别法、七大方法、鱼骨图
3	年度培训需求	两个方向、三个维度、四个层次	四大途径、七大方法
4	配合公司项目	了解专案的背景、目标和活动计划,进行人力盘点和评估	层别法、七大方法
5	HR自己想做点什么	为大势服务、找痛点	剥洋葱、七大方法

其中,针对年度培训需求进行挖掘,有下面的2-3-4。

(1)两个方向。前面我们谈到了要将培训做成投资而非成本,需要关注投资人,也就是老板的利益。这需要站在老板的角度来看问题,几乎所有的管理指标,都可以从提升和降低两个方向来考虑。图3-21是从输出、质量、成本和时间来举例,呈现出需要提升和降低的参考数据。

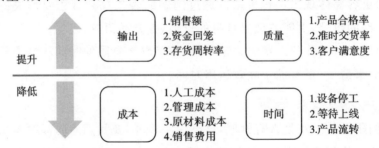

图3-21 年度培训需求挖掘的两个方向

(2)三个维度。在进行年度培训需求的挖掘时,可以从过去、现在、未来三个维度来进行,详见表3-10。

表3-10 年度培训需求挖掘的三个维度

维度	目的	切入点	举例
过去	找差距	从问题入手	公司最棘手的问题
现在	求稳定	从维持日常工作入手	新员工入职培训
未来	寻发展	从战略、目标入手	公司1~5年的发展目标

①过去：分析历史资料，找准方向。过去的历史资料，为我们培训提供了很多参考。从公司最棘手的问题，如销售额下降、人员流动率高等入手，进行鱼骨图分析。作为单一课程，我们只需要根据二八原则，对鱼骨图分析结果中的一个关键小要素安排培训。在进行年度培训需求挖掘时，我们则可对导致该问题的前几位相关方面均安排相应的课程。可能有人要问："公司最棘手的问题从何得知？"我们从过去的统计资料入手，查看各种报表资料，如产品不良统计、销售额统计、投诉资料等。如果相关部门不给，还可以看会议记录，跟部门领导进行面谈。我们只需要知道老板或各部门领导最头疼什么问题，就可以找到切入点，明确方向。

除了从业务资料中找问题，HR自己手边的绩效管理资料也是非常便利的培训需求挖掘资源。培训的一个重要作用，就是通过改善员工的态度、知识和技能，来支持企业经营。通过绩效管理的资料分析，我们可以看到各部门员工的现状与要求之间的差距，从而找到培训需求。

②现在：维稳，做好分内工作。现在要做的事情主要是维稳。这是我们的日常工作，做好是本分，如果出状况，就会影响到我们的工作绩效。例如新人入职培训，如果没有保质保量完成，可能会对整个公司的运行产生很大影响。所以，这叫维稳。维稳是基础，这样我们才有时间和精力去关注过去和未来。否则，整天被别人追着打，可能连问题分析的心情都没有了。

③未来：成为战略合作伙伴。未来是关于公司战略、目标方面的。如果想做战略合作伙伴，就必须关注公司的未来。当然，可能有些HR会说"公司没有明确的战略"，也可能有些HR会说"我们这个层级不可能知道公司的战略"。就算这些都成立，您至少可以从老板、领导口中，或者公司的会议记录或内网上，了解到公司最近几年或者明年的目标。我的经验是办法总比问题多。只要您想做，就有办法做到。

有些公司HR的确无法直接跟老板对话，可以将公司未来的工作方针，提炼出关键词，围绕着关键词展开相应的培训需求调研。例如：向管理要效益。HR就可以从如何提升管理者的相关技能、降低管理成本这方面入手，去做培训需求分析，展开相应的培训课程。

(3)四个层次。四个层次是指企业的高层、中层、基层管理者和员工。结合过去、现在、未来的分析,从业务需求找切入点。找到跟四个层次相关的人员,提供有针对性的解决方案,全方位满足公司稳定和发展的需求,真正发挥培训的作用。

综上所述,作为 HR 和内训师,要想制订适合企业的年度培训计划,需要先明确自己的定位,关注企业利益,创造对别人有用的价值。在挖掘培训需求时,既要低头拉车(过去、现在),又要抬头看路(未来),为公司的战略目标和大势服务,通过支持业务和公司发展,真正发挥培训的价值。

二、找对人:明确培训对象

抓关键,是要找到急需解决的问题。接下来就要找对人,明确培训的对象。在实际工作中,常常给错误的人"吃药"(培训),导致问题难以解决,自己的工作也没有价值。如何才能找对人呢?

1. 杜绝拍脑袋做决定

遇到问题后,不能仅仅靠拍脑袋做决定。有人凭着自己的经验来做判断,有人只将自己的想当然作为答案。例如,出了产品质量问题,就认为一定是员工的责任心不够,要培训员工的责任意识;员工离职率高,就认为是员工不懂得感恩,要进行感恩的培训,最好大家都痛哭流涕……这些都会导致找错人、做错事。

2. 客观分析

遇到问题后,要进行数据资料收集并客观分析,找到问题的根本原因,明确培训对象。

(1)精确定义问题是什么。正确定义问题,是成功解决问题的前提。很多时候,我们错将现象(即看得见的问题)当成本质(导致问题发生的问题点),盲目采取行动,结果白忙一通。

(2)找到培训背后的问题。培训背后的问题,就是希望通过培训解决的问题。我们需要从老板、部门领导、学员等提出的培训要求中进行深挖方可获得。七大方法和剥洋葱都可以帮助我们找到培训背后的问题。表3-11 提供了七大方法运用案例。

表 3-11　七大方法运用案例

序号	七大方法	案例	下一步骤
1	数据资料分析	员工离职率超过25%	鱼骨图分析:为什么员工离职率超过25%
2	访谈	店长执行力	鱼骨图分析:为什么店长反馈不及时
3	行为观察+访谈	导购产品知识不足	汇总导购产品知识不足的具体方面,制作问题树
4	小组讨论	如何跟部属沟通	根据收集到的具体问题,制作问题树
5	问卷	客户满意度调查	针对问卷中不满意的项目,进行访谈了解原因
6	测试	PPT制作技巧	收集测试中的学员问题,制作问题树
7	自我分析+数据资料分析	工作计划	汇总工作计划中的问题点,制作问题树

通过剥洋葱进行提问,也可以帮助我们找到冰面下的真正问题。

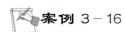
案例 3-16

员工素质培训

张芳是一家零售企业的 HR,向我咨询导购的素质培训应该提供哪些内容。下面是我们的对话。

苏平:"为什么会想到做导购的素质培训呢?"

张芳:"因为老板说他们工作效率低。"

苏平:"工作效率低,主要表现在哪里?"

张芳:"他们70%的问题会找店长解决。"

苏平:"是什么原因导致他们70%的问题会找店长解决呢?"

张芳:"一方面是文化程度为高中,另一方面也缺乏从业经验。"

苏平:"那公司是出于什么样的考虑招聘高中学历者呢?"

张芳:"我们行业的销售员都是高中学历。"

苏平:"你说他们缺少从业经验,这方面公司进行相应的培训了吗?"

张芳:"培训过好几次了。"

苏平:"那店长是否辅导跟进了呢?"

张芳:"这个好像没有。哦,原来问题在店长身上呀!"

通过图3-22,可以非常清楚地看到:如果张芳按照老板的要求,凭着冰山上面的现象来做导购的素质培训,并不能解决根本问题。所幸的是,她经过剥洋葱,找到了导致"导购工作效率低"的真正原因:店长未进行相关的培训后辅导和跟进,也就找到了正确的培训对象——店长,从而避免了做无用功。

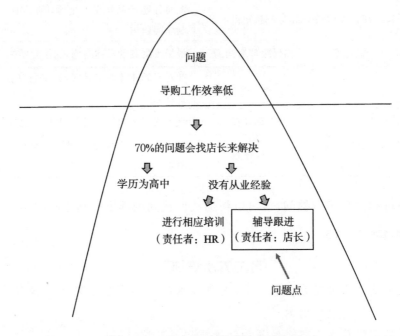

图3-22 冰山模型:导购的素质培训

(3)理性判定:问题的关键要因。同样是找对人,简单问题使用剥洋葱,对于复杂问题,可以通过鱼骨图展示全面的影响因素,并进行理性判断,找到关键要因和责任者。

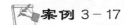 案例3-17

"为什么准时交货率为60%"的关键要因

杜岭是一家制造型企业的HR,在月度会议中,老板看到上个月的准时交货率为60%很生气,让杜岭马上对员工进行技能培训。

会议结束后,杜岭先查人事档案,发现90%的员工均在企业工作了2年以上。于是,他找生产总监了解情况,得到的反馈是员工的技能不是关键,但具体是哪方面的原因,生产总监也说不清。

为了找到导致问题的真因,杜岭请主管生产的刘副总出面,召集与该问题相关的所有领导开会。在说明本次会议的目的后,杜岭与相关部门的领导一起绘制了图3-23的鱼骨图(为了便于阅读,图中省略了部分小要素。在实际操作中,每个要素均需细化到小要素)。

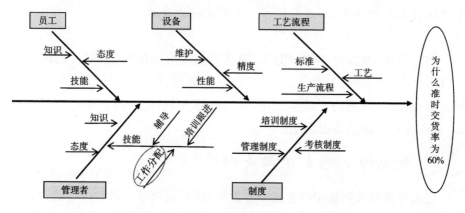

图3-23　鱼骨图:为什么准时交货率为60%

接下来,由刘副总说明鱼骨图分析的要求:每个人提供自己不是责任者的数据、事实等证据。在各种证据的帮助下,责任者慢慢浮出水面,原来是管理者的工作分配不当所致。

于是,杜岭后期针对管理者的工作分配情况进行了访谈,制作出问题树和对策树,提供了相应的培训。培训后的第一个月,准时交货率提升到了80%。杜岭也得到了老板的表扬。

【案例分析】

确定关键要因的过程,就是一个"无罪辩护"的过程。这里有两个关键点。

1. 避免"缺席审判"

既然这是个"无罪辩护"的法庭,就要给所有的相关方平等辩护机会。如果有相关方缺席,就可能会导致缺席者成为最终的关键要因,这是人们保护自己的本能。

这里的"缺席"不一定是未参加会议,在实际工作中,如果HR无法像案例中的杜岭那样得到高层领导的支持,可能就需要自己先做个鱼骨图的草图,然后分别到各部门去"请教"和完善。在这个过程中,大家通常会谈其他人的问题(即鱼骨图中的大、中、小要素)。在这个过程中,就可以完善鱼骨图了,通过大家提供的证据和事实来判断关键要因。

2. 以事实、证据为依据

鱼骨图分析,需要以事实和证据为依据,而非主观判断。否则,当最终被判定的责任者问我们"凭什么"时,如何才能让对方信服呢?如果对方不认同自己需要改善,后面的努力都可能是徒劳的。

综上所述,在抓关键的前提下,围绕着急需解决的问题,通过原因型鱼骨图、STAR原则、七大方法,来明确三个问题:问题是什么,问题的影响因素有哪些,问题的责任者是谁,从而找对人,对问题的责任者进行培训,避免头疼医脚的情况发生。

三、做对事:确定课程大纲

完成了课程大纲确定的前两个步骤后,还要做对事。课程内容是否有针对性,决定了培训是否有效。图3-24展示了产出课程大纲的三个环节。

"做对事"之产出大纲的三个环节

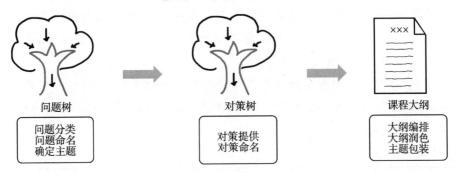

图3-24 产出课程大纲的三个环节

明确培训对象后,我们要对培训对象需要哪些培训内容进行调研,作为制作问题树的依据。在这个阶段,比较常用的方法为访谈。

(一)访谈

1. 访谈前准备

内训师有着外请培训师无法比拟的优势:对企业的历史、文化、制度、流程、产品、人员和问题等,有一定的了解。这是培训需求诊断和调研的基础。

(1)了解培训背景。

当领导说要上某个课程时,我们首先要问"为什么要做这个培训?",这是了解培训的背景。从这个背景中,我们可以找到培训需要解决的问题,作为培训需求诊断和调研的切入点。

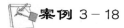案例 3-18

了解培训背景

以给泸州老窖的内训师培训为例,当我问:"为什么要做这个培训?"得到的回答是:"因为三周后会有近 100 名大学生入职,我们排定了为期两个半月的新人入职培训计划。这些老师都是公司的中干,也一直在做授课,但从来没有接受过正规的 TTT 培训。授课技巧方面有待提升。"

从这段话中,我了解到以下信息:

(1)培训背景:为迎接三周后的大学生入职培训。

(2)培训对象:企业中干兼内训师。

(3)培训目标:授课技巧的提升。

但授课技巧是个很大的范畴,为了进一步明确学员的需求,我请 HR 将新人入职培训的课程表发给我,从课程主题中,判断授课技巧的难点。

(2)准备访谈提纲。

访谈不同于闲聊,是以了解学员培训需求为目的的沟通。所以,我们需要将培训需求细化,针对我们需要了解的内容,事先准备访谈提纲。

根据"以终为始"的理念,我们在准备访谈提纲时,以原因型鱼骨图确定的小要素为依据设计访谈提纲。

访谈提纲的设计,从四方面去考虑:访谈什么、访谈谁、问什么、怎么问。

①访谈什么,即访谈的方向,根据之前原因型鱼骨图确定的小要素来确定。

②访谈谁,即访谈对象,包括培训学员、高层、HR、学员上司、学员部属、内部顾客(跟学员有业务关系的环节和部门)等。

③问什么,即访谈提纲的内容设计。根据访谈对象的不同,最好有不同的提纲设计。同时要结合客户需求,考虑到各层级的需求。

④怎么问,即根据不同客户需求,设计访谈提纲中的必要问题点。针对不同层级,进行大致分解。例如,我们要了解"跨部门沟通方面的不足",根据不同的层级,需要设计不同的问题。

综合上述方面,我们对"跨部门沟通"问题的访谈提纲设计如表3-12所示。

表3-12 "跨部门沟通"访谈提纲

访谈方向:跨部门沟通
访谈目标:找出跨部门沟通方面的问题和不足
访谈对象:高层、HR、3位中层管理者、2位基层管理者、3位员工
访谈内容: 一、高层(1位):您认为公司的各个部门在跨部门沟通方面,有哪些需要改善的? 二、HR(1位):您认为在跨部门沟通方面,我们可以从哪些方面帮助大家呢? 三、中层管理者(3位):您在跟其他部门进行沟通时,遇到哪些障碍或困扰? 四、基层管理者(2位):工作中,在跟其他部门沟通时,您遇到的主要问题或困难有哪些? 五、员工(3位):您在日常跨部门合作时,会遇到哪些困难?

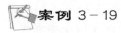

案例 3-19

一个基层主管的"高效沟通技巧"

(1)访谈的目的:了解学员在沟通方面的问题和困惑。

(2)访谈中想要得到答案的问题:学员的沟通问题最主要体现在对上沟通,对下沟通,还是平行沟通?有哪些表现?

(3)为了达成以上两个目标,需要访谈学员的上司、部属、平行单位人员。此外,还有企业 HR 和其他人员。

如果只访谈学员本人,我们不可能得到最真实的信息。因为人们大多会有偏高的自我评价。当我们问:"您认为自己跟部属的沟通顺畅吗?"得到的回答可能是:"挺好,没问题!"当我们问部属时,得到的答案可能会很多,如:"常常不知道他想让我干什么。""我明明按他说的做,他总是不满意,说我自作主张。"……

企业 HR 因平时跟各部门接触比较频繁,请他们对学员的沟通能力进行总体评价,有利于我们把握全局。而在制造型企业和服务型企业中,质量、售后服务部门分别为全公司的矛盾焦点。跟他们进行交流,可以让我们从冲突和问题中了解更真实的信息。

所以,要想详细了解学员需求,需要做全方位的访谈。

2. 访谈技巧

正确的答案往往是提出了正确问题的产物。

在访谈中有以下技巧可以运用:

(1)80/20 法则:访谈的目的是了解学员需求,这需要我们用 80% 的时间去聆听,20% 的时间去说和提问。在听的过程中,我们需要不断回应对方,如:"哦""嗯""真了不起""是吗"。

(2)提问技巧:由浅入深、开合并用。开合并用,是指善于运用开放式问题和封闭式问题。开放式问题是没有标准答案的,如:"你认为部门内沟通不良的原因是什么?"开放式问题适合获得更多具体信息时运用。封闭式问题是让对方做选择题,如:"你认为他说的是事实吗?"对方只需要回答"是"或者"不是"。封闭式问题适合做信息确认和转移话题前的结束语,对于某些跑题或喋喋不休的被访谈者,封闭式问题也很有效。

(3)澄清事实的方法:现场访谈会让我们获得大量的信息,那么,如何去判别真伪、澄清事实呢?可以通过互相验证、STAR 原则和剥洋葱法。其中,互相验证是指向有关联的两位访谈者询问同一问题后,请第三方验证。

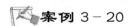
案例 3-20

互相验证

我们访谈互为上下流程的业务和生产部门时,都问同样一个问题:

"您认为生产信息传递不及时,是什么原因造成的呢?"

业务说:"我们每天都很及时地把资料交给生产单位,他们自己没有优先顺序。"

生产说:"他们为了省事,每天上午、下午各送一次资料,把不急的单,都变成急单了。"

于是,我们可以找质量部门来验证,得到的回答是:"以前我们订单少,规定业务每天上午、下午各送一次资料,最近两个月,订单量剧增,交货期也越来越急。但业务还是每天送两次资料,导致生产单位上午刚做好生产排程,下午就有更急的订单来了,很混乱。"

【案例分析】

在上面的案例中,我们通过"三方会谈",了解到"生产信息传递不及时"的原因在于:业务单位的工作流程,未根据公司业务的增长而做相应变更,影响到了生产单位的正常工作秩序。

一般情况下,互为上下流程的两个部门,都会指出对方的问题。我们先记录下来后,再跟与两个部门都有业务关系的第三方交流,验证哪一方说的是事实。

所以,访谈人员的顺序安排,也是很有学问的。最好先访谈HR,了解普遍存在的问题,将这些具体问题在访谈中进行交流和记录,用第三方来验证,澄清事实。

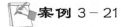
案例 3-21

为什么小李工作不积极?

为什么工作不积极?领导常骂我。

为什么领导常骂你?他说我能力差。

为什么说你能力差?因为我的三个方案都被退回。

为什么三个方案都被退回?因为每个方案平均有十个错别字。

为什么有十个错别字?我想快点做完下班。

为什么想快点下班?我要去照顾住院的妻子。

【案例分析】

通常我们看到"工作不积极"这几个字,第一反应就是认为此人心态有问题。小李本来就因妻子生病而烦恼,如果我们一味地指责他的工作态度,会引起他的反感。这样不但不能改变现状,甚至会让情况变得更糟糕。当我们运用了剥洋葱法,了解到小李的特殊情况后,作为他的主管,从情感上去关心他,在工作上安排人员帮他分担,相信小李的积极性很快就提升了。

启示:耐心发问,不要轻下定论。

案例 3-22

为什么小马工作不积极?

为什么工作不积极?领导常骂我。

为什么领导常骂你?他说我能力差。

为什么说你能力差?因为我的三个方案被退回。

为什么总是被退回?他说我不会写方案。

为什么不会写方案?我没有这方面的经验。

【案例分析】

同样表现为工作不积极,本案例中的小马,也不是态度的问题,而是技能欠缺。作为他的主管,对于没有相关经验的他,应该更多地给予指导和培训,而非简单地退回方案,指责小马能力差。

启示:看似同样的表现,可能会有截然不同的原因。

3. 访谈记录要领

(1)记录关键词。

在访谈过程中,我们需要遵循 80/20 原则,80%倾听,20%发问。在听的过程中,要善于记录。

因被访谈者提供给我们的信息量非常大,我们无法一一记录下来。同时,很多信息跟我们访谈主题和目标无关,需要过滤掉。跟访谈主题相关的一段话,我们需要先清楚其中心思想(这是我们小学语文课就学习过的内容),并跟被访谈者确认,或者验证。得到证实的信息,我们提取关键词或中心词,记录下来。

(2)关键词应为事实描述而非总结。

很多时候,我们访谈后,得到的记录为沟通技巧欠缺、态度不好……

这些均为总结,而非事实描述。

有人问,那什么才是事实描述呢?很简单,就是能够引发出情境或场景的关键词。例如,在进行"沟通技巧"的访谈中,有被访者说:"主管板着脸跟我说话",我们就很容易联想到图3-25的画面。

图3-25 画面感

我们用下面的两个案例,来对比记录事实描述的关键词和总结性关键点,对课程大纲设计的不同影响。

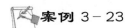 案例 3-23

访谈记录之"态度不好"

在进行管理人员的沟通课程访谈时,将基层员工说的"主管板着脸跟我们说话"记录为"态度不好"。如果据此设计课程大纲,对应的可能就是沟通的态度。沟通的态度,包括的内容很多,到底什么样的内容才更有针对性呢?这又成了难题。

若我们直接用事实描述性的关键词"主管板着脸跟我们说话"进行记录。汇总记录时,若发现出现的频率很高,我们就可以将"沟通的原则——先处理心情、再处理事情"作为大纲内容。而"主管板着脸跟我们说话"这个场景,可以设计为一个案例,请学员讨论,这样做是否合适,应该如何去做。通过讨论和反思,让学员意识到问题的症结所在,促使学员在工作中运用沟通的原则。

案例 3-24

访谈记录之"欠缺说话技巧"

在进行销售人员的沟通课程访谈时,若将被访谈者说的"在初次见面的客户面前说话结结巴巴",总结为"欠缺说话技巧"进行记录。我们据此设计课程大纲,可能会对应"说的技巧"。但这个题目太大,其中应该包括哪些内容呢？我们没有重点,只能设计大而全的内容,蜻蜓点水地一一带过,很难有针对性。

若保留事实描述"在初次见面的客户面前说话结结巴巴",就让我们想到:一个人在新客户面前说话断断续续的场景。

如果我们根据这个事实描述,结合其他关键词来分析,是紧张情绪导致的,还是不知道说什么,或者是其他原因。确定原因后,我们就可以对症下药了。如果是紧张情绪导致,我们的课程大纲可对应"如何缓解紧张情绪";如果是不知道说什么,课程大纲可对应"如何有效开场"。

问题树模型,是从问题到需求,从宏观到微观的层层聚焦过程。所以,无论是运用现场、电话、问卷还是网络沟通进行诊断和调研,都是一个将范围逐渐缩小的聚焦过程。访谈记录若将逐步深入下去的细节高度概括(如:将"主管板着脸跟我们说话"总结为"态度不好"),就失去了访谈的聚焦作用。

因此,访谈记录必须要记录描述事实的关键词,而非结论。这是对症下药设计课程的关键。

(二) 制作问题树

1. 什么是问题树

问题树是问题树模型的核心,是通过层别法对培训需求进行汇总的一种视觉化工具,以树形图的方式呈现出来(见图3-26)。

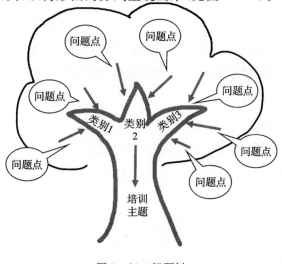

图 3-26 问题树

2. 问题树的作用

问题树有以下三个作用。

(1)聚焦问题点：在制作问题树前，将所有收集到的事实描述关键词进行统计，按照出现频率高低进行排序，然后聚焦于排名在前七位的问题点，进入后面的问题树制作环节。

(2)拟订培训主题：运用层别法对这七个问题点进行分类后，可以据此拟订培训主题。

(3)作为课程大纲拟订的依据：问题树展现的是学员在工作中的具体问题点，是后续对策树制作的依据，也是拟订课程大纲的基础。

3. 问题树制作流程

问题树的制作流程包括五个步骤。

(1)选取关键词。在问题树的作用部分，已经说明了：选取关键词的目的是聚焦于关键的少数问题点。通过对事实描述的关键词进行统计，按照出现频率高低排序后，选择前七位制作问题树。

(2)关键词分组：将排名前七位的问题点进行分类，形成2～3个组别。

(3)群组命名：对步骤(2)产生的2～3个组，分别用一个名词来加以命名，涵盖本组的所有内容，且范围最小。

(4)拟订课程主题：参考各群组中问题点出现频率统计总数，拟订课程主题。

(5)画出问题树：前面的四个步骤，都是用便利贴拼在白纸上的，主要便于思考和移动。在拟订培训主题后，就可以根据分类的个数，确定这棵问题树有几个树杈，将步骤(1)～(4)的成果，用树形图呈现出来了。

（三）制作对策树

1. 什么是对策树

对策树是针对问题树的内容，有针对性地逐个提供解决方案后，再通过层别法对解决方案进行分类整合的一种视觉化工具，以树形图的方式呈现出来(见图3-27)。

2. 对策树的作用

问题树提供了学员的共性问题汇总，运用对策树针对每个问题点提供相应对策的方式，就可以有针对性地提供培训内容。

对策树：确定课程大纲

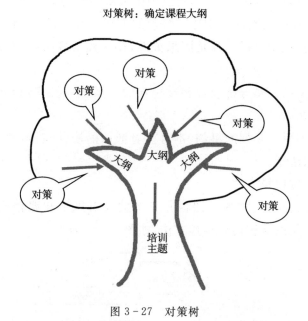

图 3-27 对策树

3. 对策树的制作流程

对策树的制作流程包括四个步骤。

(1)对策提供。这个环节的关键在于为问题树上的每一个问题点,提供一对一的对策,并写在便利贴上。

(2)对策整合。将步骤(1)中的所有对策,写在便利贴上,通过位置的移动来尝试做分类和整合。

(3)对策命名。对整合后的每一类对策进行命名。

(4)画出对策树。

(四)拟订课程大纲

从对策树转化为课程大纲,首先考虑对策树中各分类之间的逻辑关系,其次考虑内容的编排方法,最后进行大纲的润色。

1. 三种逻辑关系

从对策树到课程大纲,需要先明确对策树的 2~3 个命名之间的逻辑关系。

常见的因果、总分、并列三种逻辑关系,在课程内容编排方面的运用,主要体现如下。

(1)因果关系。有因才有果,所以因果关系的两个事物排列顺序为因在前、果在后,体现的是时间顺序。公司的生产流程,项目管理的PDCA,会议或培训的前、中、后等,都是因果关系,在课程安排时,可按照时间顺序来编排。

(2)总分关系。总分是包含和被包含的关系,体现出结构顺序,也就是总在前、分在后。

(3)并列关系。并列的事物,本身没有顺序的硬性规定,就看我们自己的思路和想法了。

2. 课程内容编排方法

课程内容的编排,体现了课程开发者的逻辑思维和课程设计思路。下面是五种常用的课程内容编排方法,如图3-28所示。

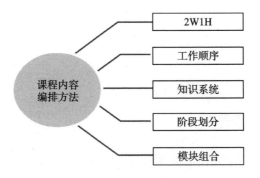

图3-28 课程内容的编排方法

(1)2W1H:无论是一个课程的总体内容编排,还是某个章节内容编排,2W1H:"why"(为什么)—"what"(是什么)—"how"(如何做)是比较常用的结构。例如,一个2小时的"店长的高效授权"培训,内容编排顺序用2W1H来编排就是:一、为什么要授权;二、什么是授权;三、如何高效授权。

(2)工作顺序:从应知到应会。例如,针对新的销售人员的"产品知识"课程,就可以安排为:一、产品基础知识;二、一句话产品特点介绍。

(3)知识系统:按照逻辑顺序和认识的基本规律,由浅入深、由易到难。

(4)阶段划分:按照知识传授—能力训练—考核来分段编排。

(5)模块组合:将某个主题的各个并列模块进行组合编排,如公司产品的不同系列。

3. 润色课程大纲

对策树提供的只是对策的关键词,根据对策树的内容拟订的课程大纲,可能看起来干巴巴的,缺乏吸引力。要想让学员看到课程大纲后,就有想参加的欲望,需要先将课程大纲进行润色。润色时,需要掌握几个原则:

① 引发兴趣;

② 忌过度包装;

③ 避免反感;

④ 有画面感。

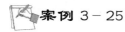

案例 3-25

张芸的第一次尝试:"演讲技巧"课程大纲确定

步骤一 问题收集

针对演讲技巧的培训,张芸运用行为观察法和面谈沟通法,收集到如下问题:重点不突出、开场过于单调、演讲不生动、表达技巧欠缺、忘词、如何生动演讲、思路不清晰、怎么编排顺序、如何寻找案例、如何讲故事。

张芸:"苏老师,演讲技巧培训的差距找到了!"

苏平:"好啊!怎么找到的呢?"

张芸:"我通过行为观察法,从平时开会、工作中各主管的表现,观察到他们普遍欠缺的是:重点不突出、开场过于单调、演讲不生动;再找了八位学员面谈,询问困难点,他们提出:表达技巧欠缺、忘词、如何生动演讲、思路不清晰、怎么编排顺序、如何寻找案例、如何讲故事。"

苏平:"那您是如何准备访谈大纲的?"

张芸:"我先对'为什么演讲技巧不足'这个问题运用原因型鱼骨图进行了分析,找到信心、肢体、语言三个大要素。"

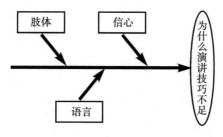

图 3-29 鱼骨图:为什么演讲技巧不足

苏平："不错！然后呢？"

张芸："然后，我就根据这三个方面，设计了三个问题：

(1)您在演讲前是否对自己很有信心？（若回答为否，则继续问：哪些因素会影响到您的自信？）

(2)其他人在演讲时，您认为有哪些不恰当的肢体语言？

(3)您在演讲过程中，最大的问题和困惑是什么？"

苏平："这三个问题设计得很好！尤其是第二个，人一般很难意识到自己有什么不恰当的肢体语言，当接受访谈的人员都指出别人的问题时，其实就是大家共同的问题了！第三个也是开放式问题，给了被访谈者很大的发挥空间，这样我们也就可以获得更多的信息。"

步骤二　问题分类、筛选，确定主题

张芸运用层别法，将收集到的十个问题分为两类。

苏平："从访谈大纲的内容，就可以知道为什么您可以收集到这么多问题！如果用层别法进行归类，您会如何做呢？"

张芸："刚开始我想用表达技巧、演讲稿的准备进行分类，觉得有点牵强。回想您的课程编排的五种方法，我受到了启发，决定按工作流程顺序来区分。这样，我就把这些问题分为两类：演讲前准备和演讲技巧。"

演讲前准备：重点不突出、思路不清晰、怎么编排顺序、如何寻找案例

演讲技巧：开场过于单调、演讲不生动、如何讲故事

为了确定课程重点，张芸结合培训需求诊断和调研中的信息来源，对问题进行筛选，保留学员比较关注的普遍问题：

演讲前准备：重点不突出、思路不清晰

演讲技巧：开场过于单调、演讲不生动、如何讲故事

```
步骤一  问题收集                    步骤二  问题分类、筛选
┌─────────────────────────┐         ┌─────────────────────────┐
│ 1.重点不突出  2.开场过于单调 │         │ 一、演讲前准备              │
│ 3.演讲不生动  4.表达技巧欠缺 │   ⇒    │ 1.重点不突出  2.思路不清晰  │
│ 5.忘词                   │         │ 二、演讲技巧               │
│ 6.如何生动演讲 7.思路不清晰 │         │ 1.开场过于单调 2.演讲不生动 │
│ 8.怎么编排顺序 9.如何寻找案例│         │ 3.如何讲故事               │
│ 10.如何讲故事             │         │                          │
└─────────────────────────┘         └─────────────────────────┘
```

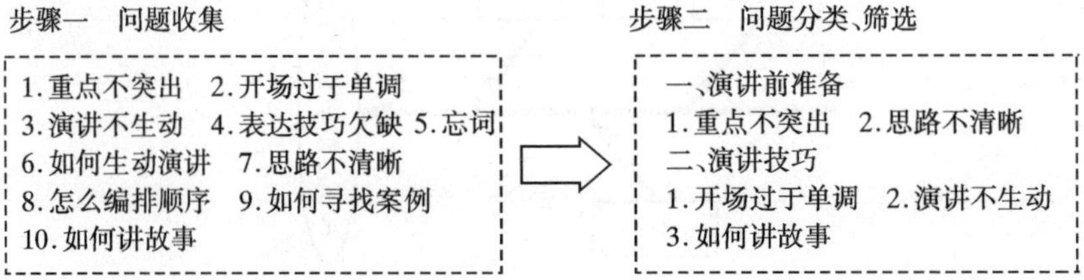

图3-30　问题分类

张芸:"我可以把这两点作为大纲吗?"

苏平:"那我们暂时用这两条做课程大纲。接下来呢?"

张芸:"接下来应该可以设计小标题了。但我不知道如何把这些内容都涵盖进去?"

苏平:"培训只有3个小时,如果这些内容都纳入小标题,加上演练,时间来得及吗?"

张芸:"不行,那肯定没有重点。您说培训要遵循80/20法则,找到最主要的原因。我想想:怎么编排顺序、如何寻找案例、忘词,这三点,只有一位学员提出,这次就不纳入培训内容。"

苏平:"不错!舍弃是一种智慧。这次培训过程中,您也可以调查一下,如果这几点是普遍问题,可以再设计,做成系列课程。"

张芸:"好的。"

步骤三　问题分析、提炼,确定大纲

找到了需要解决的问题后,我们针对这些问题,找到对策。

例如,演讲前准备:重点不突出、思路不清晰。思路不清晰,可用演讲的结构来梳理。重点不突出,可提供重点区分的依据来协助改善。

再如,演讲技巧:开场过于单调、演讲不生动、如何讲故事,这三个问题可以运用对策型鱼骨图进行分析,细化这三个方面的问题点,有针对性地找到改善对策,作为培训内容。

从需求入手,以解决问题为出发点,进行课程大纲提炼。

张芸:"筛选后只剩两类。第一,演讲前准备:重点不突出、思路不清晰;第二,演讲技巧:开场过于单调、演讲不生动、如何讲故事。我发现演讲前准备这两条可以归纳为演讲设计。"

苏平:"对呀!现在回过头来看刚才我们暂定的课程大纲,是否有问题?"

张芸:"哈哈,知道了。刚才直接用分类做大纲,范围太大了。现在我可以把两个课程大纲修改为演讲设计和演讲技巧。"

苏平:"演讲技巧包括的内容其实很多。如果是6个小时或更长时间,您可以用这个作为大纲,但我们现在只有3个小时,是否还可以再细化,更具体些呢?"

张芸:"演讲技巧这三条都可以归纳为:如何生动演讲。演讲设计,也可以归纳为结构化演讲设计。"

苏平："太棒了！这现在用的就是从问题点找对策的方法，我们叫农村包围城市。"

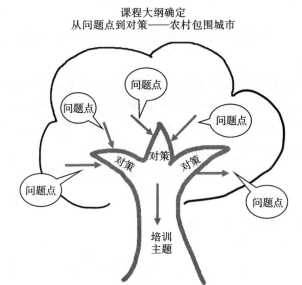

图 3-31　农村包围城市

张芸："太形象了！农村就是我们要解决的问题点，城市就是我们从问题中归纳和提炼出的对策，也就是课程大纲。"

苏平："没错！现在小标题是否也出来了？"

张芸："是的。小标题其实就是这几个问题的对策。您看看这样行吗？"

一、结构化演讲设计

1. 演讲的结构

2. 演讲重点确定的依据

二、如何进行生动演讲

1. 如何有效开场

2. 生动演讲锦囊

3. 讲故事的技巧

苏平："非常棒！根据这些课程大纲，培训主题是否也可以更具体呢？"

张芸:"对呀,那就叫'如何进行生动演讲'。"

从图 3-32 中,我们可以看到从"问题点"到"课程大纲"的变化,这体现了问题树模型从问题到需求,从宏观到微观的层层聚焦过程。

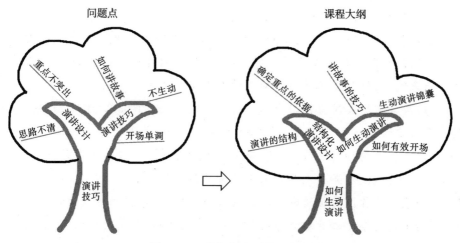

图 3-32 从问题点到课程大纲

【案例分析】

张芸这个案例,运用现场访谈和行为观察法收集问题后,再运用层别法将其分类,根据关键词的出现频率进行取舍,确定培训需要解决的问题点,设计有针对性的课程大纲。这些内容,是问题树课程开发的步骤一"培训需求诊断和调研",我们再回顾一下培训需求诊断和调研四部曲。

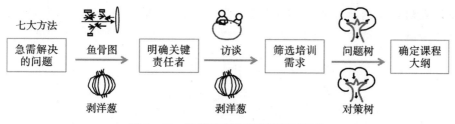

图 3-33 培训需求诊断和调研四部曲

结合图 3-33 可以看到,从大的方面来看,张芸的确是按照鱼骨图—访谈提纲—访谈、记录—访谈资料汇总—"农村包围城市"树形图的步骤进行的。

同时,我们对照每个步骤的目的和注意事项时,就发现了问题。

1. 鱼骨图

做鱼骨图的目的是聚焦,为访谈提纲的设计提供依据。

张芸设计的鱼骨图见图3-29。

我请张芸回忆一下原因型鱼骨图制作的步骤:用特殊符号标识重要因素(用排除法对中、小要素进行筛选,找出影响问题产生的主要因素,并标注出来)。同时指出她之前做的鱼骨图有两个不足:

(1)未标识出关键要因,所以她只能针对分析出的"信心、肢体、语言"这三个大要素设计访谈提纲,并进行访谈。这样,她就需要在访谈过程中,对三个要素均进行记录、筛选,从中找到主要因素,增加了工作量,且分散了注意力,没有充分发挥原因型鱼骨图聚焦的作用。

(2)这个鱼骨图看似清晰、合理,其实并没有涵盖到"为什么演讲技巧不足"的主要因素。以此作为分析"为什么演讲技巧不足"的依据,不够全面和客观。

2. 访谈、记录

(1)在前面的"访谈记录要领"中,特别强调:要记录事实描述的关键词,而非总结。其中,区分事实描述和结论的依据是:事实描述的关键词,会让我们联想到场景。

(2)我们来看看张芸前面收集到的十个关键词:重点不突出、开场过于单调、演讲不生动、表达技巧欠缺、忘词、如何生动演讲、思路不清晰、怎么编排顺序、如何寻找案例、如何讲故事。这些关键词中,哪些能够让我们联想到场景呢?只有"忘词",能让我们联想到如图3-34所示的画面。

图3-34 忘词

"重点不突出、开场过于单调、演讲不生动、表达技巧欠缺、思路不清晰"这些都是总结。"如何生动演讲、怎么编排顺序、如何寻找案例、如何讲故事"这些问题都太大,我们可以用剥洋葱法,继续深挖下去。以"怎么编排顺序"为例,我们可以问:"您在编排顺序方面,主要有哪些困惑呢?"如果被访谈者说:"资料太多,不知道谁先谁后?"由此,我们得到了第一个事实描述的关键词:不知道资料谁先谁后。这个关键词,可以让我们联想到如图3-35所示的场景。

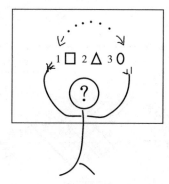

图3-35　不知道资料谁先谁后

同理,"如何生动演讲、如何寻找案例、如何讲故事"这几个问题,都还可以通过追问,深挖下去。尽量找到能够联想到场景的事实描述性关键词,并记录下来,作为设计课程大纲的依据。

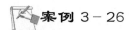案例 3-26

张芸的第二次尝试

3个月后,张芸要对上次的学员进行进阶的"演讲技巧"培训,时间为2个小时。按照前面的三步骤,重新设计这个课程。

步骤一　问题收集

张芸通过看书、上网搜索等方式,收集了影响演讲技巧的诸多因素,重新制作了如图3-36所示的原因型鱼骨图,并先通过行为观察和初步了解,确定其中的关键要素为如何整理思路。

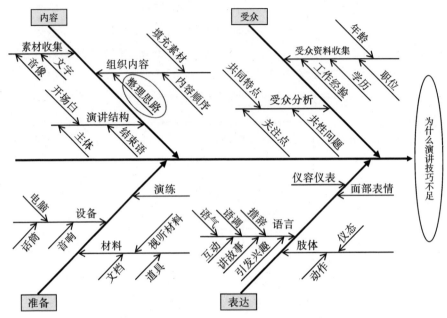

图 3-36　鱼骨图：为什么演讲技巧不足

根据上面的原因型鱼骨图分析可知：要因是"整理思路"。张芸找了八位参加培训的学员，针对"整理思路"方面的问题，进行了访谈。这次，她收集到了十二个与此相关的关键词。

步骤二　问题分类、筛选，确定主题

张芸选取了出现频率最高的前七个关键词，分别为：无处收集素材、选素材时没有方向、素材零散、弄不清主次、舍不得放弃素材、无法确定先后顺序、素材之间没有关联性。再运用层别法，将收集到的七个问题分为两类，制作出了如图 3-37 所示的问题树。

图 3-37 问题树

步骤三 问题分析、提炼,确定大纲

针对如何整理思路,张芸先去收集资料,整理出了如图 3-38 所示的对策型鱼骨图。

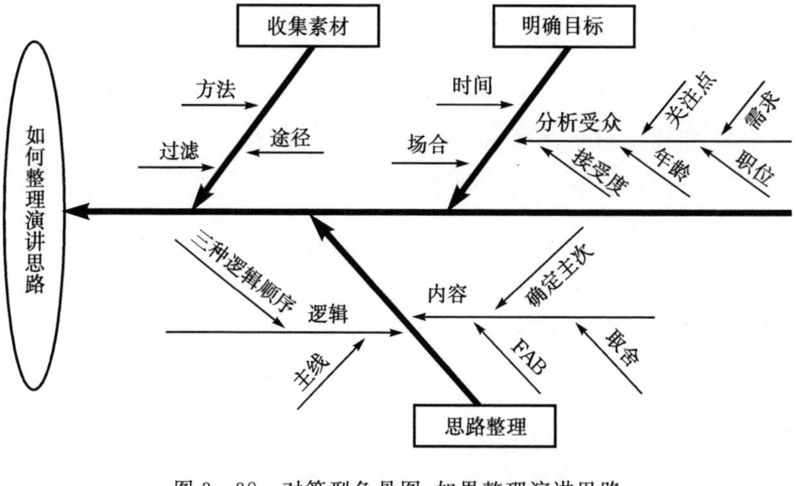

图 3-38 对策型鱼骨图:如果整理演讲思路

结合前面"农村包围城市"树形图中的问题点,张芸从对策型鱼骨图中找到了相应的对策。

于是,得到了如图 3-39 所示的对策树。

图 3-39 对策树

将对策树中的课程大纲进行润色后,就有了下面的内容:

如何整理演讲思路

一、有效素材收集攻略

    1. 演讲目标确定三要素

    2. 素材收集途径

    3. 素材收集方法

二、如何梳理思路

    1. 内容为王

- 取舍有道
- 主次有别

2.逻辑性呈现
- 三种逻辑性顺序
- 串起珍珠的主线

【案例分析】

张芸第二次做的"演讲技巧"培训,通过原因型鱼骨图分析,将访谈的重点聚焦于"整理思路"。在进行访谈时,也注意到了记录描述性关键词,并按照出现频率进行取舍,同时运用"农村包围城市"树形图进行整理。她先用对策型鱼骨图做出了"如何整理思路"的对策,这个对策是通用的,大而全的。结合"农村包围城市"树形图中的问题点,她从对策型鱼骨图中找到了相应的对策,确定了针对学员问题和需求的"如何整理演讲思路"课程大纲。

图3-40为问题点和课程大纲的对应的关系。

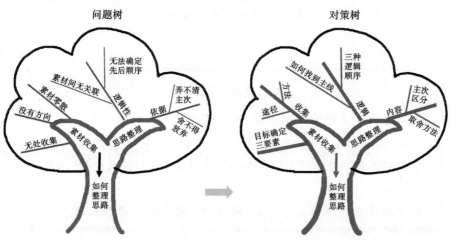

图3-40 问题树—对策树

如果没有运用鱼骨图进行聚焦,我们就需要针对原因型鱼骨图"为什么演讲技巧不足"中的三个大要素"结构、准备、表达"进行访谈,从中选择相关的关键词,并进行分类。一方面,因为要涵盖到三个要素,可能得到的关键词过于零散,对有效分类带来困难;另一方面,这样得到的课程大纲内容,可能会大而全,但缺乏针对性。尤其是2个小时的培训,确定重点较难,授课时面面俱到,时间控制和培训效果,都会面临很大的挑战。

本节的详细内容,请查阅《培训师成长实战手册:培训需求诊断和调研》一书。

图3-41 《培训师成长实战手册:培训需求诊断和调研》

> **确定课程大纲**
>
> 1. 确定课程大纲的三个步骤:抓关键—找对人—做对事。
> 2. 如何抓关键:①关注投资者利益;②区分培训要求和培训需求。
> 3. 找对人的三个要点:①杜绝拍脑袋做决定;②客观分析;③理性判断。
> 4. 产出课程大纲的三个环节:问题树—对策树—课程大纲。

第四节　近在咫尺——课前调查问卷

培训需求的诊断和调研,只是帮助我们确定培训主题和大纲,提供培训的范围和大的框架。要想详细深入了解学员的需求和问题点,需要运用问卷,进行全面调查。

一、问卷须知

问卷在培训前、中、后均有用武之地,表 3-13 汇总了问卷在这三个阶段的不同用途。

表 3-13　问卷在培训前、中、后的用途

阶段	用途	目的
培训前	基础信息收集	了解学员的基本信息和主要问题,为课程开发提供大方向
	课前需求调查	一方面,在课程大纲的框架下,明确课程重点模块和内容,为课程开发提供依据,并收集培训案例;另一方面,验证前期抽样调研信息的准确性
	年度培训计划制订	为制订年度培训计划提供依据
培训现场	入场调查	现场了解学员的基础信息和问题,确定培训重点和互动方式
培训结束	学员满意度调查	了解学员对培训内容的感受和评价
	培训师评估	对培训师的课程内容、授课技巧等进行评估
	出场调查	用于学员对培训组织、课程内容、培训师的授课评价等信息的收集,或者系列培训中的课前需求调研

明确问卷的用途是后续问卷设计的依据。因为不同用途的问卷,目的、对象、侧重点均不同。

表 3-13 中"入场调查表"和"出场调查表"的设计要点,见《培训师成长实战手册:引导式课程设计》。其他问卷的设计原则和方法与课前需

求问卷一致。

(一)问卷的结构

如果说现场访谈主要是在做问答题,问卷调查则大多是做选择题。被调查者根据我们设定的问题进行回答、勾选。通过特定的问题,将信息限定了范围,便于我们深入了解培训需求。但如何设计问题,才能达到这个目的呢?这就需要我们掌握一定的技巧。

一份问卷的结构包括标题、前言、主体(正文)、结束语。

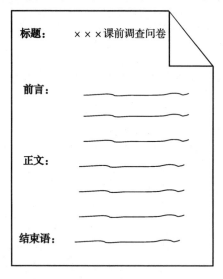

图 3-42 问卷的结构

1. 标题

标题概括地说明调查主题,由调查对象、问卷内容和"调查问卷"组成。问卷标题要简明扼要,且必须点明调查对象或调查主题。

如:"员工调查表"的范围太大,被调查者无法从中了解问卷调查的概况,若改为"员工培训满意度问卷",就比较明确了。

2. 前言

前言是对调查主题、目的、意义、调查的主办单位及对个人资料隐私保护等的说明。这类似培训的开场,非常关键,决定了被调查者是否愿意积极配合。所以,前言部分文字必须简明诚恳,才能激发被调查者的兴趣。如:

尊敬的先生/女士：

您好！为配合"有效沟通技巧"课程的顺利展开，请您填写以下内容，作为设计课程的参考，使您有更多的收获。谢谢合作！

3. 主体（正文）

问卷主体是调查所要收集的主要信息，由若干问题及相应的选择项目组成。通过主体部分问题的设计和被调查者的答复，调查者可以对被调查者的情况有较充分的了解，以便于做进一步的数据统计与分析。

4. 结束语

结束语包括对被调查者合作的感谢，记录调查时间、调查地点等。如：

非常感谢您的宝贵时间，我们会尽力安排好此次课程。谢谢！

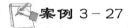 案例 3-27

小李的困惑——答非所问

小李在公司做全体员工的意见调查，设计了一个问题："你觉得主管在和不在一个样吗？"结果有超过60％的员工的答案是"一样"。小李看到这个结果后，依然不知道这个主管做得好还是不好。员工则说："打开问卷就看到一大堆问题，谁知道是干什么用的？"

【案例分析】

问卷结构欠缺

小李这份问卷，首先缺少了前言部分，没有说明这次调查的目的和意义，让员工没有方向，误以为问卷是在评估自己的工作态度。同时，填写"一样"，也是人们趋利避害的本性所致。

（二）课前问卷的作用

课前问卷的依据是课程大纲。我们根据课程大纲的框架，设计相应的问题，了解学员的培训需求。课前问卷的目的是增强培训内容的针对性。

课前问卷对于培训师的作用主要表现在以下方面。

1. 了解学员基础、起点，确定适合的表达方式、授课方式

例如：同样是基层主管沟通技巧的培训，如果学员大多是高中学历，我们就要尽量用通俗易懂的语言,联系实际来解释专业术语,用游戏或角色扮演等方式进行演练;若学员大多为本科以上学历,我们可以用案例分析和点评来调动学员积极性。

我参加过一次为期一天的班组长培训。培训师用了2个小时讲解了从20世纪20年代一直到现在的各种管理理论发展,台下的学员们听得昏昏欲睡。

2. 明确问题点,对症下药

通过问卷汇总,找到学员们普遍关注的问题点,有针对性地提供解决方法和技巧。

后面的内容中,我们会有大量的案例,展示如何通过问卷汇总和分析,找到学员们普遍关注的问题点,并提供对策,形成有针对性的课程大纲。

3. 澄清概念

从学员对某些问题的回答中,可以了解到学员对某些概念的认知。在课程开发时,可以对错误的概念给予纠正和澄清。

例如:大多数学员在"您是否认为沟通就是我说了?"这个问题中,勾选了"是的"。在培训时,我们就对"沟通和闲聊的区别"进行重点讲解。

4. 确定授课重点

假设培训课程有3个模块,我们如何知道学员更关注哪个模块呢?

学员的关注点,就是我们培训的重点。课前问卷,可以给我们提供这样的信息。

例如,在一次"如何培育部属"问卷中:

您是否不知道该如何培育部属? 是的(14) 有时(17) 从不(11)

结合前期调研中了解到的情况,将大纲中的"工作教导"章节,作为课程的重点内容。

5. 提炼案例

学员身边的案例,最能引发学员的兴趣,也有利于培训后的运用。从问卷中,我们可以找到很多现成的案例,在培训中引发学员的参与。例如:在一次"人际沟通技巧"课程中,我就将问卷中的"不敢表达""不会表达""总被打断"设计为案例,培训时请大家进行案例分析,并点评对策,效果很好。

（三）课前问卷设计的原则

一份有效的问卷，必须遵循两个原则：一是以终为始，二是换位思考，如图 3-43 所示。

图 3-43　问卷设计的两个原则

其中，以终为始帮助我们明确问卷的用途、希望获得的信息、每个问题的目的，在问题设计时做到有的放矢；换位思考帮助我们站在被调查者的角度，思考这个问题的问法、措辞，确保被调查者愿意如实回答。

1. 以终为始

问卷设计中的以终为始体现在问卷整体和单个问题两方面。

（1）问卷设计前三问。所有的事情都存在两次创造，第一次在头脑中，第二次才是具体行动，问卷设计也不例外。在动手设计问题之前，需要先思考图 3-44 中的三个问题。

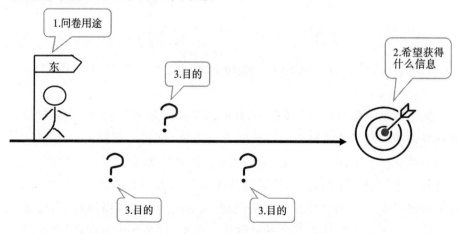

图 3-44　问卷设计原则之以终为始：问卷设计前三问

①这份问卷的用途是什么。对应课前需求问卷的作用,我们需要将关注点放在了解学员的培训需求,这样可以避免将问卷当成走过场或强化自己的假设。

②希望获得什么信息。明确回答希望通过这份问卷获得什么信息,可以帮助我们找到目的地,也就是问卷的目标。例如,"中层主管的跨部门沟通技能"培训课前问卷,希望通过问卷获得的信息是中层主管在跨部门沟通中遇到的问题和困惑。

③每个问题的目的是什么。我们通过问前面的两个问题,找到了方向(了解学员的培训需求)和目标(中层主管在跨部门沟通中遇到的问题和困惑)。那么,如何才能抵达这个目的地呢?具体到问卷正文设计,是通过一个个问题来实现的。在十几年来的无数问卷点评中,我问得最多的是"你希望通过这个问题获得什么样的信息呢?",只有准确回答了这个问题,才有判断问题是否有效的依据。

在确认每个问题的目的时,需要我们再次认清培训问卷的目的:获得关于问题树的事实描述,而非对策树。图3-45帮助我们再次回顾问题树和对策树之间的区别。

问题树　　　　　对策树
（学员）　　　　（HR/培训师）

图3-45　问题树和对策树

问题树是收集学员在培训主题方面的具体问题和困扰,这些是学员能够提供的。对策树是针对问题树的解决方案,也就是课程大纲,由HR和培训师提供。如果一个问题的目的是了解学员想要学习什么内容,这个目的本身就是错误的,因为该问题的答案是对策树的内容,应该由HR和培训师提供。有些学员看到这个问题,可能还会想"我都知道了,还需要做什么培训呀?!",从而产生抵触情绪。可见,这是一个方向性错误,不但会导致该问题无效,还会影响到被调查者填写问卷的态度,最终影响到问卷的有效性。

(2)问题的必要性。为了提高问卷的有效性,在确定每个问题的目的后,还需要进行筛选:这个问题是必要的吗?以下几类问题,可以删掉。

①可以从其他途径获得的信息,例如人事资料中已有的信息。

②与问卷目标相关度低的信息。

③被调查者无法回答的问题。被调查者无法回答的问题,主要包括:被调查者不具备回答该问题的充分信息(例如,请学员回答 HR 的工作内容),学员无能力回答(例如,请学员回答自己该上哪些内容)。

④被调查者没有决定权的问题。很多问卷中会问学员"喜欢一次课程安排多长时间"或"认为某课程采用什么授课方式比较好",这些问题得到的答案,对课程的安排和授课没有太大影响,因为学员并不具备决定权。

(3)问题的客观性。若问卷的问题,是想了解学员工作中的问题或困惑,那么在设计问题时,必须要符合实际情况。提出的问题尽量具体,是学员们可以回答的一手信息,杜绝"假、大、空"。

(4)问卷的整理和分析。在问卷设计时,还需要考虑问卷的整理和分析工作。一方面,跟问卷目标相关度越高的问题,最终进行问卷整理和分析的价值越大;另一方面,在问卷的整体结构、布局等方面,均需要考虑到是否更有利于被调查者如实填写。

2. 换位思考

问卷设计时遵循以终为始的原则,确保我们走在正确的道路上,这是在处理事情。一份问卷是否有效,取决于被调查者是否愿意填写,是否如实填写。因此,我们还需要换位思考,有效处理被调查者的心情。这体现在问卷结构的四个方面,如图 3-46 所示。

(1)标题。标题简短明确,让人一看就知道填写对象是谁,问卷的目的是什么。被调查者也据此来评估这样一份问卷跟自己有多大关系,从而决定填写还是不填写,是认真如实填写,还是敷衍了事。

模糊的标题,会引发被调查者的自我保护,无法如实填写。例如,"满意度调查表"这个问卷标题,就看不出填写的对象和目的。

有效标题的三要素为简洁、聚焦、措辞,均体现出了换位思考。

①简洁。简短明确的标题,便于被调查者理解。

②聚焦。明确指向问卷填写的对象和内容的标题,能快速将被调查

者与问卷联系起来,提升关注度。

③措辞。用被调查者感觉舒服的措辞,引发其对问卷的重视,激发填写的意愿。

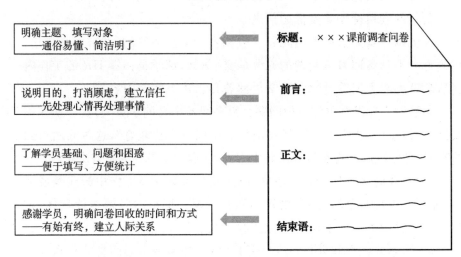

图 3-46 问卷设计原则之换位思考:问卷的结构

(2)前言。前言类似我们在沟通中的开场白,决定了对方是否愿意跟我们继续交流,是否愿意真诚沟通。作为单向沟通的问卷,前言要解决的就是被调查者的意愿问题。如图 3-47 所示的"四心",有助于被调查者发自内心愿意填写问卷。

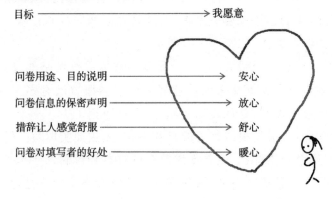

图 3-47 "四心"前言

图 3-47 的"四心"思路如下:

①安心。在问卷的前言中,通过说明问卷的用途(指明方向)和目的(目的地)来让被调查者安心。

②放心。在培训需求问卷中,需要了解学员的各种问题和困扰。学员出于自我保护的心理,加上趋利避害的天性,担心如实填写会给自己带来威胁或麻烦,在填写问卷时,可能会有所保留,导致问卷信息的不全面或不深入。因此,在问卷前言声明内容保密,可以让被调查者放下戒备,如实填写。

③舒心。在人际交往时,往往一个错误的称呼就可能切断继续交流的道路,问卷也是一样。选择什么样的称呼,需要综合考虑企业的文化、被调查者的职位、年龄等综合因素。通常互联网企业的文化是创新宽松的,称呼上面可以相对轻松;国企或军事化管理的企业,文化是等级观念较重、相对严肃的氛围,若用轻松的网络称呼就显得格格不入了。

④暖心。在前言中需要建立起被调查者与问卷内容的连接,告知填写问卷对被调查者的好处,强调信息准确的重要性,让对方觉得设计这份问卷是在替自己着想,从而提升对问卷填写的兴趣和重视度。

此外,也要避免过度讨好被调查者,给出一些不切实际或夸大的承诺。最终希望越大,失望也越大。因此,对前言中每个字句都需要细细斟酌,并站在对方的角度来感受,确保不引起负面的感受和情绪。

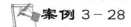
案例 3-28

"门店销售技巧"培训学员反馈表的前言

张旭为即将进行的"门店销售技巧"培训设计了一份学员反馈表,学员是门店的销售人员。其中,前言内容如下:

各位伙伴,为了提升业绩,请把你在销售中的问题进行反馈,让你有更多收获,谢谢!

【案例分析】

我们按照前言设计的"四心"来看看这个案例。

(1)安心。这份前言中,没有明确的问卷用途和目的。"让你有更多收获"这句话太过空泛,无法让人安心。

(2)放心。这份前言中,没有信息保密的声明,可能会导致被调查者有顾虑,无法如实填写。

(3)舒心。这份前言中的措辞,如"为了提升业绩""让你有更多收获"等都比较笼统,让人看了有种不踏实的感觉。

(4)暖心。这份前言中,提到"为了提升业绩",看似站在学员角度思考,但冷静下来想想,就发现这像是口头支票。因为想通过一场培训,达到提升业绩的效果,几乎是不可能完成的任务。而且这个说法跟"让你有更多收获"一样,是在给自己挖坑。

在跟张旭沟通后确认:这份问卷的目的,其实是想收集学员销售问题的反馈,作为课程设计的依据。于是,将前言调整如下:

各位伙伴,为了让"门店销售技巧"培训对大家的销售工作有更多帮助,特别设计此问卷,作为课程设计的依据,内容保密。谢谢!

为了便于大家运用,我设计了一个简单的"四心"前言模板。

```
_____(称呼)
    为了_____(问卷的目的),以便_____(对被调查者的好处)。请填写以下内容,作为_____(问卷的用途)。所填写内容保密。_____(感谢)。
```

(3)正文。在一份问卷中,标题和前言都是对正文的铺垫,以便提升被调查者填写问卷的意愿。正文内容是达成问卷目标的关键。所以,正文的每个问题,需要同时考虑到愿意填写和能够填写两个方面。

①先处理心情,消除戒备。斟酌每个问题的表达方式和措辞,让被调查者消除戒备,避免反感。

②针对性提问,确保被调查者能够回答。

(4)结束语。结束语就像我们在送客人离开时说的话,可以很简单地说句谢谢,也可以根据情况多交代两句,或者顺便征询一下对问卷设计和问卷调查的看法。如若没有,下次就不好见面了。

(四)问题类型

1. 开放式问题

开放式问题,属于问答题,允许被调查者用自己的话来回答问题。这样的提问,会得到各种不同的答案,给统计带来一定困难。但开放式问题,有利于我们了解更多的信息。

课前调查问卷中,开放式问题主要包括概念性问题和描述性问题。

(1)概念性问题。如:您认为什么是管理?

(2)描述性问题。如:您在培育部属时最大的问题是什么?

2. 封闭式问题

封闭式问题,属于选择题,是在每个问题后面给出若干选择答案,被调查者只能在这些备选答案中进行选择。

在课前调查问卷中,封闭式问题可以从观念、知识、行动三个方面去设计。如:

您认为沟通技巧好的人都能说会道吗?	经常	有时	从不
您认为沟通就是"我跟他说了"吗?	经常	有时	从不
您只有在出问题时,才跟部属进行沟通吗?	经常	有时	从不

3. 半封闭式问题

半封闭式问题是上述两种问题的折中,虽然提供选择,应答者还可以创造自己的答案。

例如,你在培训需求访谈中遇到的问题有(　　)。(请只选一项)

A. 访谈信息没用

B. 访谈时间不够

C. 访谈得到信息模糊

D. 其他(　　)

半封闭式问题的优点是"其他"可弥补给定选项的局限,给被调查者提供了自己发挥的机会。

半封闭式问题的缺点是考虑到填写方便,被调查者可能会忽略"其他";"其他"类提供信息较少。

二、如何设计有效的问卷

没有错误的答案,只有错误的问题。无效的问卷均来自无效的问题设计。以下分享如何才能问对问题。

（一）问对问题的三个要素

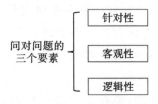

图3-48 问对问题的三要素

1. 针对性

模糊的问题，只能得到模糊的答案。有效问题的第一要素就是针对性。这里的针对性包括四个方面，如图3-49所示。

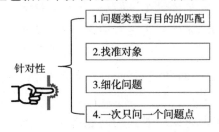

图3-49 问对问题的三要素之针对性

（1）问题类型与目的的匹配。在问卷设计中，半封闭式问题用得不多，表3-14提供了开放式问题和封闭式问题在培训问卷的目的一览表。

表3-14 开放式问题和封闭式问题的目的一览表

问题类型		目的	举例
开放式问题	概念性问题	了解对一个问题的认识程度	您认为什么是沟通？
	描述性问题	了解一个问题点	您在向下沟通方面最大的困扰是什么？
封闭式问题		观念	您认为能说会道就是会沟通吗？
		知识	您认为沟通就是"我告诉你"了吗？
		行动	部属在出问题时，会主动向您汇报吗？

一般来说，开放式问题得到的信息是发散的，封闭式问题得到的信息

是聚焦的。在选择问题类型前,首先要明确提问的目的。

明确提问目的后,还需要考虑问题的设计不能超出被调查者的理解能力和认知能力。

我们需要问自己几个问题进行检验:
①这些问题都是必要的吗;
②这些问题是否符合调查目标;
③这些问题表达明确,无歧义吗;
④这些问题适合被调查者回答吗。

(2)找准对象。每个问题的目的,决定了提问的方向。很多时候,问卷的目的本身就是错误的。因为问题希望获得的信息,可能超出了被调查者的信息量、理解力或责任范围。我们通过案例 3-29 看看找错对象有哪些具体表现。

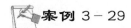
案例 3-29

员工调查表

小李:我们在刚结束的"员工调查表"中,有一个问题"你觉得主管在和不在一个样吗?"结果有超过 60% 的员工的答案是"一样"。这样的结果,我们还是不知道这个主管做得好还是不好。

苏平:这个问题的产生,源于我们在问题设计前,没有明确想得到什么信息。"你觉得主管在和不在一个样吗?"这个问题,让员工感觉是在评估自己的工作态度,结果自然是"一样"。

从你刚才的描述来看,你们是想获得关于主管工作评价的信息。

首先需要明确要评估主管的哪些具体方面(沟通、授权、领导艺术等),而不是好或不好。因为一个问题,最好只考察一个方面,否则就会因太概括而不能达到目的。

假设我们想知道主管对下沟通的效果如何,可以设计如下问题。
封闭式问题:
沟通时,您的主管会重复您的话吗? （了解沟通的技巧）
          经常 有时 从来不
您的主管会主动跟您沟通吗? （了解沟通的态度）
          经常 有时 从来不

开放式问题:您跟主管的沟通过程中,存在哪些问题?

【案例分析】

这个案例中的问题,没有找准对象——问卷是要调查谁,让被调查者误会了调查的目的,所以没有得到想要的结果。同时,问题细化是问出好问题的关键。案例中"好"与"不好"的评价太笼统,每个人的标准不同,最终的回答对于调查的目标——评价主管工作,没有太大帮助,属于无效问题。

(3)细化问题。无论开放式问题,还是封闭式问题,都可运用PDCA(计划、实施、检查、改善)或5W1H进行聚焦。以问卷设计为例:在问开放式问题时,如果想了解学员在问卷设计方面的问题,可以先问一个总的问题。

①您在问卷设计方面最大的挑战是什么?

然后,问P、D、C的问题。

②您在问卷设计前会做哪些准备工作?(P)

③您在设计问题时有哪些困扰?(D)

④如果要检验一个问题是否有效,您会考虑哪些因素?(C)

如果这份问卷开放式问题关键的分信息是P和D,则可以视情况考虑删除C的问题。若有必要,也可以针对被调查者的共性问题,设计为封闭式问题。同时,结合前期需求调研得到的学员共性问题,运用5W1H细化封闭式问题关键的分信息。

5W1H在细化问题时非常好用,可以根据需要,选择5W1H中全部或部分来运用。

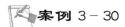

案例 3-30

了解班组长的表扬技巧

可以运用5W1H细化为如下问题。

why(为什么):一般在哪些情况下会表扬员工?

when(时间、时机):在员工有好的表现后多久后进行表扬?

A.1小时以内　　　B.2~8小时　　　C.8小时以上

where(地点):在什么场合表扬员工?

what(什么):表扬员工会说哪些内容?

how(如何):细化为表扬的步骤、方式、措辞等,分别提出相应的问题。

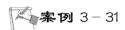 **案例 3-31**

了解学员对工作分配的跟进情况

想了解学员对工作分配的跟进情况时,可以细化如下。

when(时间、时机):跟进的时机。

what(什么):跟进的内容。

how(如何):跟进的方式、跟进后的情况处理等。

(4)一次只问一个问题点。当我们看到这样一个问题"您认为为什么会因沟通不良而导致执行不力?"时,您会如何回答呢?

可能的情况是:有人会将重点放在为什么会"沟通不良",有人会将重点放在为什么"执行不力",有人会同时回答两个问题,但均为蜻蜓点水。这样的结果,会使调查问卷的汇总结果过于分散,无法提供有效的帮助信息。

一个问题,只提出一个问题点,不但被调查者的回答有针对性,而且进行问卷信息汇总时更容易聚焦。否则,被调查者的回答五花八门,做问卷汇总时也无从下手。

2. 客观性

问卷调查的目的是获得学员真实的想法和客观的信息。所以,在问卷设计时,需要做到三个避免:避免假设、避免引导、避免暗示,如图 3-50 所示。

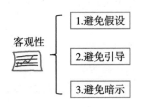

图 3-50 问对问题的三要素之客观性

(1)避免假设。问卷设计者的假设,很多时候都需要一定的前提才能成立。若假设不成立,该问题也就成了无效问题。

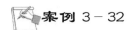 **案例 3-32**

"店员销售技巧"课前问卷

刘远致在"店员销售技巧"课前问卷中,设计了下面的问题:

你跟刚进店的顾客打招呼时,会说什么?

目的:了解店员如何跟客户寒暄。

【案例分析】

此问题无效。因为问题中有个假设:所有被调查者(店员)都会在顾客进门后主动打招呼。如果这个假设不成立,平时不主动跟顾客打招呼的店员,可能就无法回答这个问题,导致问题失效;或者怕如实填写自己不打招呼被认为不够专业,就随便写,导致问卷回收的信息不真实,违背了问卷设计的初衷。

这个问题的目的是了解店员如何跟客户寒暄,我们可以换个方式来提问,例如:您认为跟客户寒暄时,可以有哪些切入点?这样,即使平时不跟客户寒暄的店员,也会思考这个问题,分享自己的想法。而这些来自学员的答案,可以丰富培训内容,为培训提供更多素材。

(2)避免引导。用引导的方式提问,会影响被调查者回答问题的方向和思路。最终结果是得到了自己希望得到的信息,而非被调查者真实的想法和客观的信息。

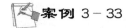
案例 3-33

形容词、副词挖的"坑"

张淼在一次"基层管理者的人力资源管理"课前问卷中,设计了下面的问题。

1. 您是否跟大多数人一样,认为培训影响了工作?

  A. 是的   B. 有时   C. 从不

2. 您是否只有在发现问题时,才会与部属沟通?

  A. 经常   B. 有时   C. 从不

目的:了解学员向下沟通的主动性。

【案例分析】

问题 1 会影响被调查者为了从众而选择 A,但不一定是真实的想法,无法达到问卷的目的。

问题 1 可以调整为:您是否认为培训影响了工作?

  A. 是的   B. 有时   C. 从不

问题 2 中的"只""才"都具有明显的引导,可能会得到一致的答案。

即使平时经常有这样行为的被调查者,因为"只""才"的提醒,意识到这样做不对,可能会选择 B 或 C,以证明自己做得还不错。但这样得到的信息,就无法反映出客观事实,失去了做问卷调查的意义。

从这个案例中可以看到,若在提问中使用了形容词、副词这些有感情色彩的词汇,会使人们跟随自己的情绪来填写,而非理性。所以,在设计问题时,要避免使用副词、形容词,以保持客观中立。

（3）避免暗示。暗示的作用跟引导一样,会使被调查者隐藏真实的想法。

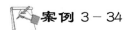案例 3-34

自问自答的提问

刘文宗在"基层管理者的角色认知"培训中,设计了下面的问题。

1. 做管理比做技术更有前途,您喜欢哪个?

A. 技术　　　　　B. 管理

2. 教别人虽然比自己做慢,但这是管理者的工作之一,您同意吗?

A. 同意　　　　　B. 不同意

【案例分析】

这两个问题都有点像自问自答,因为提问本身就提供了选择的理由。但这个理由是问卷设计者的,非被调查者的。这种表达会影响到被调查者的认知和选择,使他们难以做出独立的判断。

这两个问题可以调整如下。

1. 您更喜欢做管理还是做技术呢?

A. 技术　　　　　B. 管理

2. 在工作中,您更倾向于自己做还是教别人做呢?

A. 自己做　　　　B. 教别人做

理由是:_____

3. 逻辑性

每个问题是否有效,需要以终为始来思考,从提问的目的进行评估。同时,问题的选项要符合 MECE 原则,确保无遗漏、不交叉,如图 3-51 所示。

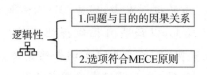

图 3-51　问对问题的三要素之逻辑性

(1)问题与目的的因果关系。在众多的问卷点评中,我发现单纯看某个问题觉得还好,可一旦结合提出这个问题的目的来看,情况就不乐观了。问题与提问的目的是否有最直接的因果关系,这是问对问题的关键。

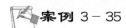 案例 3-35

"内训师的授课技巧"课前问卷

张凯在"内训师的授课技巧"课前问卷中,设计了下面的问题。

1.请问您平时上台讲课会不会很紧张?
　　A.经常　　　　　　B.有时　　　　　　C.从不
目的:了解他们的培训技巧。

2.请问您在上课时,有没有学员不专心听讲?
　　A.很多　　　　　　B.少数　　　　　　C.没有
目的:了解讲课的主题有没有引起学员的兴趣。

【案例分析】

问题 1 无效。原因如下:

(1)问题与提问的目的不一致:紧张不等同于培训技巧有问题。

(2)"很"有引导的嫌疑,可能会影响到被调查者的选择。

如果想了解学员的培训技巧,可以将培训技巧进行细分,每个问题只针对一个细分的选项进行提问。

问题 2 无效。原因如下:

(1)不专心听讲没有统一的衡量标准,无法判断。

(2)学员是否专心听讲与课程的主题有没有引起学员的兴趣之间没有最直接的因果关系。说不定学员们正是因为对课程主题有兴趣才私下讨论,导致没有认真听老师讲课。

如果想要了解课程主题是否能引起学员的兴趣,需要回到前面的问题树,看看课程内容是否有针对性地解决了学员的培训需求,而非用问卷来了解。

这两个问题均与提问的目的没有直接的因果关系。

(2)选项符合 MECE 原则。MECE 原则是完全穷尽、相互独立,具体到问卷中问题的设计,就是选项无遗漏,每个选项不交叉。

封闭式问题的目的主要是聚焦共性需求。在问卷设计时,不可能将某个问题所有涉及的选项都列出来。所以,在问卷准备时,需要先找出在本次被调查者身上发生频率高的 4~5 个选项,并确认这几个选项互相独立,没有交叉。

(二)问对问题的三步骤

培训问卷的目的是要了解被调查者的真实想法和事实。要达到这个目的,问卷的设计就要让被调查者愿意回答、容易回答、能够回答。具体到问卷的每个问题设计,可通过三个步骤来实现,即想清楚、说明白、巧表达。

1. 想清楚

在动手设计问卷问题前,先回顾这份问卷准备的 4W,明确最终想要到达的目的地。简单地说,也就是问自己:为什么要设计这份问卷,希望通过这份问卷获得哪方面的信息,填写的对象是哪些人。这样做的好处有:

(1)在确定问卷整体结构时,选择与目标达成相关度高的分信息,有利于聚焦。

(2)在明确每个问题的目的时,作为评估该问题是否必要的依据。

(3)在设计封闭式问题选项时,能够换位思考并筛选受众的共性选项。

那么,想清楚,都要想些什么呢?答案是侧重在问对问题的三要素。表 3-15 提供了应该"想清楚"的问题列表。

表 3-15 应该"想清楚"的问题

问对问题的三要素		问题
针对性	1. 问题类型与目的的匹配	开放式问题还是封闭式问题更有利于达成提问的目的?
	2. 找准对象	被调查者有这个问题的第一手资料吗?他们对这个问题有决定权吗?这是他们专业范围内的问题吗?
	3. 细化问题	这个问题是否还可以运用 PDCA 和 5W1H 来分解?
	4. 一次只问一个问题点	这个问题中有几个关键词?

续表

问对问题的三要素		问题
客观性	1. 避免假设	问题中是否有假设的前提？
	2. 避免引导	问题中是否有引导的字眼？（例如：形容词和副词）
	3. 避免暗示	问题中是否有影响被调查者自主判断的表达？
逻辑性	1. 问题与提问目的的因果关系	问题与想要获得的信息之间，是否为最直接的因果关系？
	2. 选项符合 MECE 原则	封闭式问题的选项是否相对全面且不交叉？

2. 说明白

问卷是一种单向沟通的方式，如果我们提出的问题不够清楚、明白，根本没有机会向被调查者做解释和弥补。被调查者会按照自己的理解去填写，甚至因无从下手而敷衍。最终得到的信息，可能不是我们想要的。所以，将问卷中的每一个问题都一次说明白非常重要。可能有人会问："怎么才知道自己是否说明白了呢？"这主要体现在三个方面：问题是否通俗易懂，是否无须解释，是否简洁明了。

（1）通俗易懂。一般情况下，通俗易懂的表达中，没有生涩难懂的术语和专有名词，便于受众的阅读和理解。作为问卷要求则更高，被调查者不但要理解，还要能够如实回答。所以，在问卷问题的设计上，通俗易懂还意味着：用被调查者熟悉的语言来表达，用被调查者熟悉的情境进行描述。

在问卷设计时，通俗易懂是相对的。因为要"俗"到什么程度，是由被调查者的基础和整体水平决定的。某些术语，对于这个行业小学学历的操作工人来说，是俗的，但对于其他行业的高级工程师而言，可能就无法理解。所以，在进行问卷的4W准备时，就需要了解到被调查者的基础和整体水平。在问题设计时，要让被调查者全体中基础最差、理解能力最弱者能够看懂，并能够回答，才能叫通俗易懂。

（2）无须解释。有效的问题，是无须解释的。尤其针对问卷这种单向沟通方式，如果被调查者对于问题本身的理解不同，得到的信息就很难聚焦。要做到无须解释，需要注意下面两个要点。

①主语明确。现在很多人都喜欢网络语言,因为随意、简单。没错,在口头交流中,网络语言的确便捷,但在问卷设计时,就需要按照规范来表达了。其中比较容易忽略的问题就是主语,要么没有主语,要么就是主语不明确。

②要求清晰。一个问题中,只有一个动宾结构(即动词+名词),确保被调查者对提问者希望自己做什么有一致的理解。例如:请您写出一个自己在跨部门沟通中遇到的问题。

(3)简洁明了。简洁明了的表达,更容易让人理解。那么,什么样的问题是简洁明了的呢?我们可以从下面三个方面来做自检。

①主谓宾关系明确,否则会让人摸不着头脑。

②封闭式提问中不用副词和形容词。副词和形容词(如很多、经常、特别、仅仅等)出现在封闭式提问的问题中,会引发被调查者的情绪,影响到客观的判断,与问卷设计的初衷不符。

③能量化的选项,尽量给出具体的数字区间,便于被调查者选择。如年龄段、工作年限、达成率、发生频率等。

要想将每个问题一次说明白,开放式问题和封闭式问题的侧重点有所不同。表3-16汇总了两类问题的要点。

表3-16 开放式问题和封闭式问题"说明白"的要点一览表

问题类型	目的	提问方向	要点		
			通俗易懂	无须解释	简洁明了
开放式问题	了解被调查者对某个概念的认知程度	用"如何理解……""什么是……"来提问	用被调查者熟悉的语言来表达	主语明确,要求清晰	主谓宾关系明确
	了解被调查者的某项技能	提供需运用该技能的工作情境,请被调查者提供解决方案	用被调查者熟悉的情境进行描述	要求清晰、具体	使用"情境—冲突—问题"或STAR(情境—任务—行动—结果)原则描述情境

续表

问题类型	目的	提问方向	要点		
			通俗易懂	无须解释	简洁明了
封闭式问题	了解被调查者的观念	1.问题中提供答案,选择认同程度 2.提供几个选项,请其选择认同的	使用被调查者能看懂并有一致理解的措辞提问	问题表达清晰,选项不交叉、无遗漏	提问中不用副词和形容词
	了解被调查者某方面的知识	1.问题中提供答案,请被调查判断对错 2.提供几个选项,请被调查者选择正确的	使用被调查者能看懂并有一致理解的措辞提问	措辞无歧义,要求清晰(如:勾选您认为正确的选项)	主谓宾关系明确
	了解被调查者的某种行动	从情境导入,询问被调查者的具体行动或步骤	用被调查者熟悉的语言描述实际工作中的情境	行动的类别清晰(如沟通情境,是提问还是回应)	用情境+提问的句式,如:当……,您会……

3. 巧表达

在人际沟通中,有时我们觉得自己已经说得很清楚了,对方却没有给出任何回应。遇到这样的情况,我们一般会反思两个问题:一是我真的说明白了吗;二是对方是否愿意回答呢。在问卷设计这种单向沟通中,也存在同样的情况。问对问题的三个步骤是想清楚、说明白、巧表达。其中,想清楚和说明白是以终为始处理事情,巧表达则需换位思考提问题,确保被调查者愿意回答、能够回答。

(1)愿意回答。在本节"课前问卷设计的原则"中的"换位思考"部分,从问卷的结构——标题、前言、正文和结束语四个方面做了说明,如表3-17所示。

表 3-17 问卷设计中的换位思考

问卷结构	要素	要求
标题	简洁	简短明确
	聚焦	明确指向问卷的填写对象和内容
	措辞	用被调查者舒服的措辞
前言	安心	说明文件的用途和目的
	放心	问卷信息的保密声明
	舒心	措辞让人感觉舒服
	暖心	说明问卷对填写者的好处
正文	消除戒备	斟酌每个问题的表达方式和措辞,让被调查者消除戒备,避免反感
	针对性提问	基于被调查者的基础和情况,提出对方能够回答的问题
结束语	有始有终	简短说"谢谢",或视情况增加内容

(2)能够回答。"愿意回答"是处理被调查者的心情,"能够回答"则是处理事情。对于一份课前需求问卷来说,"能够回答"包括两个方面。

①容易回答。什么样的问题才能让被调查者容易回答呢？这就需要前期对被调查者的基本信息有所了解,才能提出与被调查者知识、信息量和理解度相匹配的问题。以学员同为中层管理者的跨部门沟通课前问卷为例,服装厂和高科技企业的中层管理者,一般在学历上就有很大的差异,在提问的措辞上就要进行区分。

②如实回答。课前需求问卷的目的,是通过问卷的答案收集学员的现状和问题点,验证前期诊断和调研的准确度,同时聚焦共性问题,确定课程的重点模块和内容。如果被调查者愿意回答,也容易回答,但出于自我保护、面子或其他原因,回答的信息是虚假的,也同样会导致无效问题。

问题"能够回答"要点如表 3-18 所示。

表 3-18 问题"能够回答"要点

要素		要求
容易回答	1. 通俗易懂	用被调查者能理解的方式提问
	2. 能力	被调查者应具备回答这个问题的相应知识和能力
	3. 信息量	被调查者要有足够的信息回答这个问题
	4. 理解度	被调查者应对问题有一致的理解
如实回答	1. 回避隐私	问题中不涉及隐私
	2. 顾及面子	问题的措辞要顾及被调查者的面子
	3. 避免冲突	提问时用第三方表达,避免被调查者因自我保护而隐瞒真实信息

（三）多重验证：有效问题评估

没有错误的答案,只有错误的问题。因为问卷是单向沟通,一旦问卷下发后,就很难有机会一个个纠正和解释。所以在问卷设计完成后,还需要进行多重验证,确保问题的有效性。问卷的评估主要有两种方式——自评和他评,如图 3-52 所示。

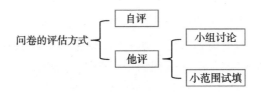

图 3-52　问卷评估方式

1. 自评

自评是问卷设计者对问卷进行自我评估。在进行自我评估时,可以先评估是否违反原则,再斟酌措辞。

表 3-19 为有效问题点检表,它为自评提供了从准备、设计到检查的各个项目要点。其中,准备阶段的前四个 W（why、who、where、when）帮助我们梳理为什么要设计这份问卷,回顾被调查者的基本信息、问卷的类型和填写时间,便于后续的问题评估。

表 3-19 有效问题点检表

项目	问题			评估
准备 (P)	why:做这份问卷的目的是什么?			
	who:问卷的填写对象是哪些人?			
	who:需要事先了解填写对象的哪些信息?			
	where:问卷的发放地在哪里?(即:问卷类型)			
	when:什么时候填写?(时机)			
	what: 问卷内容	1.问卷结构	问卷的整体结构完整吗?	
		2.问卷整体逻辑	问卷的逻辑清晰吗?	
		3.问卷每个问题	每个问题能够实现提问目的吗?	
设计 (D)	有效问卷 的三性	1.针对性	(1)问题类型与目的匹配吗? (2)细化问题了吗? (3)是否一次只问一个问题点?	
		2.客观性	(1)问题中是否有假设的前提? (2)问题中是否有引导的字眼? (3)问题中是否有暗示?	
		3.逻辑性	(1)问题与想要获得的信息之间,是否为最直接的因果关系? (2)封闭式问题的选项是否全面?	
检查 (C)	同理预演 三步	1.意愿	被调查者愿意回答吗?	
		2.能力	被调查者容易回答吗?	
		3.达成度	被调查者会如实回答吗?	
	问题验证 三问	1.表达的清晰度	问题是否需要解释?	
		2.问题的必要性	问题是否有一致的答案?	
		3.可衡量	问题是否有统一的衡量标准?	
完善(A):以上项目中的任何一个有问题,则需调整				

2. 他评

不识庐山真面目，只缘身在此山中。为了确保问卷的客观性和有效性，他评是不错的选择。常用的他评方式，主要有小组讨论和小范围试填。

(1) 小组讨论。在问卷设计完成后，可以通过小组讨论的方式对问卷的有效性进行评估。小组成员可以是HR、内训师、学员主管、学员等，根据自身的资源情况来确定。小组讨论时，可提供表3-19的点检表给所有小组成员，然后对点检表中的每个项目做说明，确保每位成员都已经理解。之后，大家以此为依据，逐项进行点评，培训师做相应调整。

(2) 小范围试填。小范围试填的对象是被调查者。通过这样的方式，可以发现问卷设计中的不足和问题点，及时修改问卷内容，避免无效问题。同时，因小范围试填的对象就是被调查者自身，对他们的答案进行分析和比对，比通过其他人猜测和想象来判断更有说服力，问卷问题的调整也更有依据，容易找到切入点。我在给企业做内训前，均会根据初步的课程大纲设计课前需求问卷，然后提供给HR，请其自己和学员试填，如果遇到问题反馈给我，再调整问卷内容。

运用小范围试填进行问卷评估，有下面两个注意事项。

① 填写者的代表性。在选择小范围试填的填写者时，需要考虑到填写者的典型性和代表性。

② 问卷结果分析。通过小范围试填来评估问卷的有效性，主要从问卷的结果分析展开。通过对回收的问卷进行汇总，分析这些信息是否达到了预期的目的。针对未达到预期目的的问题，再从"想清楚""说明白""巧表达"三个方面进行反思，做出相应的调整。这样，我们的问题改善就有了明确的方向。

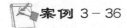

案例3-36

张芸设计的问题
"如何整理演讲思路"课前调查问卷

尊敬的各位主管：

您好！为配合本课程的展开，请您填写以下内容，作为设计课程的参考，以便更好地满足您的需求，使您有更多的收获。谢谢合作！

- 基本信息：

姓名：_____　　性别：☐男 ☐女

学历：☐硕士 ☐本科 ☐专科 ☐中专 ☐高中　　其他：_____

毕业院校：_____　　所学专业：_____

所在部门：_____　　职位：_____

担任该职位年限：☐1～3年 ☐4～5年 ☐6～9年 ☐10年及以上

1. 您在整理演讲思路时，最大的困惑是什么？
_____

2. 您一般通过哪些渠道进行演讲素材收集？
_____

3. 您对演讲素材进行取舍时，会考虑哪些因素？
_____

	A	B	C
4. 您是否觉得整理演讲思路是件困难的事情？	☐经常	☐有时	☐从不
5. 您是否会在每次演讲前确定目标？	☐是的	☐有时	☐从不
6. 您是否觉得很难收集到合适的演讲素材？	☐经常	☐有时	☐从不
7. 您是否觉得自己的素材收集方法不足？	☐经常	☐有时	☐从不
8. 您是否在素材取舍时犹豫不决？	☐经常	☐有时	☐从不
9. 您是否不知道如何确定演讲的重点？	☐是的	☐有时	☐从不
10. 您是否觉得在演讲逻辑方面有待提升？	☐经常	☐有时	☐从不

非常感谢您的宝贵时间，我们会尽力安排好此次课程。谢谢！ ☺

【案例分析】

1. 问卷结构完整

此问卷包括了标题、前言、主体（正文）、结束语，符合问卷的结构要求。

2. 问卷针对性

对照课程大纲

一、有效素材收集攻略

1. 演讲目标确定三要素

2. 素材收集途径

3. 素材收集方法

二、如何梳理思路

1. 内容为王
   - 取舍有道
   - 主次有别
2. 逻辑性呈现
   - 三种逻辑顺序
   - 串起珍珠的主线

我们可以看到：所有问题，均以课程大纲为依据。其中，3个开放式问题先总后分（问题1了解学员演讲思路整理的问题，问题2侧重素材收集，问题3侧重内容取舍），且问题2和3的顺序，与课程大纲一致。7个封闭式问题，对应了图3-32问题树上的问题点。

3. 问卷的逻辑性

例如：封闭式问题中，问题4与后面的问题之间，是总和分的关系。问题5~9都是关于素材收集方面的问题，且问题5"演讲目标确定"跟问题8、9之间是因果关系（因为没有明确的目标，无法确定重点内容，也导致素材的取舍失去依据）。

4. 问卷的避谎性

问题3和问题8，都是关于素材的取舍，具有互相验证的功能，可以避谎。问题4、6、8、9、10的勾选，可与问题1进行比对，确认二者的一致性。

三、课前调查问卷的汇总和提炼

课前调查问卷帮助我们收集到了学员们的需求和问题，但这些都比较零散，需要进行汇总和统计。课前调查问卷由开放式问题和封闭式问题组成，我们需要分别对这两类问题进行汇总和分析。

课前问卷汇总有以下目的。

（1）聚焦：通过封闭式问题，找出培训需求排名前三位的问题，结合开放式问题，确定课程重点模块和内容。

（2）验证：通过开放式问题，验证学员需求与封闭式问题是否一致；是否有课程大纲设计中遗漏，却是学员普通关注的问题（如果有，则增加到课程大纲内容中）。

案例 3-37

"如何整理演讲思路"问卷汇总

                                 A   B   C

4. 您是否觉得整理演讲思路是件困难的事情？

                                 经常(11)   有时(8)   从不(5)

5. 您是否会在每次演讲前确定目标？是的(4)   有时(13) 从不(7)

6. 您是否觉得很难收集到合适的演讲素材？

                                 经常(9)   有时(9)   从不(6)

7. 您是否觉得自己的素材收集方法不足？

                                 经常(2)   有时(8)   从不(14)

8. 您是否在素材取舍时犹豫不决？经常(5)   有时(12) 从不(7)

9. 您是否不知道如何确定演讲的重点？

                                 是的(10)   有时(10) 从不(4)

10. 您是否觉得在演讲逻辑方面有待提升？

                                 经常(11)   有时(10) 从不(3)

步骤一　学员基础了解

通过课前调查问卷的基本信息栏，可以了解到学员的教育程度、工作范畴和内容。结合开放式和封闭式问题的回答，可以知道学员对培训主题的起点和基础。

针对学员的教育程度、工作和问题点，有针对性地设计课程，是问题树模型的核心，也是我们进行课程开发的基础。

课程的设计不能超出学员的理解能力，案例的设计不要超出学员经验范畴，才能便于理解和运用。

步骤二　数据统计

封闭式问题的统计，不是简单的加减，需要针对具体问题进行汇总。我们知道课前需求问卷汇总的目的，主要是明确学员的培训需求，而培训需求是学员现状与标准或要求之间的差距。也就是说，我们在进行问卷汇总时，将注意力放在学员的差距方面。

表 3-20 的统计表看似简单，却暗藏玄机，主要包括两个方面。

表3-20 封闭式问题统计结果

问题	A	B	C	D(需求人数) A+B	D(需求人数) C+B	排序
4	11	8	5	19		4
5	4	13	7		20	2
6	9	9	6	18		5
7	2	8	14	10		7
8	5	12	6	17		6
9	10	10	4	20		2
10	11	10	3	21		1

(1) 将中间项(B)统计在内。

为什么都要将B(有时、一般或偶尔)也统计在内呢？

在对自尊的研究中,即使得分最低的人,在给自己打分时也基本使用中等的评分标准。

例如,当我们问:"您是否觉得在演讲逻辑方面有待提升？"通常情况下,即使演讲时毫无逻辑、让人一头雾水的人,大多也会选"有时",而非"从不"。

(2) D(需求人数)组合规则依据:差距。

D(需求人数)就是在某个问题方面跟标准或要求有差距的学员数量。从表3-20中可以看到,D可能是A+B,也可能是C+B。这要根据每个具体的问题而定,同样是直接问差距的问题,计算却不一样。

问题9　您是否不知道如何确定演讲的重点？

　　　　　　　　　　　A.是的　　B.有时　　C.从不

这个问题体现差距的两个选项是A和B,所以D(需求人数)=A+B。

问题5　您是否会在每次演讲前确定目标？

　　　　　　　　　　　A.是的　　B.有时　　C.从不

这个问题体现差距的两个选项是C和B,所以D(需求人数)=C+B。

步骤三　找出重点问题

找出所有问题中D(需求人数)最多的前三位。

从表3-20中,可以看到:"如何整理演讲思路"问卷的封闭式问题中,D(需求人数)最多的前三位,依次为问题10(内容逻辑)、9(内容重点)、5(演讲目标)。

步骤四　重点问题分析,确定重点模块

对D(需求人数)统计最多的前三位问题,结合课程大纲进行分析,确定课程的重点模块和内容。

从表3-20中可以看到,排名前三位的问题分别为

问题10　您是否觉得在演讲逻辑方面有待提升?

问题9　您是否不知道如何确定演讲的重点?

问题5　您是否会在每次演讲前确定目标?

我们知道,之所以学员们"不知道如何确定演讲重点",跟没有确定演讲目标有关。

对应的课程大纲内容分别为

一、有效素材收集攻略

　　1.演讲目标确定三要素

二、如何梳理思路

　　1.内容为王

　　2.逻辑性呈现

　　　• 三种逻辑顺序

步骤五　汇总开放式问题,确定课程内容、提炼案例

封闭式问题都是标准答案,开放式问题则比较多元化,我们从中也可以了解到更多学员的需求。在汇总开放式问题时,为了聚焦,通常选取出现频率最高的前三位,综合评估确定课程的重点模块和内容。以上述的"如何整理演讲思路"课前调查问卷为例:

1.您在整理演讲思路时,最大的困惑是什么。

回答:恨不得把自己知道的都讲完,但时间有限,不知道如何取舍(15);内容编排混乱,结构不清晰(12);没有重点,容易跑题(8)。

这三个方面的问题,都跟演讲内容取舍相关,对应课程大纲第一、二部分。针对这些问题,我们可以将对策扩展到课程大纲中。

一、有效素材收集攻略

　　1.演讲目标确定三要素

- WHY
- WHAT
- WHO

二、如何梳理思路

1. 内容取舍
   - 目标
   - 时间
2. 如何确定重点内容
3. 逻辑性呈现
   - 三种逻辑顺序

2. 您一般通过哪些渠道进行演讲素材收集？

回答：网络(20)、看书(6)、观察(2)。

从这个问题的回答中可以看到,学员们收集素材的渠道比较单一,主要集中在网络,跟封闭式问题7的汇总是一致的。

此项内容对应课程大纲的第一部分,并将大纲修改如下：

一、有效素材收集攻略

2. 多途径素材收集

3. 您对演讲素材进行取舍时,会考虑哪些因素？

回答：有趣(12)、学员喜欢(6)、与主题相关(4)。

从这个问题的回答及其频率可以看到：学员们在进行素材取舍时,优先考虑的是有趣,而非演讲目标和主题。

此项内容对应课程大纲的第一、二部分,将"内容取舍"细化为"内容取舍依据"：

一、有效素材收集攻略

1. 演讲目标确定三要素

二、如何梳理思路

1. 内容取舍依据

课程大纲调整：

通过问卷汇总,发现素材收集的途径和方法,并非课程的重点内容,可将这两部分内容合并;同时结合上面内容扩展后,课程大纲内容就更丰满和聚焦了。

"如何整理演讲思路"课程大纲

一、有效素材收集攻略

  1. 演讲目标确定三要素

    · WHY

    · WHAT

    · WHO

  2. 素材收集

    · 多途径素材收集

    · 素材收集方法

二、如何梳理思路

  1. 内容取舍依据

    · 目标

    · 时间

  2. 如何确定重点内容

  3. 逻辑性呈现

    · 三种逻辑顺序

    · 串起珍珠的主线

再结合封闭式问题汇总的前三位问题,我们从这三个问题中区分出了优先顺序,见表3-21。

表3-21 三个问题的优先顺序及理由

问题	排序	理由	备注
10	1	同时出现在开放式和封闭式问题中,且在封闭式问题中排名第一位	
9	2	同时出现在开放式和封闭式问题中,且在封闭式问题中排名第二位	
5	3	只出现在封闭式问题中	

于是,我们确定课程重点模块和内容为

一、有效素材收集攻略

  1. 演讲目标确定三要素

二、如何梳理思路
　　2. 如何确定重点内容
　　3. 逻辑性呈现
　　· 三种逻辑顺序

本节详细内容,可查阅《培训师成长实战手册:培训问卷设计和运用》一书,如图 3-53 所示。

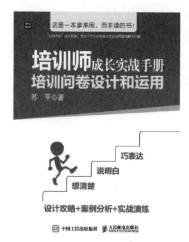

图 3-53 《培训师成长实战手册:培训问卷设计和运用》

课前需求问卷

1. 问卷设计,需要结构完整:标题、前言、主体、结束语。
2. 问对问题的三个步骤:想清楚、说明白、巧表达。
3. 对问卷中的问题进行汇总,选取学员们最普遍存在的问题点和困难点,作为课程的重点模块和内容。

第五节　渠成水到——引导式课程设计

一、量身定制的秘诀：每次培训都是第一次

张维是一家企业的 HR 兼内训师，他在群里提出了自己的困扰，引起了不少老师的共鸣。

张维："我们公司每三个月就要做一次新员工培训，课程都是一样的，很多课程都是我来上，我讲得都快吐了。遇到这样的情况，大家是如何保持激情的呢？"

张芸："这也是我想知道的呢。"

李菲："我的方法就是更换案例或授课方式，但效果一般。"

王磊："我每次调整心态，告诉自己：虽然我上了很多次，但学员是第一次听，要保证状态，尊重他们。"

张芸："这些方法听起来不错！还有吗？"

李悦："我的方法是通过参加问题树课程开发模型培训时学到的，特别有用。"

张芸："很好奇是什么呢？"

李悦："哈哈，就是量身定制。我当时也提出了这个问题，苏老师说：'每次课程的内容虽然一样，但每批次的学员是不同的，他们有着不同的知识、经验、问题和关注点，对应的课程重点也不同。'于是，培训结束后，我每次进行新人培训前，都会按照问题树模型的步骤，先通过人事资料汇总学员信息，了解他们的基础，再通过问卷或访谈的方式，了解他们的问题和关注点，然后据此确定课程重点内容。"

张维："每次都要这样做吗？会不会太麻烦了？"

李悦："是的，每次都要这样做。刚开始我也觉得太麻烦，但真正做下来，才知道这是磨刀不误砍柴工。刚开始我还怀疑：每批次学员的需求真的会不同吗？实际操作了 3 批后，我发现答案是肯定的。所以每次我的课程重点都不一样，自己也觉得不那么枯燥了。"

张芸:"这样培训效果也会更好。"

李菲:"看了李悦的分享,我终于知道自己之前的问题出在哪里了。我的做法还是以自己为中心,无论是换案例还是授课方式,都是凭着自己的喜好,没有考虑到学员的实际需求,怪不得出力不讨好。"

王磊:"是啊!现在回想起来,我每次课程前的心理建设其实也是自欺欺人。对学员真正的尊重,应该是深入了解他们的需求,而不是看似有激情地重复同样内容。"

李悦:"大家说得没错!我已经尝到了甜头,现在只要做培训,我一定会按照问题树模型的流程先做调研确定方向,再用问卷明确重点。"

苏平:"为李悦的学以致用点赞!我也来分享一个量身定制的案例吧。"

案例 3-38

"人际沟通技巧"公益培训

虽然此课程之前给昆山志愿者做过一次了,在第二、第三次时,还是按照一贯的流程进行:填调查表,反馈汇总,课程开发,培训后运用方案设计……

第二次:根据问卷反馈,我增加了"如何与陌生人交谈""如何提升听说能力"的部分,并更新了所有案例。同时考虑到课程是下午进行,增加了视频部分的内容,开场也结合热点选取……

第三次:根据问卷反馈,我把大家都非常关心的"如何有效表达"和"如何跟陌生人交流"作为重点内容,并将"沟通的KISS原则"细化为四个步骤,且请学员用一分钟来说服朋友参加培训。

张维:"看了苏老师这个案例,我也迫不及待要去尝试了。同时,我现在还有一个头疼的问题,即怎么才能找到合适的案例呢。在网上搜的都不太合适。"

苏平:"培训案例要贴近学员才能引起共鸣,引发学员的兴趣,通过课前问卷收集是最贴切的。此外,还可以通过生活、工作等其他方式来收集。我一个个来分享吧。"

二、案例提炼技巧

我们再回顾一下课前调查问卷的作用：

(1)了解学员基础、起点,确定适合的表达方式、授课方式。

(2)明确问题点,对症下药。

(3)澄清概念。

(4)确定授课重点。

(5)提炼案例。

前面已经有很多案例,展示了课前调查问卷的前四个作用,下面我们重点分享如何通过调查问卷提炼案例。

(一)案例选取的依据

课前调查问卷中,案例的选取应以课程重点模块、内容对应的问题为依据。

例如:在沟通技巧课程的大纲中,有对上(上司)、对下(部属)和平行(跨部门)沟通三个模块内容。对应的课前调查问卷开放式问题分别为

1.您在与上司沟通时,有什么困惑？请举例说明。

2.您在跟部属沟通时,有哪些问题？请举例说明。

3.您在跨部门沟通时,有哪些困难？请举例说明。

通过对课前调查问卷的汇总,发现学员的需求重点在与部属沟通的技巧。由此,我们便可以把案例的选取,放在与之相对应的问题2。

李悦:"苏老师,我有个困扰,在进行问卷汇总后,我常常不知道该如何从中提炼出案例。有什么具体的方法吗？"

苏平:"问卷信息庞杂,需要我们以终为始进行提炼。下面我来介绍三种从问卷中选取案例的方法:拿来、具体、概括。"

(二)问卷案例选取方法

在案例选取时,我们需要仔细分析课前调查问卷中的回答,并根据课程内容的需要,进行相应的加工和运用。

案例选取方法,主要有三种,如图3-54所示。

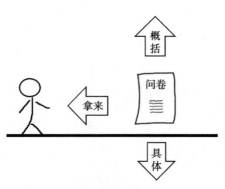

图 3-54 案例选取的三种方法

方法一 拿来主义——直接运用

可以将问卷中的内容直接运用。

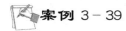

部属培育

课前调查问卷中有一个开放式问题:"您在部属培育中,主要的困难是什么?举例说明。"好几位学员都回答:"部属理解能力太差,教不会。"于是,我就在"部属培育技巧"章节的前言,设计了两个人的对话,用简笔画表现出来,如图 3-55 所示。

图 3-55 教不会

当我把这个案例展示出来后,不少学员都在笑。于是,我问:"大家是否遇到过这样的情况呢?"大家点头。我再问:"请问,造成这种情况的原因有哪些呢?是否都是因为员工笨呢?"

引导大家讨论后,得到了一致的结论:部属培训的方法和技巧很重要。这样就很自然地引出了下面的内容。

案例 3-40

有效沟通技巧

课前调查问卷中有一个封闭式问题：

您是否认为沟通的技巧比态度重要？　　是的　　有时　　从不

大多数学员选择了"是的"。于是，我直接设计了一个员工吵架的案例，如图 3-56 所示。

图 3-56　态度和技巧，哪个更重要

方法二　向下切入——具体事例

有时，学员的回答比较笼统，我们需要在此基础上，向下切入，设计具体的事例。

案例 3-41

有效沟通技巧

课前问卷中有一个开放式问题："您在跟部属沟通时，有哪些困惑和问题？"

有几位学员回答："部属不能很好地理解我的意图，结果往往不是我想要的。"

这是一个比较概括的问题。要形成案例，我们需要再具体一些。所以，我将这样的情况设计成一个场景，变成了一个关于材料发错的案例，如图 3-57 所示。

图 3-57 发错材料

在课程内容的"与部属沟通技巧"章节,我用这个案例引出了工作分配的技巧,效果很好!

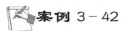 案例 3-42

干部应有职责

课前调查问卷中有一个封闭式问题:

您是否认为技术能手是好的管理人员?

　　　　　　　　　　　是的　　有时　　从不

有一半的学员选择了"是的"。

于是,我设计了一个"忙碌的马经理"的案例,用如图 3-58 所示的这个一直围绕着方框狂奔的动画,展现出案例内容:马经理是技术专家,看不惯部属的工作品质,事事亲力亲为。

图 3-58 忙碌的马经理

请大家对马经理的现状和未来进行分析之后,学员们达成共识:管理者是透过他人完成工作的。当部属工作质量不如意时,应以培训代替亲力亲为,因为团队绩效是管理者的业绩。

方法三　向上概括——提炼升华

有时,学员只是很零散地写出一些自己的问题和想法,需要我们去提炼和概括。

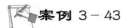

干部应有职责

课前问卷中有一个开放式问题:"您在管理工作中,遇到哪些问题?"

学员们回答:"客户太挑剔,对我们要求太高,员工很有意见;新人工作态度、技能都不行,上手慢,影响效率和工作质量;我们要求其他部门配合时,得不到相应的支持……"

我将这些现象收集整理,设计了一个开会的场景:当总经理问"为什么客户投诉增加"时,各部门主管说出了以上理由。我将此概括为"这是谁的错",作为课程内容"干部应具备的条件"的"责任心"部分案例,如图3-59所示。培训时,我展示了"这是谁的错?"这个案例,学员们很有共鸣。在针对案例进行小组讨论后,学员们分享了自己的感受和思考,也对自身的角色有了更深刻的认知,从而达到了预期的培训效果。

图3-59　这是谁的错

张维:"我还不会设计课前问卷。除了上网搜索外,还有哪些方法可以收集到案例呢?"

苏平:"处处留心皆学问,这话也适合培训案例收集。下面我分享八种途径,大家可以根据自己的情况选择。"

张维:"太好了!"

(三)问卷以外的案例收集

前面我们分享了从学员的课前调查问卷中提取案例的方法。这对于到不同企业去做培训的职业培训师,特别有帮助。如果学员跟自己不在同一个办公地点,内训师用这样的案例提取方式,也是比较快捷、客观的。

除此之外,我们还有以下方式,可以收集到案例。

1. 企业内部案例

我们可以通过下面的方式来获得企业内部的案例。

(1)观察。内训师可利用平时在公司里跟各部门近距离接触的机会,留心观察,将看到的问题分类记录下来。

(2)用心听。参加会议时,将与会者提出的问题、对策进行汇总,记录备案,供培训时选取、运用。

(3)主动交流。平时主动跟员工们交流、聊天,了解他们的感受、对公司的看法、他们的困惑和问题,收集起来备用。

(4)资料收集。通过报表、单据的分析,也可以从中找到不错的案例。

这些案例,可能只是个问题或者对策。我们在运用时,需要增加一些背景描述,添加一些细节,最好编成引人入胜的小故事。在讲故事的过程中,可以留一半给学员去发挥,然后分析,说明用意。这样既增加了互动,又能引发学员的兴趣。

2. 生活中的案例

生活中,有很多案例跟管理是相通的。只要我们善于观察和总结,就会有很多新发现。我常将自己在生活中的所见所闻写成文章,在进行课程设计和开发时,就从中寻宝,加工成案例。其中很多案例,本身就是一个个生动的故事,不但吸引了学员的注意力,也深化了主题,一举两得。

3. 现身说法

有时候别人的案例，总是欠些火候，也少些说服力。在培训中，我常用自己的案例来现身说法。

如：在时间管理培训中，我会用自己坚持写日记十几年的经历，来说明一个习惯养成的过程中，最初的坚持是多么重要。

在销售技巧培训中，我会分享二十几年前自己在广州做直销时的经历。

在沟通技巧培训中，我会将各种发生在自己身上的真实沟通案例，穿插在相应的环节。

4. 书籍

高尔基说过："书籍是人类进步的阶梯。"从小学开始，无论看什么书，我都要找出自己认为很优美或有哲理的语句进行摘抄。到高中时，摘抄本叠起来已经有一米多高了。摘抄的习惯使我在进行课程设计和开发时得心应手。工作后，我一直坚持读书，并写读书笔记，不但提升了自己的概况总结能力，也积累了不少培训素材和案例。

5. 网络

网络的发达，也给我们带来了大量的资讯。而专业论坛，则是一个集思广益、快速交流的平台。

中国培训师沙龙论坛就成为众多培训师答疑解惑、经验交流和案例收集的好去处。

6. 电视、电影

根据主题需要，适当运用一些影视片段，也会对培训目标有所帮助。

7. 同行交流、线下沙龙

同行交流，是不错的学习方式，无论是线上还是线下，都会给我们带来很多灵感。这些交流，在开拓视野、拓展人脉的同时，也是案例收集的大好时机。

8. 视频学习

看一些培训师的视频进行学习，这可以是案例收集的途径，但要适当，且要懂得取舍。我很不赞成一些新入行的培训师，盲目模仿某些培训师的风格、课程和案例等。每个人，都有自己的特色，可以借鉴，但必须创新，并符合自己的风格。如：有人文静，如果一味地模仿某些激情型培训师的风格,就会不伦不类。有些老师有外企的工作经验,他的案例通常来自自己的经历,刚踏上社会没多久的培训师,直接拿来运用,就会干巴巴的,没有说服力。最糟糕的是,台下的学员有可能比培训师经验更丰富。一旦有人提出,而培训师应对不当,就会"死"得很难看。

总结:

我常说适合的就是最好的。无论案例来自工作、生活还是其他途径,选取的依据是最大限度地为培训目标服务,为主题服务,切忌喧宾夺主。

三、常用的授课方式

某些非常资深的行业专家写书、发表文章都很有见地,当我们请他们来培训时,却大失所望。学员们会反映内容太深奥,授课方式单一,课堂气氛很沉闷,大家昏昏欲睡。

这不是我们想要的结果。因为以演讲为中心的"一言堂"授课方式,实在是不适合有着不同知识、经验、阅历和判断能力的成年人。成人培训的目的是学以致用。要激发学员培训后去运用的意愿,首先要引发他们学习的兴趣,促进学员更好地吸收所学内容。这也是为什么培训师既要有授课主题的专业知识和实践,也要有娴熟的授课技巧。

我将常用的授课方式使用要点汇总为表 3-22。

表 3-22 八大授课方式的使用要点

授课方式	要点
演讲法	生动聚焦:语言表达要生动、有吸引力,观点和表述要聚焦主题 投其所好:根据培训需求调研获得的信息,用学员们熟悉的语言和案例
小组讨论法	进度控制:讨论过程中巡查各组进度,确保整体时间管控 适度引导:在小组讨论遇到问题或停滞时,给予引导或提示
示范法	看做结合:示范后,要求学员们自己实操 检讨改善:针对学员们的实操进行点评、反思和改善
案例分析法	背景说明:明确案例的背景信息 指导点评:在学员针对案例分析的基础上,给予指导

续表

授课方式	要点
游戏法	过程感想:请学员们分享在游戏过程中有哪些心得和感想 点评总结:对游戏过程中的表现进行点评,并结合课程内容进行总结
竞赛法	规则清晰:竞赛的规则要清晰、无须解释 标准简单:竞赛的评分标准要简单、明确、无争议
角色扮演	情境设置:设置与学员们工作场景接近的情境 点评改善:结合课程内容,针对学员所扮演的角色进行点评,并找到改善点
体验式	重在参与:设计全体学员均可参与且有兴趣参与的活动 感悟分享:邀请学员分享体验过程中的感受、想法、启发或行动

四、引导式课程设计

不少培训师在确定授课方式后,就认为只需要准备自己要讲的内容了。来看看您是否遇到过案例3-44的情况吧。

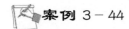

案例 3-44

如何整理演讲思路

张芸结束了"如何整理演讲思路"的培训后,来找我反馈。

张芸:苏老师,今天的培训我觉得很失败。

苏平:是什么让您觉得失败的呢?

张芸:我觉得自己做了充分的准备,但学员们一点都不配合。我根据问卷汇总得到的重点模块和内容,做出了下面的课程设计(见图3-60)。

在培训开始前,我演练了5次课程内容,觉得都很熟悉了。培训时我觉得自己讲得挺好的,但学员好像不怎么感兴趣,参与度也不高。开始我还挺有激情的,后来我自己也觉得独角戏没劲,只想快点结束。

苏平:我看到您的设计中,有判断、案例分析、小组讨论等授课方式,这些没能调动学员的参与积极性吗?

张芸:判断环节还可以,但小组讨论和案例分析都严重超时,学员们要么跑题,要么不参与,我觉得都没达到预期的目标。

苏平:看来问题出在学习活动设计上。

张芸:那如何才能做好学习活动设计呢?

苏平:您可以去看看《培训师成长实战手册:引导式课程设计》。这本书不但回答了这个问题,还有详细的步骤、工具、方法和案例。

课程设计:如何整理演讲思路

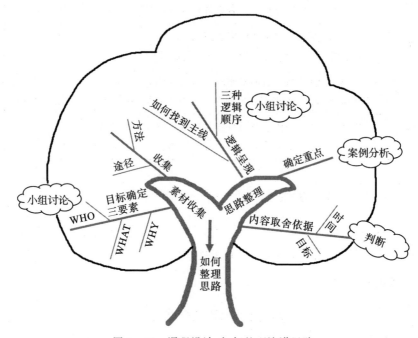

图 3-60　课程设计:如何整理演讲思路

【案例点评】

很多培训师都跟张芸一样,将力用错了方向,将培训前准备的重点放在熟悉自己要讲的内容,这是以自我为中心的方式。现在需要转变思路,从"我来讲"到"学员参与",通过设计学习活动让学员参与、思考和运用。这才是以学员为中心。

(一)引导式课程设计概述

现在的年轻人很有自己的想法,渴望有表达自己的机会。传统的讲授和偶尔提问互动的方式,已经很难引发他们的兴趣,所以需要进行引导式课程设计。

1. 什么是引导式课程

引导式课程是在精准需求调研的基础上,为学员们量身定制课程内容和学习活动,通过学员们参与的方式来达到培训目标。

2. 引导式课程设计四部曲

引导式课程设计包括下面四个步骤:确定关键模块、学习活动设计、匹配五线谱、评估和完善,见图3-61。

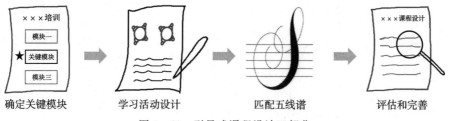

图3-61　引导式课程设计四部曲

张芸:"苏老师,我在看《培训师成长实战手册:引导式课程设计》时,也注意到了引导式课程设计的四部曲,但不太明白这四个步骤之间是什么样的关系?"

苏平:"步骤一'确定关键模块'是后面三个步骤的依据;步骤二'学习活动设计'是设计合适的活动以引导学员们参与学习,也是培训是否有效的关键;步骤三'匹配五线谱'是通过匹配相应的时间、工具、产出和物资,细化学习活动;步骤四是对课程设计的检查和改进。"

张芸:"这样看来,培训需求调研是引导式课程设计的基础,也是培训师的基本功呢。"

苏平:"是的。引导式培训比纯讲授培训更耗时,好钢(时间)要用在刀刃(关键模块)上。而关键模块需要通过前期的诊断和调研来确定。"

李菲:"怪不得我常常觉得培训时间不够用。最近发现培训互动也有不少问题,可能是其中一个原因。苏老师,关于如何进行培训互动,您有哪些建议呢?"

苏平:"在培训互动方面,您主要遇到了哪些具体问题呢?"

李菲:"比如,不知道哪个环节要互动,互动耗时,提问冷场等。"

苏平:"这些问题,都可以通过精准的需求调研和引导式课程设计来解决。我列出了培训互动中常见问题对策及其对应的四部曲。"

表 3-23 培训互动问题对应的四部曲

序号	问题	可能原因	对策	
			引导式课程设计四部曲	具体做法
1	提出问题后无人回应	学员对问题不感兴趣，没听懂问题，问题太大难回应	步骤二：学习活动设计	在需求诊断和调研的基础上，提出学员关注的问题，并斟酌措辞
2	小组活动时参与度低	互动的方式不吸引人，不清楚规则	步骤二：学习活动设计 步骤三：匹配五线谱	课程设计时明确该互动的目的，设计有吸引力的互动方式
3	现场热闹，学员对培训内容收获少	现场的活动跟培训内容相关度不高，活动后结合培训内容反思和总结不足	步骤二：学习活动设计	围绕课程内容来设计学习活动和活动后的反思、总结方式
4	互动耗时，难以控制时间	事先没有做时间的划分，每个环节所需时间、方式没有细化，没有替代方案	步骤一：确定关键模块 步骤二：学习活动设计 步骤三：匹配五线谱 步骤四：评估和完善	事先对课程内容进行时间的划分，细化每个环节所需时间，并对互动方式进行细分，准备替代方案
5	不知道哪个环节需要互动	没有确定课程的重点模块和内容	步骤一：确定关键模块	针对课程的重点模块和内容，进行更多的互动和时间分配

（1）确定关键模块。关键模块是与学员共性问题和需求对应的课程重点模块和内容。在引导式课程设计中，步骤一"确定关键模块"是课程设计的前提，一方面给步骤二"学习活动设计"提供目的和方向，有助于围绕重点模块和内容设计学习活动；另一方面也给步骤三"匹配五线谱"提供时间线区分的依据，合理分配课程时间。那么，如何确定课程的重点模块和内容呢？在《培训师成长实战手册：培训需求诊断和调研》一书中，我分享了四个途径、七大方法、四大工具，以及相关的案例，大家可以根据自

己的实际情况选择合适的方法和工具来运用。

(2)学习活动设计。引导式课程设计中两个关键点是大纲变问题、讲授变参与。引导的本质是参与,而通过学习活动的设计带动学员的参与是引导式课程的核心。

引导式课程的成功与否,关键在于修渠(即课程设计)的质量如何。在课程设计时,需要遵循"以终为始,以学员为中心"的原则。其中,"以终为始"就是以培训目标为最终产出,所有的学习活动设计、时间安排都围绕着这个产出进行。例如,值得用大量时间进行引导形成产出的环节,一定是课程的重点模块和内容。那么,什么样的活动设计,才能吸引学员主动参加,积极贡献自己的想法和观点呢?这就需要"以学员为中心"去设计活动。

我们在跟朋友交流时,肯定不会无话可说。通过前期的诊断和调研,我们对学员及其问题点有了深入的了解,相当于把他们变成了自己的朋友。这时,提出学员愿意回答的问题和邀请他们参与某个活动或游戏,就变得相对容易了。当然,引导式课程的学习活动比邀请朋友参加某个游戏或活动难度更大。

(3)匹配五线谱。引导式课程设计四部曲中的第三步是匹配五线谱,五线谱是指时间线、内容线、工具线、成果线、资源线这五条线,如图3-62所示。

图3-62 引导式课程设计五线谱

李菲:"之前听说过课程设计中要有情绪线,但没想到还有工具线和成果线。"

苏平："情绪线只是进行课程设计时一个考虑的因素,体现在工具线中。例如,下午上课学员容易疲惫、犯困,为了调整学员的情绪,学习活动设计时,可考虑增加休息时间、采用团体交流、进行肢体活动等。"

李菲："考虑的因素还不少呢。"

苏平："是的。引导式课程设计五线谱中'时间线'和'成果线'分别对应了引导式课程设计五个要素中的'时间'和'产出',可以帮助我们聚焦培训目标,合理利用时间。"

李菲："引导式课程设计五个要素是什么呢?"

苏平："引导式课程设计的五个要素为学员、产出、时间、空间、过程。这五个要素也体现出了问题树模型的两个核心理念:以终为始、以学员为中心。大家能找到二者的对应关系吗?"

张芸："'学员'对应了'以学员为中心','产出'对应了'以终为始',对吗?"

苏平："没错呢!任何学习活动如果没有围绕培训目标来进行,都只是娱乐。一旦忽略了学员的基础、特点和能力水平,学员就会用低参与度来回应。"

李菲："难怪我常常觉得培训中的游戏没达到效果,还白白浪费了时间。那'内容线'是指什么呢?"

苏平："'内容线'是指在课程的什么模块或环节中,运用什么工具和方法进行授课或引导。在设计内容时,需要综合考虑到学员、时间、空间和产出因素。'工具线'和'资源线'都是为'内容线'服务的。"

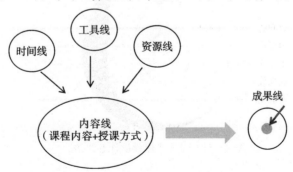

图3-63　引导式课程设计五线谱关系图

张芸:"从这张图中可以清晰地看到:成果线对应的是培训目标,其他四条线都是为了达成培训目标。"

苏平:"是的。刚才李菲问的'内容线',图上也做了备注,包括课程内容和授课方式。其中,《培训师成长实战手册:引导式课程设计》这本书中的授课方式,涵盖了包括教练技术、引导技术及各种培训技术、工具和方法,共同为达成培训目标服务。每个环节的工具线,体现出本环节内容线中使用的工具、方法。资源线是内容线中所需物资、设备等资源的细目,便于做课程前的准备工作。"

李菲:"果然是一图胜千言,理解了。"

张芸:"太及时了!上次我的'如何整理演讲思路'培训很失败,正在复盘呢。"

苏平:"那您现在发现什么问题了?"

张芸:"最大的问题是每个环节都超时了。"

苏平:"哦,那您可以借助书中的备课工具——五线谱来梳理一下,看看问题出在哪里。"

表3-24 引导式课程备课表

培训主题:　　　　培训日期:　　　　培训时长:　　　　学员人数:

日期	时间线		内容线		工具线	成果线	资源线
	开始时间	用时	环节	授课方式(所需时间)			

张芸:"用备课表来复盘,我还真没想到。我马上试试,有结果再跟大家分享。"

苏平:"这可是个宝藏表格,不但可以帮助我们在培训后复盘,还能在课程设计阶段帮助我们梳理思路,预防问题。"

李菲:"我很好奇,在课程设计阶段具体如何做呢?"

苏平:"这就是引导式课程设计的步骤四'评估和完善'。"

(4)评估和完善。在初步的五线谱匹配完成后,还需要进行预演推演,发现可能问题后进一步完善。这个过程包括如图3-64所示的三个步骤:预演、发现可能问题、完善设计。

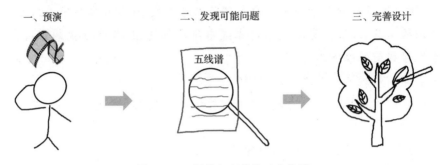

图3-64　评估与完善的三个步骤

①预演。运用五线谱设计完学习活动后,可以通过个人预演、他人试做、小组试验三种方式进行预演,读者可根据自己的实际情况选择使用。

②发现可能问题。个人预演、他人试做、小组试验三种方式虽然在操作上有所差别,但都为学习活动的完善提供了依据。运用这三种方式进行预演后,需要通过反思评估发现可能问题。表3-25提供了学习活动反思的要点。

表3-25　学习活动反思的要点

项目	内容	对应的五线谱内容
指令或要求	是否清晰、明确、无须解释	内容线
活动过程	是否顺畅,学员是否有兴趣	—
活动成果	是否达到预期目的	成果线
时间	是否充裕	时间线
资源	是否合适、充足	资源线

针对备课表中的五线谱进行的预演,主要有时间核对和物资清点两个要点。通过这两个要点来检视课程设计的流程、工具使用的适切性。

③完善设计。通过预演发现问题后,下一步就是进行有针对性的调整和完善。

第二天一早,张芸在群里艾特(@)我。

张芸:"苏老师,我昨天用五线谱梳理了一下'如何整理演讲思路'培训,发现了好多问题。"

苏平:"这么快就学以致用了!您找到各环节超时的原因了吗?"

张芸:"一方面是在学习活动设计时,没有深入思考学习活动需要的步骤、方式和物资等,导致培训现场自己比较忙乱,学员也有点晕;另一方面,只是粗略估计了每个环节需要的时间,没有细分到每个步骤。"

苏平:"您很善于反省!这两个方面的确很有普遍性。如果下次再上这个课程,您会有哪些不同的做法呢?"

张芸:"我会严格按照您书中的步骤,认真将每个环节的步骤写下来,并标注出需要的时间。"

苏平:"很好!还有呢?"

张芸:"然后按照书中评估与完善的三个步骤进行预演,找到可能的问题并预防。"

苏平:"我给您提供一个五线谱的案例吧。"

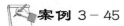
案例 3-45

以终为始的学习活动设计

在我的"引导式课程设计"培训中,有40分钟的"以终为始的学习活动设计"模块,分为以下步骤:头脑风暴→投票→小组讨论→成果交流→内容完善。表3-26是这个模块的五线谱。

表 3-26 "以终为始的学习活动设计"五线谱   时间:40分钟

序号	时间线		内容线		工具线	成果线	资源线
	开始时间	耗时/分	环节	内容			
1	10:00	5	学习活动的目的	1. 全体学员头脑风暴,讨论学习活动有哪些目的,并写在白板上。(5)	头脑风暴	学习活动的目的	白板、黑色白板笔(2支)
2	10:05	4	6个学习活动目的	2. 每位学员用红色白板笔,在自认常见的三个学习活动目的前画"正"字。(3) 3. 圈出得票最高的前六个。(1)	投票	得票最高的前六个学习活动目的	红色白板笔(4支)、蓝色便利贴(8张)
3	10:09	10	如何以终为始做活动设计	4. 每组认领两个目的。(1) 5. 讨论达成两个目的的方法和注意事项,并写在彩色A4纸上。(8) 6. 完成后张贴在大海报的相应位置。(1)	小组讨论	"以终为始的学习活动设计"初稿	中粗笔(1盒),粉、绿色A4纸各8张,大海报纸(1张),美纹胶带(1卷)
4	10:19	18	补充成果	7. 小组交叉补充讨论成果。(8) 8. 全体交流、总结讨论成果。(8)	小组讨论	"以终为始的学习活动设计"修改版	中粗笔(1盒),粉、绿色A4纸各8张

【案例点评】

这个案例中,通过以下做法,避免了授课现场的超时。

(1)细化了每个环节的每个步骤,并标注了相应的时间。

(2)有发散也有收拢。在授课现场,学员们一共头脑风暴出了29个学习活动的目的,通过后面的投票,聚焦到了大家最关注的六个:引入主题、回顾总结、技能训练、引发思考、需求调研、缓解疲劳。

(3)精准的物资准备。每个步骤所需的物资,都在"资源线"中列出了具体的清单,方便准备和取用。

（4）预留机动时间。这个模块一共 40 分钟,"时间线"中一共耗时 37 分钟,留出了 3 分钟的机动时间。

张芸:"苏老师这个案例震撼到我了,之前真没想到将活动的步骤细化到这么精细。每个步骤后面的括号里是所用时间吗?"

苏平:"是的。这样方便评估时间是否够用。例如序号 3 有 3 个步骤,所用时间合计为 10 分钟,刚好与'时间线'中的'耗时'一致。"

张芸:"我发现序号 4 的两个步骤合计时间为 16,前面的'耗时'为 18,这是为什么呢?"

苏平:"这 2 分钟是作为机动时间的。"

张芸:"哦,明白了。这跟我们平时做时间管理的道理一样。"

李菲:"对我特别有启发的是有发散还需要收拢。我在培训中如果运用头脑风暴,基本上都是放出去后收不回来,而且浪费时间,原来问题出在这里。"

张芸:"苏老师,我在看书时,发现您的案例中用了不少引导的工具和方法,感觉效果很好,但我好像似懂非懂,您能简单介绍一下吗?"

苏平:"好呀！我们一个个来看。"

（二）常用的引导工具介绍

工欲善其事,必先利其器。在引导式课程设计时,"工具线"中除了常用的授课方式外,还有一些引导工具能有效地运用在培训中。表 3-27 列出了其中的四种:焦点讨论法（ORID）、世界咖啡、开放空间、团队共创。

表 3-27　引导工具及要考虑的因素

引导工具	特点	适用情境	人数	时间	空间	注意事项
焦点讨论法（ORID）(focused conversation method)	严谨、有层次的提问架构 • 发掘客观事实 • 反映自身感受 • 呈现多元观点 • 开启新的可能	访谈、讨论、开会、培训（看视频、做活动、做总结等）	不限	不限	无特别要求	ORID： • objective——客观性问题 • reflective——反映性问题 • interpretive——诠释性问题 • decisional——决定性问题
世界咖啡（world cafe）	• 连接、贡献 • 共同聆听 • 收获和分享集体智慧 • 汇谈方法	• 分享知识、激发创新思维、探究现实问题的可能性 • 深层次考察机遇和挑战 • 加深现有小组的相互关系和对结果的共同负责 • 建立有意义的互动	12人以上	1.5小时以上	足够大，每组4~5个人	(1)以下情况不适合用世界咖啡： • 让大家达成事先确定好的结论或答案 • 想做单向的信息传递 • 想做详细的实施方案和任务分配 (2)七大原则 • 设定情境 • 营造友好的空间 • 探索真正重要的问题 • 鼓励每个人积极参与 • 交流与连接不同的观点 • 共同倾听其中的模式、见解及更深层的问题 • 收获与分享集体智慧

续表

引导工具	特点	适用情境	人数	时间	空间	注意事项
开放空间 （open space）	·充满创意 ·集思广益 ·自动自发 ·自我管理	·参与者背景多元 ·问题复杂 ·没有人知道答案 ·需要一群人持续参与寻求解答	5～1000人	3个小时以上	足够大的空间便于走动	(1)四大原则 ·来的人都是对的 ·该开始时就开始 ·当下发生的就是当下所能发生的 ·该结束时就结束 (2)一大法则：双脚法则
团队共创 （consensus workshop method）	针对焦点问题达成共识	适用于以下四种情境： ·创建愿景 ·分享想法 ·障碍分析 ·行动方案	2～30人	45分钟以上	需要一定的分散讨论空间	六个阶段 ·准备 ·情境 ·头脑风暴 ·分组 ·命名 ·决定

张芸："这张表让我对四种引导工具有了大概的了解，原来不同的工具有不同的适用情境和要求。"

苏平："是的。表中提供了这四种常用的引导工具的特点、适用情境、适合人数、时间、对培训场地的空间要求，以及相应的原则和步骤，这都是成功运用引导工具必须要考虑的。"

王哲："我两个月前去参加过两天的引导工具培训，当时觉得收获满满，但回来后不知道如何运用在培训中。最近勉强用了几次，都是一样的流程，感觉耗时又没有效果。"

苏平："王老师，那您可以看看《培训师成长实战手册：引导式课程设计》这本书。不管什么样的工具和方法，都跟提问、小组讨论一样，都是达成培训目标的一种方式，也必须要遵循'以终为始、以学员为中心、以少胜多'的原则。正如我们前面所强调的：成功的课程设计源自精准的培训需求调研，如果只是为了用某个工具而用，最终可能会适得其反。"

王哲："看来我之前过于看重工具本身，只想着走完流程，而忽略了培训目标和学员。苏老师，那什么情况下该选择什么样的工具呢？"

苏平："在进行引导式课程设计四部曲的第三步'匹配五线谱'时，为了合理选择'工具线'需要综合考虑适用情境、人数、时间和空间等因素。"

表3-28 匹配"工具线"时的考虑因素

考虑因素	依据	注意事项
适用情境	本环节的目标是什么（即"成果线"的内容）	不同的工具达成的结果性质不同,考虑工具与"成果线"的匹配度
适合人数	学员的总人数	同时考虑到最多、最少人数的限制,以及自己的控场能力
时间	"时间线"中的"用时"	实际所需时间,通常比预估的时间多,需考虑机动时间
空间	各种工具的空间要求	空间不仅仅包括场地大小,还需考虑可用墙面和桌椅的可移动性

王哲:"苏老师,表中适用情境中的注意事项内容'不同的工具达成的结果性质不同'如何理解呢?"

苏平:"是指不同工具的用途不同。例如,某个环节的目标如果是让大家对某个问题达成共识,就可选择团队共创;如果目标是探索和触发观点,可选择世界咖啡和开放空间。"

王哲:"所以,要对学员人数、用时和空间状况进行综合评估后,选择合适的引导工具,对吗?"

苏平:"没错。"

王哲:"看来我之前很多问题出在这里了,尤其是对学员人数和空间的评估,是我忽略的。上周的培训中,我运用了团队共创,大家的卡片放在教室前面的白板上,每次旁边只能站5~6个人,而学员有20人。整个过程中大家都很难参与进来。"

苏平:"这样的情况,可以化整为零,把学员分为4~5组,利用墙面或桌面的空间来进行。"

王哲:"这我倒没有想到呢,下次试试。同时,我发现不管用什么引导工具,都涉及提问,而这又是我的弱项。所以在培训中常出现提问冷场的情况,好尴尬。有什么方法可以改善吗?"

苏平:"提问是一项技能,需要大量刻意练习。我自创了提问的四个步骤可以帮助您循序渐进地提升提问技能。"

王哲:"看来我有救了!"

(三)问题设计

培训中,不管用什么方式来引导学员参与,都离不开提问。提问看似人人都会,但要设计出有效的问题不容易,这里面可有大学问。

1. 问题设计的三原则

没有错误的答案,只有错误的问题,培训中出现提问冷场,源头均在于问题的设计。在问题设计时,需要牢记三个原则:以终为始、以学员为中心、先处理心情再处理事情。这三个原则的作用,详见表3-29。

表3-29 问题设计三原则的作用

问题设计三原则	作用
以终为始	确保提出的问题围绕着提问的目的展开,不偏离
以学员为中心	• 先收集学员的基础信息,选择学员容易理解的措辞 • 了解学员带着什么样的经验和想法而来,设计出难易程度与学员经验、阅历相匹配的问题,使学员容易回答
先处理心情再处理事情	在问题的表达方面,先打消学员的顾虑,引发兴趣,使其愿意回答问题

2. 问题设计的四个步骤

成功一定有方法。要想设计出四两拨千斤的好问题也有一定的诀窍。图3-65展示了问题设计的四个步骤——情境、目的、思路、提问。

图3-65 问题设计的四个步骤

(1)情境。情境就是小学时写作文的几个要素:人、事、时、地、物,也可简称为4W(when、where、who、what),是我们设计的问题将要运用的场景。情境是后面三个步骤的基础,情境要素的改变,会直接影响到后面的目的、思路和提问有所不同。

除了上面的4W,在引导式课程中的情境,还包括培训现场的能量和学员的状态。

(2) 目的。明确目的是有效问题设计的关键,为后面的思路、提问指明了目的地和方向,这也是以终为始原则的运用。目的不同,思路和问题也不同。

(3) 思路。俗话说,条条大路通罗马。有了明确的目的地后,可以通过多种方式到达。而针对目前的情境和学员状态,什么方式更适合呢?这就由问题设计四个步骤中的思路来决定了。

(4) 提问。有效提问是引导式课程成功的关键,也是难点。课程情境不同,提问目的不同,提问的思路、方式和措辞等也会不同。也就是说,每个问题都要量身定制。

王哲:"我还以为问题设计有可以套用的模板呢,原来每个问题都要量身定制。"

苏平:"是的。情境不同、对象不同,问题也不同。就算情境、对象相同,如果提问的目的不同,问题也会有所差异。想套用同一个问题,结果就是冷场或无效。虽然量身定制每个问题比较有挑战,但您试过之后就会尝到甜头了。"

王哲:"刚好我下周要给新员工进行'门店销售技巧'培训,先按照这四个步骤来试试。"

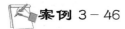 案例 3-46

新员工培训开场问题

王哲为新员工进行"门店销售技巧"培训,他根据问题设计的四个步骤设计了开场问题。

情境: 上午9:00,针对入职三个月的新员工进行销售技巧进阶培训。学员们大多工作受挫,情绪不佳。

目的: 营造积极的氛围。

思路:

(1) 采访身边的一位伙伴,请其分享最近让自己高兴或兴奋的一件事情。
(2) 请大家回忆一件有成就感或让自己骄傲的事情,分享给身边的伙伴。
(3) 两两一组,互相找出彼此的一个优点。

提问:

针对上面的三种思路,王哲分别设计了不同的提问。

问题1:采访伙伴,问他/她:"最近让你高兴或兴奋的一件事情是什么?"

问题2:让自己有成就感或骄傲的一件事情是什么?

问题3:问自己"我的伙伴有什么优点?",思考10秒,然后将答案分享给伙伴。

针对这三个问题,王哲首先自己扮演学员回答,然后又请同事帮忙评估,发现问题1或2可能会有学员说"没有",导致后面进行不下去。这批学员刚入职时进行了3天的集中培训,彼此都很熟悉,回答问题3相对容易,且能快速达成营造积极氛围的目的。最终,他选择了问题3。

在培训开场时,他通过问题3,很快就调动了学员们参与的积极性,并营造了积极的氛围。

【案例分析】

王哲按照问题设计的四个步骤,根据情境确定了目的和思路,并据此设计了相应的问题,然后通过自评和他评的方式对问题进行了测试,最终选择了更适合本批次学员的问题3,且达到了预期的目的。这个案例也说明:好问题没有现成的模板,一定是量身定制的。

王哲:"苏老师,这次按照问题设计四步骤来设计开场问题,的确让我受益匪浅。"

苏平:"哦,具体有哪些收获或启发呢?"

王哲:"一是对问题树模型中的'以终为始、以学员为中心'两个理念有了更深的体会;二是感受到了量身定制的乐趣。这次我分别按照三种思路设计了相应的问题,然后进行评估。这个过程中,我常常提醒自己目的和学员,自己扮演学员来回答,并据此来选择问题,才有了这次培训的成功开场。回想起之前培训时提问冷场,找到了问题的源头:没有提前设计问题,临场发挥很容易翻车。"

苏平:"是啊!临时想问题难免考虑不够周全,无异于给自己挖坑呢。充分的准备,可以预防很多授课现场的所谓突发状况。"

王哲:"这次的确深有体会了。我还有一个问题:在引导式培训中,发散好像比较容易,收拢特别耗时,且效果不佳,该怎么办呢?"

苏平:"发散和收拢都要选择合适的工具,需要遵循以终为始、方便快捷的原则。我总结出来的'三环'策略可以帮助大家选择合适的工具。"

王哲:"以终为始容易理解,方便快捷是为了节省时间吗?"

苏平:"是的,时间是培训最稀缺的资源。"

(四)发散和收拢

在引导式课程中,很多人觉得发散容易,难的是收回来。其实,要真正想达到培训目标,发散和收拢都没有想象中那么容易。

1. 发散和收拢工具使用的原则

(1)以终为始。在引导式课程设计中,所有的工具和方法都是为达成培训目标服务的。在选择发散和收拢的工具前,需要先明确:为什么要使用这个工具,希望通过这个工具的使用达到什么样的目的,想获得哪方面的信息或产出。

(2)方便快捷。运用引导的工具比纯讲授的方式更耗时,所以,在选择发散和收拢的工具时,需要考虑到该工具是否方便快捷。条条大路通罗马,在能达到同样目的的情况下,建议优先选择更方便快捷的工具。这样,我们就可以避免在某个环节花太多时间,从而更有效地运用有限的课程时间,给学员更多参与的机会。例如,我们要收集学员的不同观点和想法,可用的工具有头脑风暴、焦点讨论法、世界咖啡、开放空间、团队共创,但哪个工具才是目前状态下最方便快捷的呢?可以利用下面的"三环"策略来评估确定。

2. 发散和收拢工具使用的"三环"策略

如何才能在发散和收拢的工具选择时,体现出以终为始、方便快捷的原则呢?图3-66的"三环"策略为我们提供了依据。

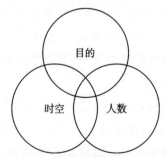

图3-66 发散和收拢工具使用的"三环"策略

从图3-66可以看到,发散和收拢工具使用的"三环"策略为目的、人数、时空。

（1）目的。目的是"三环"策略中首先要考虑的因素，发散和收拢的目的不同，所采取的策略也不同。

（2）时空，包括时间和空间两个方面。其中，在培训引导中，时间是个硬指标，优先将培训时间分配到课程的重点内容，这是课程时间分配的基本原则；具体到课程的某个环节，所使用的发散和收拢工具，所需时间也不同，详见表 3-30。

表 3-30　不同引导工具所需时间一览表

工具	所需时间
焦点讨论法	较灵活，从几分钟到几个小时均可
头脑风暴	较灵活，可由培训师根据产出决定，也可事先规定时间
漫游挂图	至少 30 分钟，可由培训师根据产出进度灵活掌握时间
团队共创	至少 45 分钟以上
世界咖啡	至少 1.5 小时以上
开放空间	至少 1.5 小时以上，每轮的时间可由培训师根据总体进度灵活决定

在引导式课程中，需要有充足的时间让学员们充分参与，才能达到预期的目标。所以，在选择发散和收拢的工具时，需要先清楚自己有多少时间可用，再评估哪个工具与之相匹配。

此外，空间是引导工具成功运用的前提条件。不同的工具，对空间的要求也不同，表 3-31 列出了几种常用的引导工具对空间的要求。

表 3-31　不同引导工具对场地空间的要求

工具	对场地空间的要求
漫游挂图	需要有足够的走动空间，以及可供张贴挂图的墙面（若无，可以将挂图放在各组的桌面）
团队共创	方便小组聚集讨论的空间，以及可供作品分享和展示的墙面或地面
世界咖啡	需要 4~5 人的小桌子，足够的走动空间，以及可供作品分享和展示的墙面或地面
开放空间	需要有足够的走动空间，可供张贴海报纸的墙面，以及可供作品分享和展示的墙面或地面

从表 3-31 可以看到，漫游挂图和开放空间都是将挂图张贴在墙面供参与者交流和书写的，但漫游挂图的挂图数量一般在 4~5 张，而开放空间的海报纸数量，则根据参加的人数和产生议题多少而定，通常数量比漫游挂图多很多。因此，开放空间所需要的走动空间也比漫游挂图更大。世界咖啡是以小组为单位进行讨论的，通过每一轮进行换桌，需要能够满足换桌的走动空间。团队共创在空间上的需求较小，因为要确保所有人均能看到所有观点。同时，不能忽略的是各种工具的收拢阶段所需空间。

（3）人数。通常情况下，在同样的时间内使用相同的工具时，人数较多时会更耗时。像世界咖啡、头脑风暴、漫游挂图等工具在发散阶段，虽然参加人数对所需时间影响不是太大，但在收拢时会更花时间。因为产出的信息量会更多，所以需要分享和汇总的信息量也随之增加。同时，人数增加后，要确保每位学员都能参与也比较有挑战性。例如，在使用团队共创时，若超过 20 人，就要分组进行，否则无法确保所有人均能看到团队共创的内容，更谈不上参与分类和命名，并达成共识了。

综上所述，不同的发散和收拢工具，对于参与的人数、时间、空间有不同的要求，需要我们综合所有因素后，选择合适的工具。没有最好，只有最适合。

本节的详细内容，请查阅《培训师成长实战手册：引导式课程设计》一书，见图 3-67。

图 3-67 《培训师成长实战手册：引导式课程设计》

课程设计

1. 从问卷中提炼案例,贴近学员,引起共鸣;处处留心皆学问,平时留意从工作、生活等多种途径收集案例,建立素材库。
2. 综合考虑学员基础、特点和课程内容等情况,选择合适的授课方式。原则是为培训目标服务,切忌喧宾夺主。
3. 运用引导式课程设计的四部曲,针对关键模块设计学习活动、匹配五线谱,并进行评估和完善。
4. 按照情境—目的—思路—提问四个步骤,量身定制合适的问题。
5. 发散和收拢工具使用的"三环"策略:目的、人数、时空,选择合适的工具进行发散和收拢。

第六节　游刃有余——授课现场的问题及对策

张芸完成了"如何整理演讲思路"培训的复盘工作后,来跟我分享自己的收获。

张芸:"苏老师,我借助您上次提供的五线谱完成了'如何整理演讲思路'培训的复盘,发现了好多问题,尤其是关于超时的部分。"

苏平:"那超时最严重的是哪个环节呢?"

张芸:"是关于'逻辑呈现'的小组讨论,当时我让每个小组用视觉化的方式画出三种逻辑关系及如何运用,本来是8分钟,但用了20分钟。"

苏平:"那现场发生了什么情况呢?"

张芸:"有的小组热衷于画画,有的小组跑题了,有的小组没有思路……"

苏平:"真巧,在《培训师成长实战手册:授课现场的问题及对策》中,有一个类似的案例,我分享给您。"

案例 3-47

纠结在"包装"上的小组

在一次"问题树课程开发模型"培训中,进行到了"润色包装课程大纲"环节。在讨论前,每个小组设置了时间官,我强调了"完成比完美更重要的原则",并告诉学员们:演练的目的是体验整个课程开发的流程,感受什么是量身定制。所以,请大家按照"内容汇总—确定逻辑关系—决定课程框架—润色包装主题"的顺序来完成任务。在小组讨论期间,我发现第四组一开始就讨论课程主题,先是热烈讨论主题的关键词,然后思考如何包装。我走过去提醒完成任务的顺序,并说:"课程的主题,等大纲完成后,使用课程重点模块的关键词即可。现在大纲还没有出来,花太多时间讨论如何包装,可能后面时间会不够用。"本组组长说:"老师,没事!我们已经知道重点模块了,后面会抓紧时间的。"于是,我嘱咐时间官记得关注进度后离开。时间过半,我看到他们依然停留在主题的包装上,再次进行了提醒。他们的回答依然是:"放心吧,我们来得及。"此时,他们才开始进行内容汇总。

截止时间到了,其他小组均已完成,第四组要求再给 2 分钟。我说:"我相信如果再给 2 分钟,你们小组一定可以展示给大家一份完整的课程大纲。同时,大家是否觉得刚才完成课程大纲这个任务的过程,跟我们工作、生活中的很多情况类似呢?"有学员说:"在工作、生活中,很多时候我们以为还有时间,但客户不等我们,竞争对手不等我们,外界的一切都不会停下来等我们。"有学员说:"时间是最稀缺的资源。"有学员说:"如何合理、有效地安排时间,不仅仅是培训演练中需要思考的问题,也是我们人生中的一项重要修炼。"……

我说:"大家说得没错!虽然第四组在刚才的演练中,将太多的时间花在了课程主题的包装上,导致未能完成任务,但通过这次真实的体验,再次提醒我们什么是以终为始,让我们用掌声感谢他们的贡献。"然后,课程继续,我请各组将课程大纲的成果展示出来,彼此互相点评……在之后的课程中,第四组吸取了教训,在每次讨论前,都先明确产出是什么,应该按照什么样的步骤来达成产出,再也没有发生过超时的情况了。而且,其他小组也更关注如何在有限的时间内达成产出。

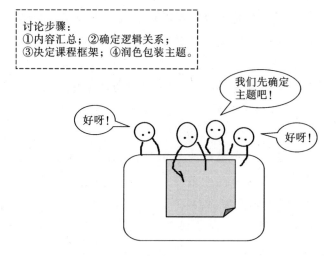

图 3-68 纠结在"包装"上的小组

【案例点评】

在该案例中,我运用了"杀一儆百"+"先跟后带"+"引导思考"的方法，具体表现如下。

1. 杀一儆百

在该案例中，我运用了"杀一儆百"的方法，通过拒绝为第四组延长时间，警示所有小组以终为始，按照要求的步骤完成任务。这样做是出于两个方面的考虑：一方面，第四组超时并非因为时间不足或能力不够，而是没有按照讨论的要求来进行，这样的行为不能鼓励。如果同意延长，则表示支持该行为，可能会导致其他小组接下来的效仿。这样不仅使学员们脱离正确的轨道，还会打乱课程的节奏，影响课程目标的完成。另一方面，其他小组均已完成了任务，给第四组延长时间，会导致整体进度延缓。从后续学员们的表现来看，这个"杀一儆百"的方法的确起到了应有的作用。

2. 先跟后带

通常情况下，自己提出的要求被拒绝后，心里总会有些不爽。这时，我通过"我相信如果再给2分钟，你们小组一定可以展示给大家一份完整的课程大纲"先肯定了小组的能力，处理好大家的心情，然后再提出问题，将大家的注意力转移到这件事与工作的联系上。

3. 引导思考

肯定了小组能力后，要建立这件事与工作、生活的联系，可以通过培训师自己讲解和引导学员们思考、交流两种方式达成。其中，后者的效果好于前者。因为前者容易让学员们认为是在说教，从而引起反感和抵触；而后者通过提问引导学员们思考、参与，将学员们的注意力从未完成任务这件事本身转移。这件事带来的启发和帮助，更有助于强化"杀一儆百"的效果。

张芸："哇！苏老师这个案例太及时了，我自己在培训中也遇到过类似情况呢。但当时我的做法是等第四组，结果全体学员等了他们8分钟，其他学员没事做，就开始闲聊，我制止了多次都无效。"

苏平："这也怪不得学员，换了自己可能也会这么做。我的经验是，如果后面的任务必须以这次的任务为基础，此时可以宣布休息，让第四组趁休息时间完成；如果这是一个单独的任务，就可以参考我提供的案例中的做法。因为案例中'润色包装课程大纲'是整个课程演练中的最后产出环节，是否完成对后面的任务没有太大影响。"

张芸："又学到了两招，看来以后我也要试试'杀一儆百'的方法。可是还有一种情况,培训开场时,我让学员做个热身活动,有些学员不太积极或不参与怎么办呢?"

苏平:"这就要具体问题具体分析了,以'活动中有学员观望'为例,就有多种原因,与之相对应的措施也不同。"

表3-32 "活动中有学员观望"的原因和对策

描述	常见原因	马上可以采取的措施	预防措施
小组活动时,有成员不参与,在旁边观望	该学员性格内向	给予鼓励,提醒其他成员邀请其加入	活动开始前,进行如下工作: 1.说明小组分工的原则:人人有事做; 2.让小组成员有彼此了解的机会,便于合理的分工; 3.提供小组角色列表,请学员们进行角色分配; 4.请专人负责监督成员是否"各司其职",并及时纠正。
	该学员不知道需要做什么	请本组组长为其解说或指导	
	有人抢了该学员的任务	提醒小组分工的原则——人人有事做,重新确认小组成员分工	
	该学员对分配给自己的任务没有信心	了解该学员的担心或困扰是什么,然后提供帮助,并进行鼓励	
	该学员对活动不感兴趣	提问了解原因,对症下药	活动设计时,充分考虑到学员的特点,选择合适的活动。

李菲:"活动中有学员观望,这种情况在我的培训中常常遇到呢。真没想到有这么多种原因,看来以后我不能总是怪学员的学习态度不好了。"

张维:"同感。昨天我在进行新人入职培训时,最头疼的问题是学员频繁地看手机。大家有什么办法呢?"

李菲:"我们公司有专门的'养机场'。每次培训前,所有学员必须将手机放在教室后面的'养机场'。"

张维:"唉,我们是互联网公司,企业文化很随意,不可能强制要求大家上交手机呢。"

苏平:"是啊,企业文化不同,我们的做法也要有所区别。跟刚才的'活动中有学员观望'一样,针对'培训现场学员频繁地看手机',《培训师成长实战手册:授课现场的问题及对策》这本书的第一章,提供了原因和对策,并进行详细说明和案例分析。张维老师看看是否有帮助?"

表 3-33 "学员频繁看手机"的原因和对策

描述	常见原因	马上可以采取的措施	预防措施
培训时,学员频繁看手机	没有课程规则	建立课程规则	1. 开设"养机场"。 2. 开场时,制订"培训公约"。
	课程缺乏吸引力	建立课程内容与学员之间的联系	1. 课前精准调研,量身定制课程内容。 2. 设计有吸引力的学习活动。
	课程节奏太慢或太快	调整课程节奏	在课程设计阶段,根据学员们的基础和需求,设计合适的课程节奏。
	学员们没事做	给学员分配任务	在设计学习活动时,从全员参与的角度出发,提前准备相应的任务、角色安排和产出方式。
	学员有事情需要处理	给予专门的时间处理工作	如果了解到学员们的确在培训期间需要处理工作,可在课程开场表示理解,并说明会增加或延长休息时间,让学员们处理工作。

张维:"太全面了!既有授课现场马上可以采取的措施,还有预防措施。我昨天课间也问了几位学员,有人说需要处理工作,我当时就想肯定是骗人的,看来我需要再确认一下。也有学员说课程内容太多,太枯燥。虽然我自己也有这种感觉,但就 2 个小时,公司要求讲的内容又太多,我也没办法。"

苏平:"您可以按照问题树模型的步骤,先了解本批次新人的基础信息,然后了解他们的困扰或问题,选择与之对应的内容作为重点,这样大家都轻松了。具体工具和方法,您可以看《培训师成长实战手册:培训需求诊断和调研》。"

张维:"好的,谢谢苏老师。"

张芸:"苏老师,您刚才分享了小组讨论时超时的案例,有没有做活动时超时的案例呢?"

苏平:"当然有了,立刻上菜。"

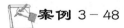
案例 3-48

你演我猜

在一次企业中层管理者的"跨部门沟通锦囊"的培训开场,培训师张庆让学员们做一个"你演我猜"的活动。他说："现在是下午2点,这个时间点容易犯困,让我们来活动一下。等会我们来玩个'你演我猜'的游戏,规则是这样的:由各组裁判从我事先准备好的题卡中抽取一个,表演者不能说话,用肢体来呈现题卡上的内容。由每组坐在A位置的学员担任裁判,从坐在B位置的学员开始表演,组员顺时针依次做表演者,其他组员猜题卡上是什么。每个人表演时,不管对错,都轮到下一位。整个活动一共2分钟,现在由各组裁判带着本组组员找个地方开始吧。我现在计时了。"大家立刻站了起来,在场地慢慢走,其中,有3个小组问:"谁是裁判呀?"……1分钟过去了,5个小组中,只有1个小组开始了活动。有2个小组问:"那怎么判断哪个组获胜呢?"张庆说:"看哪个组猜对的比较多。"在张庆的催促下,其他几个小组正式开始。为了本组获胜,有组员私自跑到裁判身边看题卡,给负责猜的学员提示。等每个小组的活动都结束时,已经过去了5分钟。当张庆询问各组猜对的数量,宣布第三组因猜对的数量最多而获胜时,其他几组不服,说他们组作弊了。于是,大家为此又争论了3分钟,没有结果。张庆只好叫停说:"好了!这只是个小游戏,帮助消除疲劳的,大家别纠结了,这个活动原计划3分钟内完成,现在我们已经花了8分钟。下面我们开始上课吧。"不少学员依然表达出不满,还在私下交流该问题。

图3-69 你演我猜

【案例点评】

这个案例中,张庆原本想通过"你演我猜"的活动消除疲劳,集中学员注意力,结果活动不但超时,还引发了学员的不满,反而分散了学员的注意力,可谓适得其反。那么,是哪些原因导致这样的结果呢?表3-34对案例中的问题进行了分析,并提供课程设计阶段的预防措施和现场的对策。

表 3-34 案例"你演我猜"的问题分析及对策

序号	问题	课程设计阶段如何做	现场如何做
1	游戏的目的不明确	活动设计时,先明确目的,再评估: (1)是否需要检验成果; (2)如果需要,评估的标准是什么; (3)结果如何呈现。	(1)活动开始前,说明这个活动的目的。 (2)明确评估标准或指标。 (3)说明活动结果呈现的方式,并提供相应的物资。
2	游戏规则不清晰:例如,谁是裁判,怎么判定谁获胜,有哪些要求	(1)在活动设计时,选择尽量简单的规则。 (2)将规则用简洁的几句话清楚描述。 (3)演练规则说明,确保一分钟内说清楚,无须解释。	(1)用最简洁的语言清晰描述规则,必要时用图文辅助。 (2)规则中要包括产出及其评定标准,有哪些要求,什么是不允许做的。 (3)确保每个小组清楚角色后,再开始活动。
3	有学员私自提示本组成员时,培训师未及时制止	在活动规则中,要包括流程、每个步骤的要求、产出及评估指标、结果的呈现方式,还有必要的限制条件(例如,不允许做什么)。	(1)在活动开始前,说明: ①活动结束时,正确猜中的小组获胜。 ②说明获胜的依据是由各组裁判在每张题卡的右上角用红笔打星号,表示猜对。活动结束后汇总星号的数量,多者胜出。 ③强调:活动中,所有学员排成纵队,与裁判面对面,每次只有一人可发言,其他组员不得离开队伍或给予提示,否则该题作废。 (2)活动进行时,培训师巡场,发现违规行为时,及时制止。
4	未解决活动的争论就开始了下面的课程	在活动设计时,考虑到可能会发生的问题,提前设计预防措施。	(1)如果是自己的原因导致争论,主动向学员们道歉,避免学员们争执不下浪费时间。 (2)引导学员们回到活动的目的,而非纠结谁该获胜。 (3)顺势而为,借助这个争论,引出下面的主题。

下面是针对表 3-34 的解读。

1. 以终为始设计活动

张庆开场时说:"现在是下午 2 点,这个时间点容易犯困,让我们来活动一下。"让人感觉这次活动的目的就是消除疲劳。但规则中又出现了竞赛的成分,最终会有小组胜出,活动的目的可能需要增加吸引学员的注意力。目的不同,学习活动设计的流程和具体规则也不同。如果是前者,让学员们去玩"你演我猜"的游戏,大家乐乐就可以了,不需要分出输赢。如果是后者,通过竞赛可以帮助学员们提升参与度和注意力,则需要明确:判断输赢的标准是什么,大家是否有异议,评判的成果如何快速展示,以确保透明、公开。案例中开场时并未说明判断输赢的标准,导致了后面的混乱。

2. 简单、精确的规则

案例中,因为规则不清晰导致了活动超时,具体表现如表 3-35 所示。

表 3-35 案例中关于规则的问题

案例中的表现	问题
培训师已经宣布活动开始了,有 3 个小组问:"谁是裁判呀?"	学员们并未清楚地了解规则
1 分钟过去了,有 2 个小组问:"那怎么判断哪个组获胜呢?"	活动开始前未说明是否有竞赛,判断竞赛输赢的依据是什么

针对表 3-35 中的问题"学员们并未清楚地了解规则",是因为张庆说明的规则过于复杂。例如,如何判断每组中谁是裁判。如果他直接请所有学员起立,每个小组面朝讲台站成一个纵队,培训师就可以在活动前说:"每个小组排第一位的学员为裁判,第二位为第一位表演者。按照纵队的前后顺序依次表演。"这样不但简单快捷地说明了规则,明确了角色,还通过排纵队的方式将表演顺序视觉化了,减轻了记忆的负担,让学员们可以将更多的时间和精力放在活动本身。反之,案例中以座位的顺时针方向来确定表演顺序,则增加了记忆负担,干扰了学员们对活动的参与度。因为要确保学员们严格按照规则进行表演,可能会有两种情况发生:一是需要通过回忆让所有小组成员按照顺时针的顺序排纵队,这样在排队上就要浪费不少时间;二是大家先随便排纵队,表演时通过回忆座位确定下一位表演者是谁,这样在表演者的切换时,同样会浪费不少时间。由此可见,活动现场超时的情况发生,可能源头就是规则的设计细节未考虑周全。

表 3-35 中的问题"活动开始前未说明是否有竞赛,判断竞赛输赢的

依据是什么"的源头在于没有想清楚活动的目的是什么。没有说明，可能是忘记，也可能是没有准备。如果是没有准备用竞赛的方式，却在回答学员提问时说出了"判断输赢的依据"，这无异于给自己挖坑。因为只要有竞赛，就需要明确的评判标准和公正的裁判。案例中各组自己既做球员又做裁判的规则，为后面的"作弊"行为埋下了隐患。

3. 培训师的果断干预

在活动进行时，有小组"作弊"，培训师未出面干预，导致了活动后的争执发生。如果一开始就确定用竞赛的方式，可以在规则上增加一条"各组互相监督，发现作弊则该轮表演作废"，同时在现场指定互相监督的小组，确保规则的执行。同时，培训师也需要在教室里巡场，一方面了解各组的进度和活动情况，另一方面也监督规则的执行，必要时出面果断干预。培训师的巡场不仅仅是为了维持秩序，更重要的是为后面的分享和总结收集素材。例如，要想成功引导学员回顾已完成的环节并进行深入思考，从刚结束的具体场景或学员们的言行切入是最好的方式，学员们有共鸣，就更容易参与。

4. 争执的处理

针对各组的成果判断，学员们争执了3分钟后，张庆只是说让大家别纠结，就开始了下一个环节，但学员们依然私下交流。这样的情况下，学员们的注意力可能很难跟随培训师进入下一个环节。如果张庆在有学员提出质疑时，第一时间承认自己活动设计不周，在活动时未及时制止"作弊"行为，一方面可以避免3分钟的争执，另一方面也让学员们感受到培训师的真诚，愿意放下该问题。处理了学员们的心情后，培训师可以引导学员们反思这个案例，从而导入课程主题。例如，可以向学员们提出以下问题：

(1) 刚才发生的事情，跟我们工作中的哪些场景比较类似呢？
(2) 哪些原因导致了这些场景的出现？
(3) 我们可以用哪些方法来避免类似场景呢？

通过这样的引导后，培训师再总结："看来刚才的活动，只是我们工作场景的一个投射。大家刚才已经分享了不少解决方案，有些还是我们今天的'跨部门沟通锦囊'培训中的内容。大家想不想知道：除了刚才这些之外，我们还有哪些跨部门沟通的锦囊呢？"……这样就成功将学员们的注意力转移到了即将进行的培训主题上了。

张维:"这个案例就像镜子一样,我就是那个张庆,不但做过同样的活动,也遇到了同样的问题。"

李菲:"我以为只有我才有这样的问题呢。"

张芸:"看来我们是同病相怜。还好有苏老师这么细致的案例分析,我在看《培训师成长实战手册:引导式课程设计》时,注意到书中列出了11种培训暖场目的和30种暖场的方式,当时很惊讶。结合这个案例来看,明确目的太重要了。"

李菲:"我就常常因为活动规则不清晰导致活动超时。每次都以为自己准备得很充分了,但常常遇到:已经宣布活动开始了,还有学员问规则,或者活动进行到一半,学员还在讨论规则……好尴尬呀。"

苏平:"您说的活动规则不清晰这个问题,需要在课程开发阶段进行专门的准备和演练。在我的'引导式课程设计'培训'学习活动设计'演练环节,要求学员们要在一分钟内完成规则的说明,且无须解释。您以后可以试试。"

李菲:"太好了! 除了规则不清晰之外,我总感觉每次活动进行得不顺利,但又不知道问题出在哪里。"

苏平:"那您可以看看《培训师成长实战手册:授课现场的问题及对策》,其中第四章就是关于学习活动中的问题及对策,里面涵盖了活动前、中、后三个阶段常见的11个问题。"

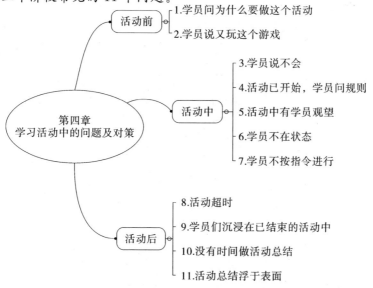

图3-70 《培训师成长实战手册:授课现场的问题及对策》第四章目录

李菲:"看来我挖到宝了。谢谢苏老师。"

张芸:"我感觉苏老师随身带着百宝箱,很好奇,您还有些什么宝贝呢?"

苏平:"那就上宝贝,满足您的好奇心吧。下面这个表是我的第四本工具书《培训师成长实战手册:授课现场的问题及对策》各章节内容,包括了50个典型授课场景中的问题。看看有没有您需要的?"

表3-36 50个典型的授课场景的问题

章节	场景	常见问题
第一章 培训纪律和氛围的相关问题及对策	主题开始前	1. 学员迟到 2. 宣布课程开始后,学员各行其是 3. 学员说:"我都会了,有什么好学的!"
	培训中	4. 学员频繁看手机 5. 学员窃窃私语 6. 学员走神 7. 课间休息后"缺人" 8. 学员停在上一环节 9. 学员早退 10. 设备故障
第二章 师生问答中的问题及对策	师生之间	11. 提问冷场 12. 提出异议 13. 回答错误
	学员之间	14. 插话者 15. 跑题 16. 长篇大论 17. 争论不休 18. 唱反调

续表

章节	场景	常见问题
第三章 小组讨论时的 问题及对策	讨论时	19.有人不参与讨论 20.跑题 21.进展缓慢 22.一言堂 23.陷入争论 24.各组进度不一 25.超时 26.互相打断
	讨论后	27.小组成员不认同讨论成果 28.无人愿意分享成果 29.小组成果分享时，其他学员无事可做 30.小组埋头准备分享，不关注正在进行的成果分享 31.分享组不认同其他学员的反馈
第四章 学习活动中的 问题及对策	活动前	32.学员问为什么要做这个活动 33.学员说又玩这个游戏
	活动中	34.学员说不会 35.活动已开始，学员问规则 36.活动中有学员观望 37.学员不在状态 38.学员不按指令进行
	活动后	39.活动超时 40.学员们沉浸在已结束的活动中 41.没有时间做活动总结 42.活动总结浮于表面
第五章 在线授课的问 题及对策	课堂秩序 和保障	43.学员在聊天区闲聊 44.有学员突然开麦 45.网络或设备故障
	课堂参与 和效果	46.不知道学员是否在听 47.学员回答问题混乱 48.不知该先回答哪位学员的问题 49.学员参与度不高 50.不知道学员的学习效果

王智:"哇!苏老师选取的50个授课场景,不但涵盖了线下的常见问题,还包括了8个在线问题,正是我需要的。"

张芸:"我也很喜欢书中关于在线课程的问题。最近几期的线上课程,运用了苏老师提供的方法,效果不错呢。"

张维:"苏老师,这本书的内容正是我需要的。如果我买了这本书,该如何用呢?"

苏平:"本书可用于授课前的预防,也可以用于课程结束后的复盘,为前面三本书的课程开发成果提供检验框架和改善的方法。因为针对这50个问题,书中逐一进行了常见原因的挖掘和分析,列出了现场应对措施和预防措施。您可以根据需要选择相应的措施。"

张维:"太好了!我以前只想到授课现场如何解决问题,很少考虑预防措施。"

苏平:"我写这本书,也是考虑到培训没有彩排,每一场都是直播。无论自己准备有多充分,现场都会有各种状况出现。那么,出现状况后如何处理?以后如何预防呢?可能很多人会立刻回答:提升自己的授课技巧。这其实是很大的误区。因为大家从刚才分享的几个案例中可以看到出现在授课阶段的问题,大多数的源头在培训需求调研和课程开发阶段。如果只关注授课现场的应急处理措施,并不能避免下次类似情况的发生。所以,为了治标又治本,我针对每个问题都提供了相应的预防措施。"

张维:"的确是这样的。预防措施到位,就可以减少很多不必要的现场突发状况。"

苏平:"同时,为了便于大家理解和运用,书中还提供了74个相关的案例分析,刚才分享的只是其中的两个。"

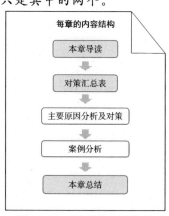

图3-71 每章的内容结构

李菲:"苏老师,每章的对策汇总表有什么用呢?"

苏平:"这相当于各章对策的摘要,我将各章中所有问题的对策中出现频率最高的几个对策汇总起来,方便大家快速查询。"

王智:"我最喜欢书中的案例分析。一方面是我们熟悉的培训场景和问题,另一方面是专业的点评、分析和改善对策,让我们不但能够知其然,还能知其所以然,太赞了。"

苏平:"哈哈,还有更赞的。为了便于大家有针对性地查询和运用本书,我将五章的授课场景按照不同环节进行整合,汇编成涵盖了341条策略的使用指南,随书附送。"

图3-72 书及使用指南封面

张芸:"这可真是个大礼包呀!"

【案例分享】

重复主题不枯燥

"客服规范用语"课程开发

欧莱雅 TTT 课程开发

修炼篇

职业培训师之旅

很多企业内训师的目标是成为职业培训师。这条路并不平坦，因为离开了自己熟悉的行业和企业，重新出发，不但要有勇气，还需要超强的承受力、学习力和自我营销能力。

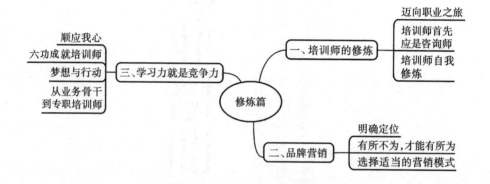

第一节 跑着等待——培训师的修炼

大多数企业内训师的梦想都是成为职业培训师,但这条路并不平坦。

跑着等待,是齐秦接受电视台采访时说的一句话,当时我很有感触,就以此为题,写了一篇博文"跑着等待"。很多人都说成功需要机会,而我们都知道机会只会给有准备的人。那么,我们如何等待机会的来临呢?相信"跑着等待"的准备,能给我们更多的启示。

一、迈向职业之旅

案例 4-1

内训师如何走向职业培训师

背景资料:李小娟,参加工作3年,2年兼职内训师经验,主要做销售培训及企业信息化培训课程,想从企业内部的培训转为专职培训,但没有方向。

从业经历:从事移动服务管理2年,之后在软件公司做兼职培训,一方面负责新项目拓展(销售);另一方面负责新项目产品培训,主要是信息化方面,还有企业内部培训,包括销售技巧(自己销售业绩并不突出,主要从同事身上学习优秀案例以及一些从各个方面学习到的销售知识)、新员工培训、会议营销等。

困惑:个人想往职业培训师方面发展,而且想专注于企业管理和心理学方面(因为对这个比较感兴趣),所以不知道以后的职业规划到底应该怎么样,是先考证争取资格进大点的公司搞专职内训,还是少安毋躁。

李小娟在群里提出自己的困惑后,大家纷纷提供意见和建议。

李小娟:"目前从事企业内部的兼职培训,我想往专职这方面发展,而且不想在目前这个公司长期发展。"

苏平:"那您说的'想往专职这方面发展'是指专职内训师,还是职业培训师?"

李小娟:"职业培训师。"

苏平："哦，那您主打的领域和课程是什么？有多少年的实践经验？"

王雨："培训师是需要多年的沉淀才能做的。"

李小娟："嗯。这个我也明白。主要是销售培训及企业信息化培训两方面。"

苏平："您自己做过销售吗？有多长时间？业绩如何？"

张馨兰："如果想做职业培训师，首先自己要在相关领域有一定的积累。如果是做销售培训，至少自己得有几年扎扎实实的销售经验并且有所建树；如果是做企业信息化培训，也基本同理；如果不是从事这方面的工作，需要找多方面的渠道，例如看书、见习等方式努力让自己去学习，并且在实践中学习。单纯只有理论的修为，很难在培训时让学员信服。"

苏平："张老师的建议很中肯，也很实际。"

李振远："个人意见，30岁以下不适合做培训师，积累不够。"

苏平："李老师的观点，是想说企业培训师面对的是不同年龄层次、教育水平、经验和阅历的成年人，需要专业、阅历和各方面的历练，是吗？"

李振远："是的，培训师是一个经验积累的释放。没有积累，释放就无从谈起，或者说释放也释放得不好。建议边积累边做，只要有目标就好说了。"

李小娟："那也就是说我现在需要先在自己将来想要从事的领域多积累实践，只有积累到了一定程度才能做培训？"

苏平："企业培训师，是个厚积薄发的职业，台上一分钟，台下十年功，这话一点没错！所以，建议李老师还是先打好基础。"

李小娟："只是对于这个基础，也还是蛮困惑的，因为目前做的事情比较杂，就觉得自己也无所专。"

张馨兰："内训师更多的是根据企业的特点开展更多配合企业文化与发展需要的培训。内训师可能有很大的空间和可操控性，对于内部的受训人员，因为可以提前安排，他的价值可能对于企业更直接也更有效。而职业培训师，可能更多是提供咨询协助，更多是诊断协助。这可以说是更高阶段的，但只是阶段性的协助。职业培训师正如苏老师所说的是需要更多积累的岗位。所以内训师需要有足够的积累才可能并可以担任职业培训师，而且也并不代表任何人都可以做职业培训师，毕竟还要看你的特质、你的知识广度和深度。可能知识可以积累，但是特质却很难改变，你会发现有些职业培训师做得很好,有些却很差,而内训师则可以更容易选择适合自己的课程,简单点解释:内训师可能更杂一点(可能涉足更多的领域课程),而职业培训师则更专一些(为了打出特点,需要确定自己的方向和课程),所以这个问题,可能需要更好地了解自己的特点再来决定自己的职业方向。工作没有好坏,只看你是否适合。"

李振远:"整体来说内训师的范围要广,但是要根据企业的实际需求,契合企业的战略目标来设计、开发课程,也有很多自由度。可以说有很多的专职培训师是由内训师转化而来的,毕竟是近水楼台。专职的培训师还是要比内训师高一个层级,内训师要经过不断积累,不断丰富自己,最终才能修炼成功。"

【案例分析】

企业培训师是个厚积薄发的职业。无论是企业内训师,还是职业培训师,最基本的前提是具备丰富的企业实践经验。因为企业培训师不同于学校的老师,我们面对的是有一定知识体系、经验阅历的成年人,有些学员甚至比自己年长、比自己更资深。跟他们进行交流和沟通,需要有基础和共同语言,如果自己讲授的是管理类课程,但没有做过管理;讲授销售类课程,却没有做过销售……或者只做过一年、半年。这样,在培训中,会有下面的挑战。

1. 课程开发和设计方面

因专业知识、经验不够,对问题的分析和把握能力不足,一方面,培训师在课程设计时很难清晰了解学员需求;另一方面,课程内容,会偏重理论,影响学员的兴趣和参与度。

2. 授课现场

这样的经验是不足以让学员信服的。在困惑篇的有效开场阶段,我们分享了橄榄核理论:培训开场时,大多数学员都处于观望状态。有经验的学员,在开场的几分钟内,就决定了自己是否愿意听下去。大家都知道企业培训不再合适"满堂灌",需要更多的互动。这是专业领域和授课技巧不足的老师们最害怕的一点:放开容易,收回困难。一旦让大家提问、讨论,就是考验培训师专业度的时候了。

3. 培训后的追踪

合格的培训师应该有五种角色:医生(培训需求诊断和调研)、编剧

（课程设计）、导演（授课现场学员的调动）、教练（授课现场的演练、指导）、顾问（培训后的辅导）。如果没有对所授领域很高的专业度，很难胜任这五种角色。

建议：

1. 触类旁通

处处留心皆学问。每份工作都是财富，珍惜工作中一点一滴的学习和成长机会。即使是看起来没有直接关系的工作、事情，以后都会对培训师生涯有所助益。做有心人，将别人不屑于做的事做好，将别人认为简单的事做到极致，善于思考和总结，这就是以后最大的财富。

2. 深耕本职，成为专家

我们确定主打领域后，在该领域的相关岗位上，至少要有5年以上的实践经验，并开发相关课程，从企业内部培训开始，在不断讲授的过程中，逐步完善，形成自己的品牌课程。专业领域没有经验的人，可以从新人培训做起。即使是公司规章制度培训，要做好，也要用心了解公司、制度、流程和人员，这是自己深入了解企业、进行学习的好机会。

3. 善用平台，成为杂家

以我独创的"问题树课程开发模型"为例，仅步骤一"培训需求诊断和调研"，就用到了咨询、品管、HR技术。这些都是我在企业工作时抓住每个机会不断学习的结果。多方位学习，并将我们的知识串起来，会让我们提升得更快！如果我们在自身的岗位上"两耳不闻窗外事"，就在无形中缩小了自己的关注圈，阻碍了我们成长的视野。同时，无论以后作为职业培训师的主打领域是什么，都建议尝试一下营销工作，这对于培训师的自我推销、心理承受力、沟通技巧等方面，都会有很大帮助。

我们知道，内训师和职业培训师有着太多的不同，我总结为表4-1。

表4-1 内训师和职业培训师的不同

维度	内训师	职业培训师
环境	同一企业，熟悉公司大环境	不同企业，可能都是陌生环境
擅长内容	较全面	较专业
挑战	不同领域的课程开发	面向不同企业的自我营销
关键技能	人际技能、沟通技能	需求诊断、课程开发、授课技能

1. 环境

内训师主要是对企业内部员工进行授课，所在的环境是自己比较熟悉的某企业或机构，有着对企业的文化、制度、流程、问题相对了解的优势。职业培训师的课程，大多针对不同的行业、企业进行，可能都是陌生环境。这样的情况对职业培训师的要求就更高了。

2. 擅长内容

很多内训师都从新人入职培训做起。他们从企业规章制度、企业文化、职业素养等开始，到后来的沟通、销售，有需要就上，成了万金油。这样下来，内训师的面越来越广，但深度明显不足，很多课程都浮于表面。职业培训师面对的是社会上的各种企业，具备某方面的专长是职业培训师的核心竞争力。市场上有许多培训师宣传他只讲一门课，认为这才是专业。我持保留意见，因为能讲哪些课程，是由培训师的知识、经验和阅历决定的，要判断一位培训师是否有资历做某个课程的培训，只需要从他的职业经历中去寻找实践经历即可。不少培训师做了几年某项工作（如销售），看了一些相关书籍、视频，听了一些讲座，收集了一些课件，就变成了"专家"，到处宣扬自己只讲某某课程。没有丰富企业实践的培训师，只适合做公开课，内容方面，可以靠"熟能生巧"；授课方式，可以靠"现场造势"；气氛调节，可以靠"完美流程"……但到企业去做培训，跟学员进行互动，就有可能露馅。

3. 挑战

内训师因要满足"万金油"的要求，根据企业各方面的需求去开发课程，就必须对不同领域有初步了解，在这个过程中，扩大了自己的接触领域和知识面。但是我们都知道"隔行如隔山"，要想在短时间内了解一个领域，还能开发课程进行培训，这并不是件容易的事情，除了跟内训师的空杯心态相关，还取决于其自身的经验、阅历和学习能力等因素。

职业培训师一般都是以自己的专业能力去赢得客户的信赖，得到授课机会。如果说不少内训师进行各种课程的开发和讲授，是出于工作和任务的话，职业培训师的驱动力则来自生存和发展的需要。

4. 关键技能

内训师培训的对象为企业内部员工。培训效果很大程度上取决于培训师跟学员的关系。人际技能和沟通技巧，成为内训师的关键技能。此外，如何将非擅长领域的课程上得有声有色，在专业度欠缺的情况下，更多的内训师选择了提升授课技巧，借助视频、游戏等方式增加互动，强化授课效果。这时，对"度"的把握很重要，过之，则喧宾夺主。

职业培训师中，有一部分人只上公开课，常年做某个课程的全国巡讲。前些年公开课很流行，这样的培训师也很受推崇。近些年来，一方面，越来越多的企业认识到这种适合知识、观念普及的大班课程对于技能提升没有帮助；另一方面，很多公开课都成了培训机构品牌宣传的一种方式。于是，一部分职业培训师开始做企业内训，但还是固定课程内容，只是把培训场地从酒店转移到了企业。其中有些培训师会说："我培训前会了解学员需求，对课程内容做些微调。"

以上两种情况下的培训师，很容易就成了"上课机器"。因为在这样的情况下，大家用"课程超市"的方式来推销课程和培训师，课程的同质化越来越严重；企业也利用这一点，采购课程时，尽量压低成本，培训界不可避免地就开始了价格战。价格战的结果，导致不少培训师为了生存，开始走批发路线，只要有课上，"空中飞人"成常态。在这样的奔波劳碌中，培训师成了体力劳动者。

这样的培训师，早在二十几年前，我就见了很多。所以，2001年，当自己决定出来做自由职业者时，就跟自己说一定要坚持量身定制。量身定制，是自己做企业HR和内训师的体会，只有量身定制，才能对企业和学员有实实在在的帮助。

曾经在一个网站看到"做一个职业培训师的要求"：

1. 生活阅历、工作经验的大量沉淀、累积，博览群书丰富自己的视野、知识面。

2. 不断反思自己每天的工作，眼中参照一个目标人物去行动。

3. 不断模仿影视剧中的经典镜头。

4. 不断地上台、疯狂地体验。下来后要求受众给出尖锐的意见。

5. 每天早上大声朗读报纸，大声练习绕口令，培养语感。

6. 对着镜子练表情，美其名曰"五官总动员"。

7. 如有契机，多练练现代舞，培养肢体的力度。

8. 练声:用气冲出,培养语言的穿透力。

9. 多看相声、小品,不断给自己的授课增加"包袱"。

10. 发自内心地热爱培训事业!告诉自己这辈子就算死,也要死在讲台上!!!

反思现状,这代表了大多数人对职业培训师的理解。我非常赞同其中的第1点和第10点。同时,也发现这10点中,居然有7点类似相声或小品演员。培训娱乐化的源头可见一斑。

其实,无论内训师还是职业培训师,有一个共同点:培训的目的是学以致用。内训师对企业的情况了解,这是天然的优势,因此很容易找到真正的问题点,有针对性地进行培训。

职业培训师,如果只是拿着自己得意的课程,不分对象地一味灌输,很难达到学以致用的效果。

因此,我一直以来的观点是培训师首先应是咨询师。

二、培训师首先应是咨询师

市场上,大家一直把培训师和咨询师严格地区分开来,似乎二者没有太大关系。而我却坚持培训师首先应是咨询师。为什么呢?我们先看如图4-1所示的案例。

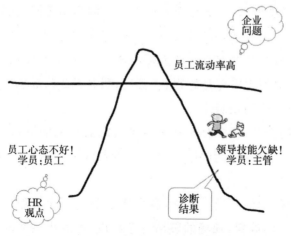

图4-1 冰山模型:员工流动率高

很多HR都说培训效果的评估太难做。我了解下来,正如图4-1所示,太多培训都是老板"拍脑袋"决定培训主题、对象,HR只是把自己当成了执行者。问:"为什么要做这个培训?"回答:"不知道,老板就说做这个培训。"如果说HR的专业度可能会欠缺,那么培训师也该是专业的。为了学以致用的目标,我们该如何去做呢?是跟HR一样,你们要买什么,我就卖什么,培训无用是HR自己的责任;还是利用培训师的专业度,去帮助企业找到症结,对症下药地去解决问题呢?

如果选择第一种做法,培训还未开始就注定了失败。因为还没有去做,大家已经为自己找好了推卸责任的借口:HR说老板要求的,培训机构和培训师说企业要求的。看起来好像相安无事,却是个双输的结局。

培训师首先应是咨询师,这是我做培训二十几年来深刻的体会。

既然大家都承认成年人的培训是"缺什么补什么"。那么,作为培训师,就要有能力去找到学员现状和要求之间的差距,即培训需求。

也有人说,现在这个工作常常是企业HR在做,如做年度培训计划。但这只是找到了大的需求,即课程名称和学员。有这两点还不够,如同样是"领导艺术"的课程,针对不同的企业、不同的学员,课程内容也有所差异。即使课程的大纲相似,具体的内容和侧重点也不尽相同,授课的技巧更是要根据学员的素质和具体问题而改变。

因此,要真正做到因材施教,培训师必须首先是咨询师。

咨询师就像企业医生,无论企业的需求是因为出现问题要改善,还是想要做得更好,都需要细致的检查和诊断。这就要求咨询师既要有丰富的专业技能和经验,又要有良好的人际沟通技巧。就像平时我们咳嗽,这是表象,但真正的原因可能是感冒、气管炎、咽喉炎或肺部感染等,只有找到真正的病因,才能药到病除。

作为病人的企业,很多时候并不清楚自己真正的病因,这很正常:不识庐山真面目,只缘身在此山中。所以才需要咨询师这样的专业人士来做诊断。

到企业现场,即使不说一句话,我也能了解到企业管理的一些状况。如,从文件、工具的放置,现场的整洁有序程度,可看出企业的5S做得如何;从人员的工作状态,了解到他们的士气;从表单记录的设计和填写,知道企业管理的基础如何……

可见,咨询师的专业度决定了诊断的准确性,对"病人"来说至关重要。还是那句话:找错了问题,给出再正确的答案也是枉然。

现在很多咨询公司招聘的咨询师都是应届毕业生。无论是硕士还是博士,若你没有企业管理的实践经验,仅靠师傅带徒弟,那些用各种模型和数据堆砌出来的方案是否真的对企业有帮助呢?还有很多大学的教授,也加入企业管理咨询的行列……

有了丰富的专业技能和经验这个前提,咨询师还要有极强的人际沟通能力和技巧。试想,当你面对一个冷冰冰的医生,我们是否会因为害怕、紧张等原因,漏讲一些病症或无法准确地表达,误导了医生的判断呢?这就需要培训师放低姿态,有亲和力,善于跟人沟通和交流,懂得倾听和发问的技巧。

《培训师成长实战手册:培训需求诊断和调研》一书中,提供了详细的培训需求诊断和调研的流程、工具、方法和案例。

咨询师要结合企业的战略和要求,以及自己所看到的现状,梳理出一个轮廓,提供方案供企业做筛选。当双方就方案,即课程大纲达成一致之后,药方就开出来了。

配药不是去药房,而在培训师的脑袋里。

培训需求诊断和调研是最考验培训师功力的阶段。没有丰富的企业实践,无法胜任这个专家的角色。

三、培训师自我修炼

职业培训师不仅需要具备企业内训师的各种知识、技能,还需要不断进行自我修炼。

(一)责任感

所谓"传道、授业、解惑",这就是责任!虽然具体所"传"、所"授"、所"解"的内容在不断地与时俱进,但这份责任感却始终不变。近些年,我接触了不少被咨询公司和培训师做得寒了心的企业,很感慨。

(二)职业道德

职业道德跟责任感是紧密相连的。没有责任感就谈不上职业道德。

没有规矩不成方圆,而职业道德是从事培训师工作的行为准则。

在很多行业职业道德缺位的情况下,更要强调道德的重要性。一些病人因交住院费延误了抢救而丧命,越来越多的食品中添加违禁物质导致食物中毒,政府工作人员以权谋私的报道屡见不鲜……这样的例子有很多。可以归结为金钱的诱惑,但实质是职业道德的缺乏。

人生在世,诱惑无处不在。坚守自己的职业道德,为我们确立正确的价值取向指明了方向。

(三)淡定

淡定是一种心态,使我们在烦躁的氛围中找到一个安静超然的所在。

流行的未必都是好的,如感冒。不少人从事培训师这个行业,是因为其高收入。也有些培训师,市场流行什么课程,就讲什么课程。

在没有足够实践和修炼的情况下,科技的发展提供了各种快速走红的媒介。包装宣传成为必不可少的手段。忙于宣传,忙于赚钱,忙于奔波在不同的航线,钞票是多了,脑子却越来越空。

在知识更新如此之快的今天,现在的前沿到明年还能剩下几分呢?

上班族忙着充电,企业家忙着学习,专家教授忙着赚钱……若培训师们不能静下心来充实自己,那大家充电、学习的内容从何而来?

有所不为,才能有所为。

(四)销售技巧

人生若只需要做一件事情的话,那就是推销自己。

作为培训师,最基本的能力就是要有自我推销能力。我说的不是广告宣传,而是面对客户、老板和学员的自我展示和推销能力。这看起来是销售技巧,其实反映的是你的专业水准。

若你的言谈举止,显示出应有的专业度,就可获得进一步展示的机会。深入课程、项目,在具体方案的提出过程中,责任心和职业道德开始显示出来,也影响到企业对你的评价和选择。

(五)心理承受度

培训师要有很强的心理承受能力。

在推销自己的过程中,总会遇到形形色色的人和事。该如何对待呢?

我曾遇到蛮不讲理的老板,一窍不通却傲慢无比的HR,没有学习热情的学员……这些都不是坏事。所谓"林子大了,什么鸟都有",感谢这些人给我的磨炼,让我现在可以处变不惊。

当然,也得益于我之前的工作经历。做直销时的陌生拜访,让我承受了各种不同的态度和眼光,哭过也笑过,最后坦然接受。在企业做HR时,处于夹心饼干的位置,如何在现有的资源下,调动大家的积极性,一直是自己努力的方向。我不断沟通、协调和提高,使各项工作得以顺利开展,得到老板认可。在负责企业项目规划和执行监督时,一些部门主管的不配合,促使我提升自己的沟通技巧并常做换位思考,以真诚获得了大家的支持和配合。

(六)必备技能

1. 发音练习

"工欲善其事,必先利其器",对培训师而言,我们跟学员进行沟通和交流的媒介就是自己的嗓子。

常听不少老师说:

培训超过2个小时,嗓子就哑了。

一上课嗓子就发干、发痒,总要不停地喝水。

自己的声音过于单薄,没有穿透力。

说话声音太小,总感觉怯生生的,感觉不自信。

……

以上问题也是不同培训师的同感。

无论培训师再专业、授课技巧再好,如果没有好的嗓音来配合,都会大打折扣,更何况如果课程进行中,嗓子哑了,这对于培训师而言,可以说是最大的灾难。

虽然我们不否认有人天生一副好嗓子,但大多数人都需要后天锻炼获得。下面的发音练习,是我根据声乐老师的指点,结合自己的实践经验总结而成的。用下面的方法练习了半年左右,我连续两天(各6小时)做50人以内的培训时,全程不用话筒,嗓子依然正常。

下面是关于培训师发音练习的方法介绍。

(1)丹田在哪里?

或许大家都知道气运丹田的说法,但丹田到底在哪里呢?让我们来找找:请抬头挺胸站立,当用闻花的方式去吸气时,我们会发现肚脐附近的区域会收缩和紧绷,这就是丹田所在。原来,丹田不是一个穴位,而是一个区域。

(2)如何正确用嗓?

培训师常常会一天6个小时连续用嗓,若没有正确的方法,很容易因疲劳而失声。

我们的误区是把嗓子当成了发音的器官,其实正确的做法应该是以声带和气息配合为主,靠喉、咽、口腔的共鸣来形成,而嗓子只是个通道。无论说话还是唱歌,都不能光靠嗓子来喊。

(3)如何正确发音?

①气息练习。既然发音主要是以声带和气息为主,气息的练习就是关键。

最简单的气息练习法是闻花法。

假设你正在闻花香,先吸气,使气息不断向上走,吸5秒,直到头顶,保持5秒后,再慢慢呼出,同样用5秒使气息不断下沉直到丹田。

切记:呼气时需闭嘴,用鼻来呼气。

每天进行这样的练习,可不断加长吸气、停留、呼气的时间,以增强效果。最好是每天空腹时,在空气清新的地方练习。

②发音练习。发音时,每个字母都有固定的位置停留,而共鸣的运用使我们的声音不但有了质感,还富有磁性。而这些固定的位置其实是从我们的头顶到丹田的这条线。

结合声乐知识,以汉语拼音的发音为例。

提音:共鸣在脑后(u)。如:乌云的"乌",正确的发音会让我们觉得脑后有震动,若你用口腔来发"乌",就不会有这样的感觉。

擎音:共鸣重心在口咽、鼻咽腔附近。

鼻咽(yu),如:下雨的"雨",当我们用鼻子前端来发此音时,就会产生共鸣,若用喉音则没有。

口咽(yi,o),如:遗憾、我们等,均为口腔音,不同的是,发"yi"时,口腔闭合,发"o"张开。

沉音:共鸣重心是沉在喉腔下方(e)。如:额外的"额",当我们用喉部发音时,会觉得低沉有回音,若用鼻音发"额",效果就完全不同。

砸音:共鸣重心在胸腔,并沉入丹田(a)。如:阿姨的"阿",若用此法发音,与用口腔发音做对比,就会发现为什么播音员的嗓音会那么好听了。

为了方便练习,我把汉语拼音中的韵母具体发音位置,画在图4-2中。

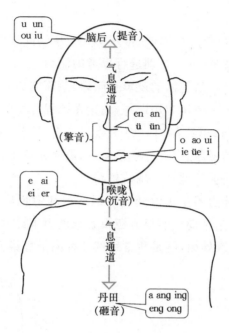

图4-2 韵母发音位置图

练习方法:

步骤一,气息练习。当你从吸气到呼气的过程(即从丹田到头顶)所用的时间越来越长时,说明你控制自己气息的能力越强。也就是说,你想在从丹田到头顶中间的任何位置停气的主动权就越大了,这是发音练习的关键。

步骤二,熟悉韵母图。当你一口气从丹田到头顶持续的时间在12秒以上后,再开始根据发音图试着读字词。这时不用特别着急,因为你需要先把一个字写出拼音,然后找到图中对应的韵母位置后再发音。刚开始时,我们会觉得自己像牙牙学语的孩子一样,进展很缓慢。我最初一个小时只能读20~30个字,但坚持了3个月后,效果就非常明显:看到某个字时,开始有条件反射,不需要去想图中的位置,就可以正确发音。这也是一个从量变到质变的过程,秘诀就是坚持!

之前大家看到戏剧演员常常要大声地吊嗓子，而我们这个方法则不必。练习发音也可以小声进行，而且还可以在平时说话中不断演练，只要我们找准了发音的位置即可达到效果。

2. 逻辑思维能力

逻辑思维是人脑以概念、判断、推理形式对事物间接性和概括性的反映。逻辑思维能力就是正确、合理进行思考的能力。

所以，我们会听到：某句话的逻辑有问题，某篇文章的思维混乱，某位老师的课程不知所云……作为培训师，无论在课程开发阶段，还是授课方面，都需要很强的逻辑思维能力。因为培训本身就是一种一对多沟通。培训师要想将自己的思路、观点分享给学员，需要先组织自己的文字或语言。这就需要一个前提条件——理清思路。

虽然逻辑思维能力不是短时间内可以学习和锻炼出来的，但根据自己的经验，图形思维是帮助我们提升逻辑思维能力很好的辅助工具。

图4-3这个思维导图，就是我常用的几种图形思维方式。

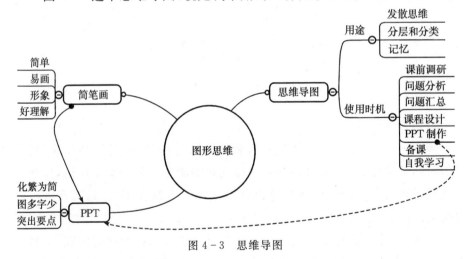

图4-3 思维导图

3. 控场和应变能力

培训，尤其是做企业内训，每次课程都是挑战。因为学员大多是新面孔，太多的突发事件和问题，需要我们在最短的时间内解决。

不少培训师在谈到互动时说："不动是死，动了也是死"，说的就是控场和应变能力的问题。

成人学习，不能再用说教和填鸭式，分享和交流是主旋律。分享和交流主要是运用语言。

有些张了嘴的学员就像开了闸的大坝一样,很难控制;当然,也有些学员是"打死了也不说"的……前者造成"放易收难"的状况,时间控制困难;后者导致尴尬冷场的局面,气氛不好影响效果。这就要求培训师具备主持技巧,掌握沟通、激励和人际关系等技巧。

在培训时,我们既是导演、教练,又是这个临时团队的领导人。用我们的责任心、关心、爱心去鼓励每位学员,用我们的专业和技巧去引导、启发每位学员,用我们的努力为企业的明天添砖加瓦。

培训师的修炼

1. 迈向职业之旅:职业培训师与企业内训师有很大区别。要想成功转型,企业内训师需要深挖专业,利用企业的平台,多演练,不断完善,打造自己的品牌课程。
2. 为了设计有针对性的课程,对企业和学员有实实在在的帮助,培训师首先应该是咨询师。
3. 培训师的修炼:做事先做人。责任感、职业道德是必要条件。

第二节　万绿丛中一点红——培训师的品牌营销

不少刚踏上职业培训师之旅的培训师,跟我讨论如何建立自己的品牌,我的分享如下。

一、明确定位

思索自己到底能为企业提供什么样的帮助,我们需要知己知彼,明确定位。结合自己的职业经历,对市场进行调研和了解,运用SWOT进行分析。知道自己想做什么,能做什么,确定目标:"十年后,我希望成为××领域的培训师,自己的主打课程是××。"

2001年我决定自己出来做职业培训师时,也就运用这样的方法,给自己做了定位。

首先,在前期调研和接触了一些培训机构后,我决定做自由职业者。

因为理念不符,当时的培训机构,只要有钱赚就好,没有一家愿意按我的要求量身定制。他们认为这么好赚钱的时候,为什么要增加自己的成本?我的想法是:量身定制是对企业和学员最有帮助的做法,必须坚持。

俗话说:"道不同,不相为谋。"我为了自己的个人品牌,选择了当时不被认可的自由职业者。

其次,我思考自己的方向。如果直接推销自己的课程,我的劣势很明显。考虑到自己做了几年的ISO 9001和14001,我打算从管理咨询切入,以咨询带动培训。

最后,明确定位。我刚出来时,用了半年时间,在家开发出了近30个课程,从人力资源、销售到质量、生产管理都有。在接触外面的市场,决定做自由职业者,以咨询带动培训后,我确定了自己的定位:以ISO、5S咨询为主,管理技能培训为辅。在进行专案辅导时,我的管理课程是很好的补充。同时,在咨询过程中,跟客户逐步建立信任,使其比较容易接受我的培训课程。

表 4-2 我的 SWOT 分析

优势	劣势	机会	威胁
职业经历丰富。有 HR 经验,了解培训市场;有内训师经验,课程深得学员好评;有直销和商场经验,具备一定的销售能力	一个人在陌生的地方打拼,没有太多的人脉;没有炫目的背景和宣传支持	培训界正刚刚起步,机会多多	当时没有人认可自由职业者,把我们叫个体户,难以信赖

 "三环"定位法

培训师在定位时,要考虑课程、市场和自身三方面的因素,如图 4-4 所示。

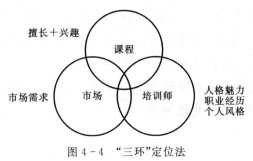

图 4-4 "三环"定位法

明确定位,是培训师品牌建设的基础,需要知己知彼。既要了解自己的擅长(至少有该领域 5 年以上的职场实践经验)和兴趣,还要清楚自己的风格、职场经历(以管理技能课程为例,如果自己的职场经历,只做到中层,则不能去讲针对高层的课程;讲授中层课程,也有一定挑战),更要考虑到市场需求。课程、培训师和市场三者的交集,就是适合我们的定位。

不少朋友说市场和自身的因素,都比较容易掌握,最难的是如何去确定自己的品牌课程。光是擅长+兴趣,好像还是有点笼统。没错!市场上一些老师的简介非常丰富,号称什么课都能讲,但没有一个课程是自己的品牌课程。为此,我特别总结了如图 4-5 所示的漏斗模型,帮助我们确定品牌课程。

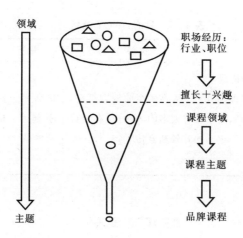

图 4-5 品牌课程确定漏斗模型

品牌课程的确定,是一个从领域到主题的聚焦过程。先做 SWOT,从自己的职场经历(行业、企业、职位)进行分析,参考自己擅长的领域和需求,确定课程领域(如销售类、生产类、管理类、人力资源类等),再从中找到自己实战经验最丰富的课程,作为自己的课程主题,并通过各种途径和方法(企业内训平台、公益培训等)进行分享,不断完善,成为自己的品牌课程。

二、有所不为,才能有所为

不少培训师刚出道时,迫于生存的压力,只要有课程就接。这样做的风险其实很大。就像我们做销售,如果第一次留下不好的印象,以后就很难再被客户接受了。

听到这里,有人马上抗议:"我也要生活呀!如果一直没有单,我岂不是要饿死?"

我的回答是:"万事开头难!如果您真的打算出来做职业培训师,除了课程、授课技巧方面的准备,还需要有心理、经济方面的准备。因为职业培训师不同于内训师,可以依托在某一个企业,只需要埋头工作即可。职业培训师需要向世人推销自己,最初的大量工作不是做培训,而是做销售。"

销售工作一般都需要一段时间的积累才会有效果。急于用钱的心理,会影响到我们做事情的心态。因此,我建议想要出来做职业培训师的人,先准备至少一年不工作的开销。

当时的培训界大有"无博士头衔,不是海归"就无法生存之势。我做自由职业者后,给自己做了 SWOT 分析:既然没有炫目的头衔和值得炫耀的背景,就发挥自己实战经验丰富的特长,先从自己做了几年的 ISO 9001、5S 的咨询开始切入。

当真正做起来,就没有那么顺利了。

(一)尊重源于自重

起初,不少企业听说我是自由职业者,马上说"我们不跟个体户打交道",一个字都不再多说。我也劝自己,毕竟自己在当时也是很另类的,也能理解他们的反应。

还好,也遇到了像宏碁电脑、上海正伟印刷等客户,他们不但给了我第一桶金,也让我学会了什么是尊重。

给宏碁电脑的辅导结束 2 年多后,他们还请我去参加他们的"ISO 激励晚会",并颁发特等奖。晚会结束后,有个干部要搭我的顺路车,我便跟着他们一起下楼,第一次站在"安检门"前。很有趣:先后摘下手链、耳环等,都还是听到报警声,最后警卫笑着说:"苏老师,可能是项链,您走吧。"

也是那次,我才知道我一直走的都是特别通道。我在宏碁感受到了什么是尊重。

上海正伟印刷,没有太多人知道,但市场上大多数洗涤化妆用品(洗发水、沐浴露等)的标签都是其印的。周总是个典型的儒商,我很欣赏他。他常年在外做空中飞人,很辛苦。我帮他们做 ISO 9001 和 5S 辅导时,每周去他们公司两天。无论周总再忙,都会留 2 个小时的时间,跟我进行沟通。我把两天的辅导情况向他汇报,也提出一些建议。他每次都在笔记本上不停地记,很多建议在第二天就实施了。在我辅导的一年时间里,我眼看着周总的笔记本被字迹慢慢填满。这让我领略了一位优秀领导风采的同时,也让我感受到了什么是尊重。

一直非常感谢他们,给了我这样的机会,让我学会很多做人的道理。

现在,无论在做咨询还是培训,我都誓死捍卫他人说话的权利,也一直以"人人皆为我师"来提醒自己要有空杯的心态,不断学习。

同时,我也深刻体会到了:要想别人怎样对待你,你首先应该怎样对

待别人。要获得别人的尊重,首先要尊重自己。这包括:

尊重自我:举止有度,才能为人师表。

尊重自己的职业:具备专业技能,能给客户带来更大的价值。宏碁电脑和上海正伟印刷对我的尊重,源于我的专业和态度,源于我实践了通过咨询帮他们带出一批"星星之火"的承诺。

尊重自己的选择:爱自己的选择。我热爱自己的工作,把客户的进步当成自己的成就。站在企业的角度想他们所想,急他们所急,真正变成伙伴关系。

我的敬业、我的专业以及我的合作态度,使我获得了越来越多客户的尊重。

(二)有舍有得,彰显专业

在花钱买证书很盛行的前些年,我在接 ISO 9001 的单时,也严格选择客户。我会先问他们:"你们只是为了证书,还是想通过这个平台提升企业的内部管理?"若回答是前者,我会跟他们说明认真落实 ISO 9001 对企业的好处。若他们还是坚持,我会说:"我不接这样的单,请另请高明。"

我的坚持,曾一度让我的经济陷入困境,但我从来没有怀疑过。因为自己有在企业近 10 年的管理经验,也做了几年 HR,深深知道,企业真正要的是实效。

我一直相信大浪淘沙,企业终会醒悟的。

果然,后来两年接了不少这样的单:都是前些年买了个证书,后来发现对企业没有帮助,想重新来做,以此提升企业的内部管理,提高企业的竞争力。记得上海松江一家企业,本来只想请我做 ISO 14001 咨询,当我跟老总交流了 ISO 的理念、推行步骤后,他问我:"这样说来,我们公司前几年通过的 ISO 9001 也要重新做了。"原来,他们当时也是迫于客户的压力,花钱买了个证书。最后,我帮他们同时咨询并整合了 ISO 9001 和 ISO 14001 两个体系。

(三)有所不为,才能有所为

1. 坚持量身定制

我成为自由职业者后不久,一次结束了给复旦大学的 MBA 做的"时间管理"培训之后,当时一家很著名的培训机构就慕名找到我,希望我加盟,但要求是讲他们的品牌课程(销售类)。我当时就拒绝了:我的特长在于量身定制课程,品牌课程的空间太小,不是我喜欢的,也不符合自己的定位。做自己不擅长的事情,很容易伤害自己的个人品牌。

2. 挑客户

近些年来,我一直坚持挑选客户,很多人不理解。我的解释是量身定制是我的特色,而这需要企业的配合才能实现。同时,培训的目的是学以致用,这也不是我单方面努力就可以做到的。因此,我要选择认同量身定制理念,以学以致用为培训目标的企业,在这个前提下,经过我们共同的努力,才能对企业和学员有实实在在的帮助。

在一次给上海交通大学"MBA 面试礼仪"培训中,我在开场问了个问题:"全世界的每个人,一生中都在做同样一件事情,您认为是什么?"有人回答"吃饭、睡觉",有人回答"赚钱",有人回答"奉献"……我的答案是"自我推销"。这得到了大家的一致认同。理由很简单:在工作、生活中,无论我们想推销出有形的产品,还是无形的观念、知识,都有一个前提——先推销自己。

大家想想,为什么同样一句话,朋友说的效果比陌生人好?为什么朋友介绍的产品,可信度也比电视广告要大?因为当我们接纳某个人时,就容易接受他的产品或观念了。

所以,我们常说做事先做人。而有所不为,才能有所为。

三、选择适当的营销方式

如果您跟我一样,选择了做自由职业者,就需要自己去做营销。那么,如何选择适当的营销方式呢?

(一)要评估自己的资源和优势

我当时一个人来到江南,除了自己,没有任何其他的资源。作为自由职业者的我,没有公司,没有同事,如何跟外界交流呢?我一直都很自豪自己超强的沟通能力,幸亏有了网络。于是,我跟房东协商,在租来的房子里,装上了宽带。2001、2002 年时,使用 QQ 的人还不算很多。我找到了适合自己的营销方式:加 QQ 好友聊天。

利用搜寻功能,我选择了上海地区,年龄在 30~40 岁的人群(这个年龄段,在公司一般都有一定话语权),从昵称上判断是否为潜在客户,像"骑在猫身上奔跑"这样的昵称,肯定是不能加的。

加了之后,先闲聊筛选,如果是公司的管理人员,就跟他聊工作,问他的困惑,我给予解答。几次之后,他会很好奇,问我是做什么的。这时,我再亮出身份……先展示实力,赢得信赖,让客户主动问自己的职业,这也是一种销售技巧——卖什么不说什么。

最初几年的业务都是 QQ 聊出来的。

(二) 懂得营销心理

现在是一个资讯爆炸的时代,各种广告铺天盖地。培训师这个职业,不同于普通的产品推广,因为师者,历来为中国人所推崇。传道、授业、解惑之人,首先要为人师表。恶俗的、单纯以扩大知名度为目标的推销,不适合培训师。

我们历来都公认老师是"蜡炬成灰泪始干",培训师也不例外。蜡烛如何能让别人看到呢?就是发光、照亮别人时。所以,培训师最好的营销方式,不是强行推销,而是让更多的人受益,从中感受到我们的点点烛光,从而认识到蜡烛本身。

(三) 慎重选择合作伙伴

做自由职业者,需要有丰富的企业管理实践、较强的营销能力。在不具备的情况下,最好选择合作伙伴,发挥各自所长,达到双赢。但在选择合作伙伴时,千万要慎重。因为一旦确定合作,双方就捆绑在一起,成了一条绳上的蚂蚱。那么,如何去选择适合的合作伙伴呢?

1. 评估理念

这个机构的理念如何,是一切为了赚钱,还是希望对企业有所帮助。

或许有人说:"这是不是有点苛刻?"我说:"不是苛刻,是度的问题。虽然大家都知道有这么一说:不赚钱的企业是可耻的。但以赚钱为终极目标的企业,也是不能长久的。"中国的培训业起步晚,门槛低,市场也没有规范,造成了鱼龙混杂的状况。不少培训机构只想捞一票,然后转行。他们像火车站的小店,反正不愁客源,不需要回头客。在一个城市做坏了名声,就到另一个城市;在一个省做坏了名声,就到另一个省;在一个区域做坏了名声,就到另一个区域……等企业在伤痛中成长和醒悟后,审视、挑剔的是后来者,之前的机构已经赚得盆满钵满,逍遥改行了。

如果你真的热爱培训,想在这个行业做一辈子,就需要擦亮眼睛,慎重选择。如果遇到了"捞一票"的机构,趁早离远点。因为他们并不想在培训界做所谓的"永续经营",而你却需要良好的个人品牌生存和立足。公司名称可以随意换,而一个人的代号所造成的影响,不是短时间能够改善的。即使换个艺名,网络时代的资讯还是很可怕,让你暴露无遗。所以,我一直说培训师要珍惜自己的羽毛。

我曾经去参加过一家全国连锁的培训机构合作会议。会上,机构老总说明了他们的设想:每个行业选取一个标杆企业,以他们为模板,开发各个岗位所需的所有培训课程后发售。

当时,我第一个发问:"现在单一课程要做到了解客户需求定制课程,都很少有老师能做到。请问:您这样的做法,如何能够确保您提出的个性化目标呢?"

老总回答:"我知道苏老师的量身定制模式很好,但每次课程都要重新开发,成本太高了。我的目的就是让培训师们睡觉时都在笑,因为也在赚钱。"

听到这里,我笑笑说"谢谢您的解答",然后离开了会场。

这位老总,曾经是颇有建树的一位培训师。当他说这些话时,我感觉他不再是我的同行。同时也不由地感慨:当一位培训师变成了纯粹的商人时,是件很可怕的事情。

这也是我一直坚持做自由职业者的原因:我从小的理想是做老师,而非老板。

人的一生,能做好一件事就不错了。

身边有太多培训师自己开了培训机构后,就无暇关注客户需求,顾不上课程开发,一头钻到了客户开发中。这本来没有什么问题,可很多时候,他自己又是培训机构的主要培训师。在企业最艰难的生存阶段,最需要打出牌子的时候,千辛万苦找到了客户,而这位主力,被太多生存的琐事牵绊,无法提供客户满意的课程和服务,最后成了鸡肋。原想注册个培训机构推销自己,此时才发现:这条路,并不像想象中那么容易。

2. 了解培训流程

有人说,没有几家培训机构会主动说自己只是为了赚钱,该如何去判断呢?其实这并不难,不一定只是听,也可以通过观察、询问和了解去判断。例如:当你走进一家培训机构,发现办公室的墙上贴满了"拿单才是硬道理""业绩为王"等标语时，你就需要警惕了。

再留意他们的销售跟客户通电话时的表情和语气，可以判断出他们对客户的态度。当然，还有机构内部人员间的对话，可以让我们获得很多信息。

我曾经给一家很有名气的培训机构做过一次公开课的分享嘉宾。他们的销售很强，因为老板就是顶尖的销售高手，每次出场都能让大多数人当场掏钱买书。可是很奇怪，会务却很弱。没有人告诉我具体的时间安排，时间变更没有人通知，我需要的资料到分享结束也没有提供（每次提出，都态度很好地说马上办）。分享时间被记错，离结束还有30分钟时，看到举牌：只剩2分钟。

这些我都能应付，不能理解的是他们对客户（外部和内部客户）的态度。开课前，培训师的行程就有了变更，但没有通知学员们。两天的课程，学员们都是在开课第一天早上才得知第二天晚上的课程转移到了第一天晚上。这些来自全国各地的学员们，机票都是提前订好的，且很多都是企业的老板，他们的时间也很宝贵。我留意了一下，立刻有好几位离开会场去打电话了。

那次的培训，有不少该培训机构的内部员工参加。其中一位厦门的员工在分享后一直跟我保持联系。大概2个月后，她向我抱怨："公司的课程变更不提前通知，让自己损失很大。"他们来总部参加培训，需要自己出路费，为了节省开支，他们提前订好了从厦门到上海的特价机票。可总部突然通知他们几天后的课程提前了，让他们措手不及。当他们问总部人员为什么不提前通知时，得到的回答是"我也没有办法"。

试想，一个普通员工一个月赚的钱，可能就只能买几张机票而已。没有满意的内部员工，何来满意的外部顾客呢？

正是有了这样的体验，当他们提出后续跟我合作时，我只是说"以后看机会"。

同时，近些年来，培训界流行"咨询式培训"，这其实就是我多年坚持的量身定制模式。很多培训机构打电话来寻求合作时，都说自己是"咨询式培训"，点击网站，也用硕大的字体标明"咨询式培训"，还有详细流程。当我询问详细做法时，就知道那只是营销手段而已。

因为，他们的"咨询式培训"，其实是换汤不换药的，在之前的课程超市中，增加了请客户填写问卷的流程，当我问"谁来设计问卷以及问卷的用途"时,得到的回答是"统一的问卷格式,问卷是公司要求填写的"。如果看了本书"问题树课程开发模型"的内容,就知道这样的流程是没有意义的。

我认识不少培训师,跟我谈起了解客户需求时大倒苦水:培训机构不让他们培训前接触客户,说是怕跑单(培训师直接跟客户签单)。

我说:"我平时自己接单,知道开发一个客户不容易。作为培训师,这是最基本的职业道德。"如果遇到有这种担心的培训机构,可以在合约中规定,若这样都无法信任,最好不要合作。

3. 了解寻找培训师的流程

为了降低成本,很多培训机构没有专职培训师。所以,我们常在论坛、群里看到"急寻培训师"的信息。

我也遇到很多这样的情况,突然间 QQ 闪动,跳出一段话:"请问你是讲师吗？讲什么课？一天课酬多少？"

我通常会回:"请问您是?"

答:"××培训机构。"

问:"请问您了解我吗?"

答:"我看过你的博客。"

问:"如果您看了我的博客,就知道我是培训师,首页也有主打课程介绍……"

这样寻找培训师的方式很不负责任。对培训师不了解,只关注课酬,他们不怕做坏了自己的牌子。但培训师,要对自己和客户负责。

正是通过上述方法,我坚持了自己的自由职业者之路。当然,这并不是说所有的培训师都要做自由职业者。我的量身定制流程,需要到现场去做诊断和调研,比"课程超市"中的课程推销起来难度大很多,需要销售人员有丰富的企业管理实践。曾经跟一个培训机构谈合作,我要求见销售人员。结果发现,他们的销售大多是刚毕业的大学生。我便婉言拒绝了。

选择合作伙伴时,需要做到知己知彼,慎之又慎,切忌将双赢变成双输。

讨论:培训师,如何打造自己的品牌?

苏平:"作为培训师,如何打造自己的品牌?"

李林:"我谈谈对个人品牌的见解吧。第一,要有德,还要有才,德才兼备。这是质量的保证。不仅专业,而且遵守职业道德。"

苏平:"同意!有才无德之人,破坏力惊人。"

李林:"第二,个人品牌讲究的是持久性和可靠性。企业对个人的信任,团队对个人的信任,才能产生更大的价值。第三,品牌是一个慢慢积累的过程,能通过各方检验和认可的才能形成品牌。"

苏平:"对,大多数品牌都有自己的受众群,要受众接受需要一个过程。"

李林:"第四,个人品牌形成后在工作、在社会关系上就会发生根本的变化——工作会事半功倍。那么,知道了品牌的一些特征之后,如何去建立个人品牌?建立个人品牌,首先要进行'品牌定位'。弄清几个问题:你想要成为什么,你的工作有价值吗,你有价值吗。个性不同,每个人的品牌定位就不同。找出自己与他人不同的特点:别人认为你最大的长处是什么,最值得人注意的个人特点是什么。"

苏平:"做 SWOT 分析。"

李林:"呵呵,苏老师做这个在行,也是拿手好菜。"

李林:"大企业创造品牌的标准方法是'特色—利益'模式。考虑产品或者服务能为客户带来什么样的特殊利益,这个方法是可以用在个人身上。另外,只有不断地学习,提升自己的学习力才不会被别人淘汰!"

苏平:"我们已经从大的方向谈到了企业,现在已经具体到个人了。现在我们看看培训师的个人品牌如何建立吧。"

吴昆:"我感觉培训师要会自我宣传。"

苏平:"同意吴昆的自我宣传,但如何做呢?"

吴昆:"一些老师在讲课的过程中会把自己的经历结合在案例之中,加一些搞笑的成分,活跃气氛,也说明问题。"

苏平:"这是培训师个人的宣传,用自己的经历作为案例,很有说服力,且有宣传作用。"

李林:"免费的课程是一个宣传的好办法。"

吴昆:"和一些高端的媒体交流。南方不大清楚,北方的很多商业杂志,每一期都会为稿件发愁,我们就在那儿开辟一个管理专栏。"

苏平:"开辟专栏的做法很棒!写博客,在论坛、网站上发表专业文章,也是不错的方式。"

王路:"我身边倒是有一些不错的老师,他们先到咨询公司里去做企业咨询顾问,然后在和企业接触的过程中建立人脉,接着推出自己的培训课程,也有些老师自己单独做。我的浅见是要想快速打造自己的品牌,必须要有自己的特色。从营销的角度来讲,差异化和竞争优势是必要的,当然包装和营销宣传也是很重要的。我觉得身边有个老师的人力资源讲得相当好,可是他太不会包装自己。"

苏平:"哦,那他需要找咨询公司或其他机构,靠别人去宣传。"

王路:"对,还是要靠咨询公司去帮他做。所以有时候就和他开玩笑说,要是能再包装一下,效果会更好。"

苏平:"现在是个过度包装的时代。"

吴昆:"过度包装,所以生命周期很短。"

苏平:"我的看法是如果每个人一生都在做同样的事情,那就是推销自己。只要是人,无论做任何职业,做事先做人,这是前提。"

刘雅:"此话有理。"

苏平:"我们有自己的价值观、自己的原则、自己的信念,目标明确,然后运用 PDCA 去努力。"

李林:"别人因为接受了我的为人,才愿意和我做其他的事情。"

苏平:"是的,但不是所有的人都能接受我们。因此,要坚持自己的价值观、原则、信念和目标,有所不为,才能有所为。"

培训师的品牌营销

1. 知己知彼:根据市场需求,结合自己的专业领域和实践经验,明确定位。
2. 培训师要珍惜自己的羽毛:有所不为,才能有所为。同时,慎重选择合作伙伴。
3. 做 SWOT 分析,评估自己的优势、劣势,结合自己所拥有的资料,选择适当的营销方式。

第三节　永远在路上——学习力就是竞争力

与企业内训师相比,职业培训师需要面对更多的企业和学员。

在此过程中,从所授专业知识和实践、培训技巧,到自身领域的宽度和广度,都需要我们不断地学习和充实自己。除了前面我们谈到的各种提升方法外,学习和借鉴其他老师的成长经历,也是一种快捷的方式。

下面,跟大家分享几位老师的培训师生涯之路,希望对大家有所启发。

顺应我心

"六功"成就一名喜悦的职业培训师

梦想与行动

从业务骨干到专职培训师

附录

附录一 韵母发音位置图

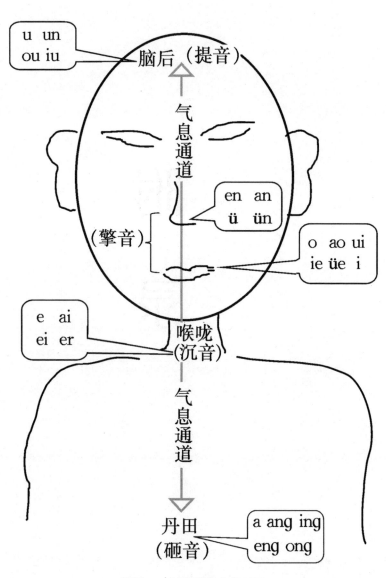

附图1-1 韵母发音位置图

附录二 深圳"问题树课程开发模型"全程图像记录

2010年10月23日—24日

说明：

图像记录法是苹果、惠普、IMB等公司及达沃斯论坛运用的群体学习方法。

臧贤凯老师在培训现场做的两天图像记录，为国内培训界首创。

这些图像记录，有助于强化学员们的群体记忆，营造视觉学习氛围，获得全景思维。

臧贤凯：国内最早的图像引导师、企业出书策划人、深圳市创新图文化咨询公司总经理，擅长用视觉思维方法引导创新、规划策略、解决问题。

微博：https://weibo.com/zangxiankai

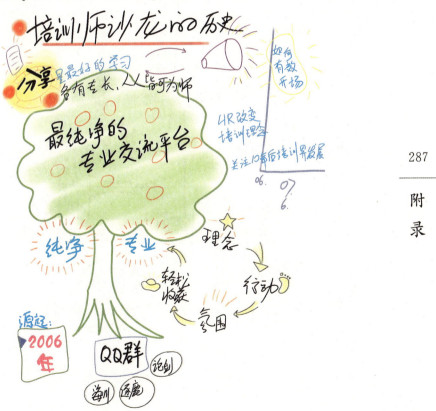

附图2-1 沙龙历史和文化

附图2-2 以终为始

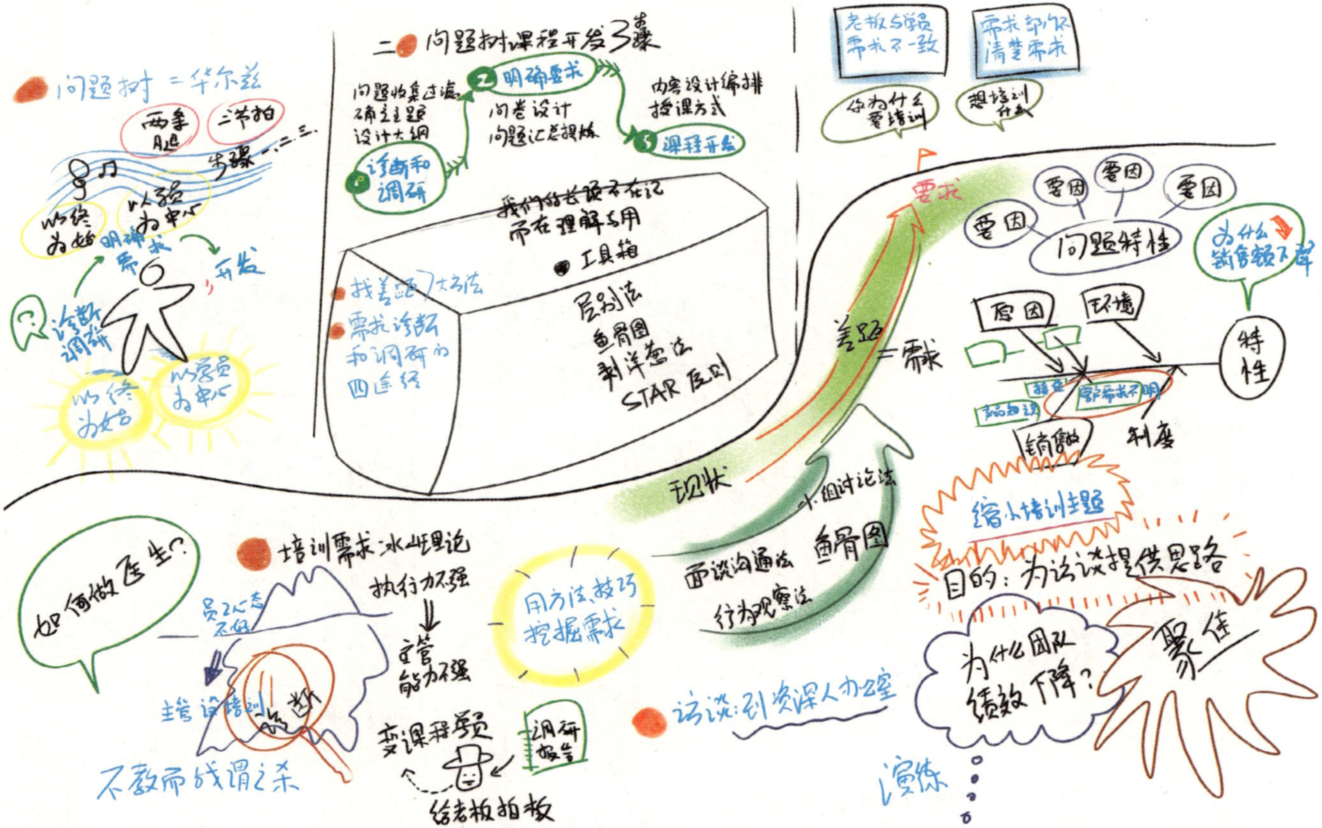

附图2-3 问题树简介、鱼骨图

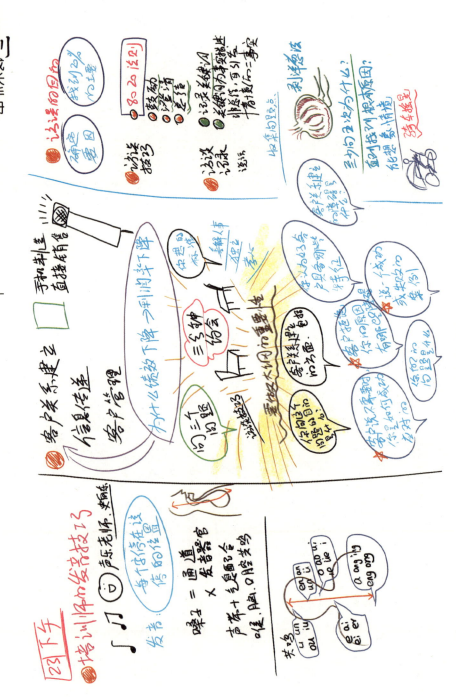

附图2-4 访谈大纲及访谈技巧

附图2-5 剥洋葱法

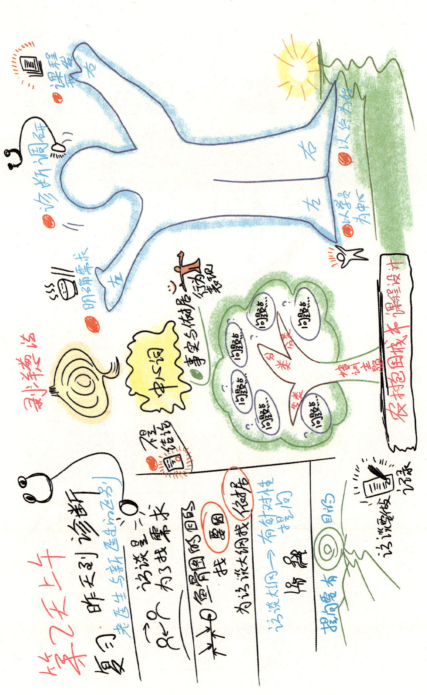

附图2-6 问题树及诊断步骤

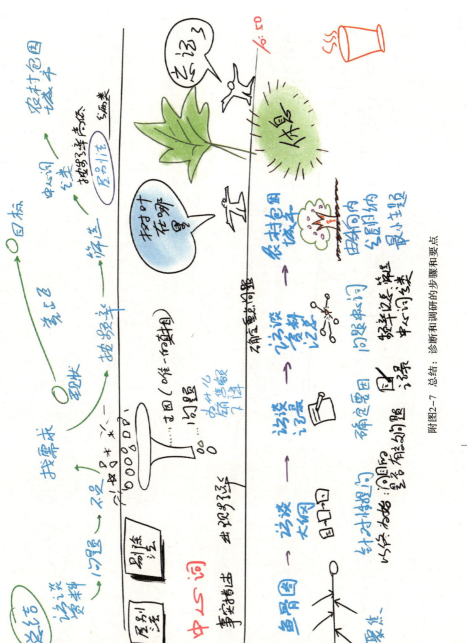

附图2-7 总结：诊断和调研的步骤和要点

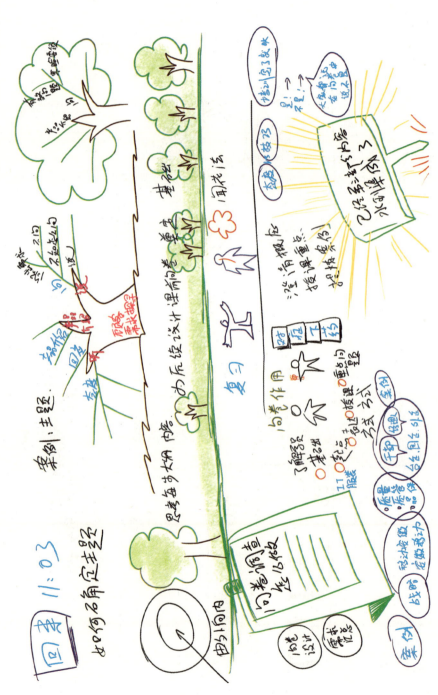

附图2-8 主题确定和问卷作用

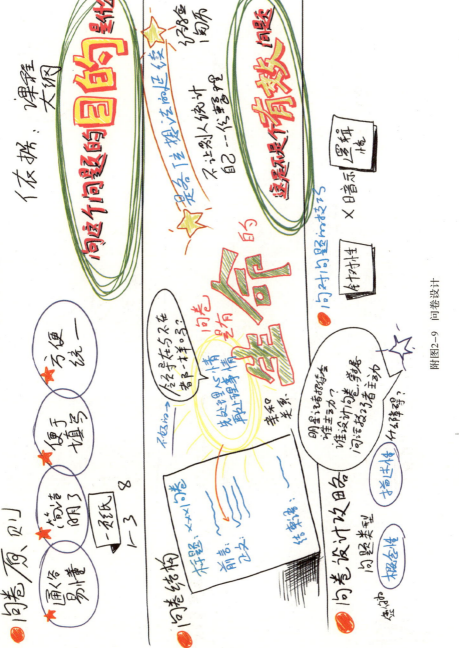

附图2-9 问卷设计

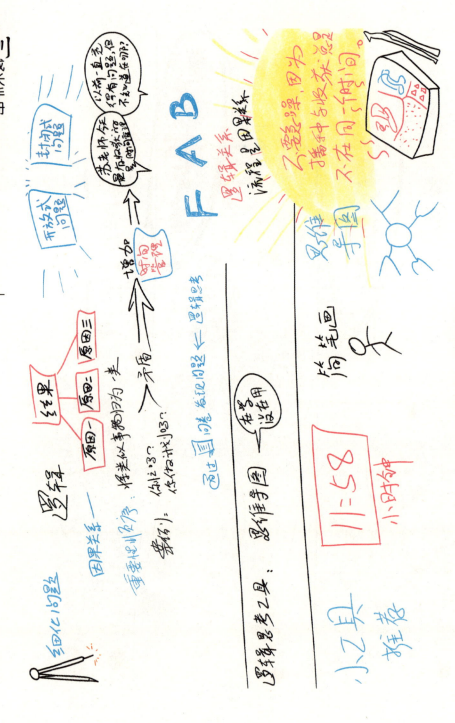

附图2-10 问卷设计的逻辑性

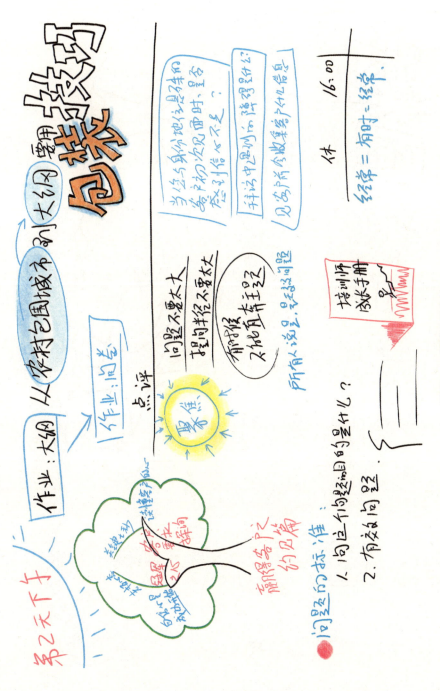

图附2-11 课程大纲确定

附图2-12 授课方式